FOOTBALL 2018
LE LIVRE D'OR

Direction : Jean-Louis Hocq
Responsable d'édition : Jean-Philippe Bouchard
Assistant d'édition : Maxime Lafon
Réalisation graphique : Christophe Sivadier
Fabrication : Emmanuelle Laine

ISBN : 978-2-263-15591-8
Code éditeur : S15591
Dépôt légal : septembre 2018

Imprimé en France par Loire Offset Titoulet
Retrouvez-nous sur www.solar.fr

Solar | un département **place des éditeurs**

place
des
éditeurs

FOOTBALL 2018
LE LIVRE D'OR

GÉRARD EJNÈS

PRÉFACE DE GUY STÉPHAN

SOLAR
EDITIONS

PRÉFACE

PAR GUY STÉPHAN, ENTRAÎNEUR-ADJOINT DE L'ÉQUIPE DE FRANCE

TOUS LES DÉTAILS COMPTENT

ON N'A PAS TOUS LES JOURS le bonheur de devenir champions du monde. Forcément, ce 15 juillet 2018 restera à jamais gravé dans ma mémoire. Ce splendide trophée que nous avons eu le plaisir de soulever sur la pelouse du stade Loujniki à Moscou récompense une équipe talentueuse, soudée depuis plusieurs mois autour d'un objectif que beaucoup trouvaient fou jusqu'à notre huitième de finale contre l'Argentine et notre victoire 4-3. C'est aussi le fruit du travail aussi minutieux que titanesque que Didier Deschamps a effectué sans jamais s'éloigner de la ligne directrice qu'il s'était fixée, avec le soutien inconditionnel d'un staff qu'il apprécie.

On a coutume de dire qu'au plus haut niveau, chaque détail compte. Une Coupe du monde ne se gagne pas en claquant des doigts. Du choix du camp de base à la composition des repas en passant par la supervision de nos adversaires, celle des joueurs, la planification des entraînements, la logistique des déplacements, je pense pouvoir dire que nous n'avons rien laissé au hasard.

Comme Didier, comme Franck Raviot notre entraîneur des gardiens, j'ai passé une bonne partie de mes week-ends à suivre les matches de Ligue 1, mais aussi de Premier League, de Liga, de Serie A, de Bundesliga ou d'autres championnats. Quand je n'étais pas en tribunes, j'étais dans mon salon, devant ma télévision, avec la tablette sur l'accoudoir du canapé, pour suivre une autre rencontre simultanément et ne rien rater des prestations de nos internationaux.

En France, si le Paris Saint-Germain est parvenu logiquement à refaire parler sa supériorité, les deux Olympiques, celui de Lyon et de Marseille, ont titillé Monaco jusqu'au bout dans la course à la deuxième place. Cette lutte laisse augurer un prochain exercice assez palpitant, surtout si Saint-Étienne poursuit sa très belle lancée. Plusieurs de nos champions du monde ont terminé à la première place de leur championnat respectif. D'autres, comme Antoine Griezmann et Lucas Hernandez avec l'Atlético de Madrid, ou Raphaël Varane avec le Real, ont remporté un trophée européen. Leurs sourires ont compté dans le début de la préparation. C'est un détail ? Peut-être mais au plus haut niveau, vous disais-je, tous les détails comptent.

Très Bonne lecture

Guy Stéphan

Les Bleus en communion avec les Français sur les Champs Élysées, le lendemain de leur victoire en Coupe du monde.

LIVRE D'OR DU FOOTBALL 2018

SOMMAIRE

Tout sourit à Antoine Griezmann en 2018, vainqueur de la Ligue Europa avec l'Atlético et champion du monde avec les Bleus !

GRIZOU, C'EST FOU

Vainqueur de la Coupe du monde et buteur en finale, vainqueur de la Ligue Europa avec l'Atlético Madrid et auteur de deux buts en finale, le vibrionnant et populaire Antoine Griezmann a réussi une saison sensationnelle qui a entretenu ses rêves de Ballon d'or.

POUR FÊTER SES BUTS, Antoine Griezmann a choisi la célébration « Fortnite » tout droit sortie d'un jeu vidéo du même nom et qui a pris naissance dans le base-ball et le football américain. Il se balance d'une amusante façon, d'une jambe sur l'autre, les jambes écartées, main gauche sur le ventre, la cuisse ou la hanche sont tolérées, et surtout la main droite sur le front, pouce à l'horizontale et index pointé vers le ciel pour former un L. On appelle ça un « Take the L » et passons sur le fait que dans le jeu ce L est l'initiale de *loser*, « perdant » en anglais.

C'est la seule petite faute de goût de la chose car pour le reste, cette hilarante danse de réussite et de jubilation colle parfaitement avec le côté lutin du numéro 7 des Bleus, un 7 qui rend hommage non pas à CR7, mais à David Beckham, son idole. Quatre fois lors du Mondial Griezmann a eu l'occasion de danser, dont trois fois après un penalty, mais un but est un but et puis parlez-en à Lionel Messi, vous verrez que penalty ne rime pas forcément avec but. On peut quasiment ajouter une cinquième fois, après le premier but français contre la Croatie qui lui appartient presque entièrement. C'est lui qui a obtenu le coup franc, c'est lui qui l'a tiré et de façon suffisamment vicieuse pour pousser Mario, pas super pour l'occasion, Mandzukic à la faute.

Pendant que nous y sommes, rappelons que c'est encore lui qui a servi Pogba en retrait pour le troisième but que vous savez, et s'il n'a pas été possible de lui octroyer une passe décisive, c'est parce que son pote a dû s'y reprendre à deux fois pour marquer. Oui, son pote et même son meilleur pote en équipe de France. Il faut voir dans le documentaire de TF1 *L'Épopée russe* réalisé *« inside »* les Bleus durant le Mondial comment, à son arrivée à Clairefontaine pour le début du stage, Pogba le salue d'un « mon Grizou » radieux puis le dévore comme du bon pain en le serrant quasi amoureusement dans ses bras. Ces deux-là sont inséparables dans l'ivresse et le plaisir partagé de la vie en communauté.

UN REFUS ABSOLU D'ÊTRE LEADER

Bon, on résume, Griezmann le joyeux drille, qui est le meilleur pote de Pogba, a été impliqué sur trois des quatre buts français de la finale, ponctuant de fantastique façon une saison flamboyante. Et on peut imaginer que plus que jamais il est le Bleu le plus populaire dans le cœur des Français. C'est en tout cas ce qu'affirmait un sondage paru juste avant le Mondial qui lui accordait 63 % des suffrages toutes populations confondues et 70 % de ceux des fans de foot. Il devançait alors Kylian Mbappé, le chouchou des ados, 43 %, et Hugo Lloris, le préféré des ménagères de 50 ans, 33 %.

Alors, bien sûr, la compétition a sans doute rééquilibré ce classement, au moins dans ses écarts. Mbappé, l'enfant roi, a dû progresser, Pogba, le nouveau patron du jeu et du vestiaire, faire une belle percée et Raphaël Varane marquer quelques points. Mais Grizou, c'est Grizou – n'est-ce pas ? –, dans toute sa fraîcheur et sa spontanéité.

Au début du Mondial alors que, persuadée à tort que c'était indispensable pour espérer aller loin, la foule médiatique sommait les Bleus de se doter d'un patron, un vrai, genre Kopa, Platini, Zidane ou plutôt Deschamps, Grizou avait été évidemment interrogé sur la question. Il paraissait alors naturel à certains que ce soit lui qui se dévoue, ce qui n'était absolument pas son intention. Il est un meneur. Un leader, c'est tout autre chose.

Auteur d'un doublé en finale de Ligue Europa contre l'OM, Antoine Griezmann a été élu homme du match.

À Istra, lors d'une conférence de presse organisée près du camp de base des Bleus en Russie, avant même le premier match, à un journaliste qui lui avait demandé s'il était prêt à endosser ce rôle, il avait répondu « oui ». Fier d'avoir sauvé la patrie et un peu surpris d'y être parvenu aussi facilement, l'autre l'avait relancé d'un « vraiment ? ». « Non, mais comme ça, on ne va plus me reposer la question », avait balancé Griezmann, mettant ainsi les rieurs de son côté et évacuant une bonne fois pour toutes le sujet.

Il est comme ça, Grizou, marrant et direct. Didier Deschamps avait réglé le problème à sa façon toujours pleine de tact : « Antoine ne va pas se transformer en quelqu'un qui aboie. Mais par ce qu'il véhicule, c'est un élément moteur. »

UN FILM QUI FAIT POLÉMIQUE

N'empêche que le début de la compétition n'avait pas été pour lui une sinécure. Il y avait d'abord eu l'affaire de son transfert ou de sa prolongation de contrat. On ne savait pas, on ne savait plus. Lionel Messi lui faisait de tels appels du pied sur les réseaux sociaux qu'on le voyait déjà à son service, à Barcelone. Et puis, le suspense avait été levé dans un film de 52 minutes intitulé *La Décision* et diffusé sur une chaîne de télévision espagnole. Il y parlait de tout et de rien, faisait découvrir de façon un peu surréaliste son chez-lui, son entourage, ses parents, son épouse Erika et leur petite Mia, un an et demi, ses pop-corn préférés, le tout à l'aide de ralentis très kitsch, avant de faire enfin savoir que, tout compte fait, il allait rester à l'Atlético où il avait prolongé et amélioré un contrat atteignant désormais 23 millions par an, mais ça, il ne le disait pas. L'exercice un peu douteux ne lui avait pas valu que des compliments. Ni sur la Toile ni de la part de son premier conseiller, Éric Olhats, qui l'avait si longtemps accompagné, de l'enfance du héros à son âge adulte, et qui disait : « C'est exactement pour ça que j'ai pris du recul. Je n'étais plus du tout d'accord avec sa communication. » Une communication dont sa sœur Maud a la charge, on est « famille » ou on ne l'est pas.

Au moins cette affaire était-elle classée, mais elle lui avait coûté pas mal d'énergie, tout autant qu'une saison régulière à rallonge, même s'il n'avait disputé toutes compétitions et tous maillots confondus « que » 47 matchs (pour 27 buts), et une préparation au Mondial particulièrement musclée qui lui avait fait avouer : « Elle m'a un peu coupé les jambes, mais je vais monter en puissance. »

UN STYLE DE JEU FAIT POUR LUI

Son entame personnelle dans le tournoi avait donc été assez compliquée et son remplacement à un partout par Olivier Giroud à la 70e minute du premier match contre l'Australie plutôt mal vécu. « Pourquoi je sors ? » avait-il demandé un peu chafouin à Deschamps en le croisant, et après coup, il n'avait pas caché son mécontentement même s'il y avait mis les formes : « C'est toujours énervant de sortir. Il n'y a aucun joueur qui aime sortir. Mais les trois entrants ont fait du bien, donc tant mieux pour nous et pour le coach. » Appréciez-le « et pour le coach », qui en disait long.

Contre le Pérou, il avait également été rappelé sur le banc, mais à la 80e minute, et surtout, alors que les Bleus menaient dans un match touffu et fondateur. Ce jour-là, Deschamps avait trouvé et son équipe et la façon de la faire jouer. Griezmann allait y trouver son compte, au point de redevenir l'infatigable marathonien à la technique de soie que l'on connaît.

Le penalty synonyme de premier but contre l'Argentine allait constituer une relance idéale, prélude à un match de folie moins dans ses goûts que la victoire contre ses amis uruguayens de Madrid, Godin et Hernandez, qui lui avait permis de marquer son unique but du Mondial dans le jeu avec l'aide désintéressée du gardien Muslera. Et que dire de celle contre la Belgique, tout à fait dans l'esprit de ce qu'il vit à longueur d'année à l'Atlético, dont la pique finale : « C'est comme ça, on marque et après on ferme la boutique », n'était ni un moment d'agacement ni une simple provocation. Ainsi joue-t-il et adore-t-il jouer depuis 2014 à l'Atlético sous la direction de l'anti-poète absolu et homme de fer Diego Simeone, adepte du blockhaus à meurtrières afin de pouvoir tirer quelques flèches empoisonnées dont Griezmann, gueule d'amour, mais bon petit diable, est la plus acérée et la plus percutante. « Bien défendre, être costaud derrière et faire mal à l'adversaire dès qu'on peut. C'est l'Atlético, c'est ce qu'on aime. » Tel est son credo assumé.

REFUSÉ PAR LES CLUBS FRANÇAIS

Restait à tenir un rôle majeur lors de la finale pour entrer en majesté dans le saint des saints du ballon rond. Deux mois après avoir inscrit, à Lyon, deux buts en finale de la Ligue Europa pour conquérir, contre l'OM, son premier grand trophée. Deux ans après la désolation d'une finale de Ligue des champions perdue contre le Real aux tirs au but, dont le sien raté, puis, dans l'enchaînement, d'une finale de championnat d'Europe tristement abandonnée au Portugal à Saint-Denis, il en avait pleuré.

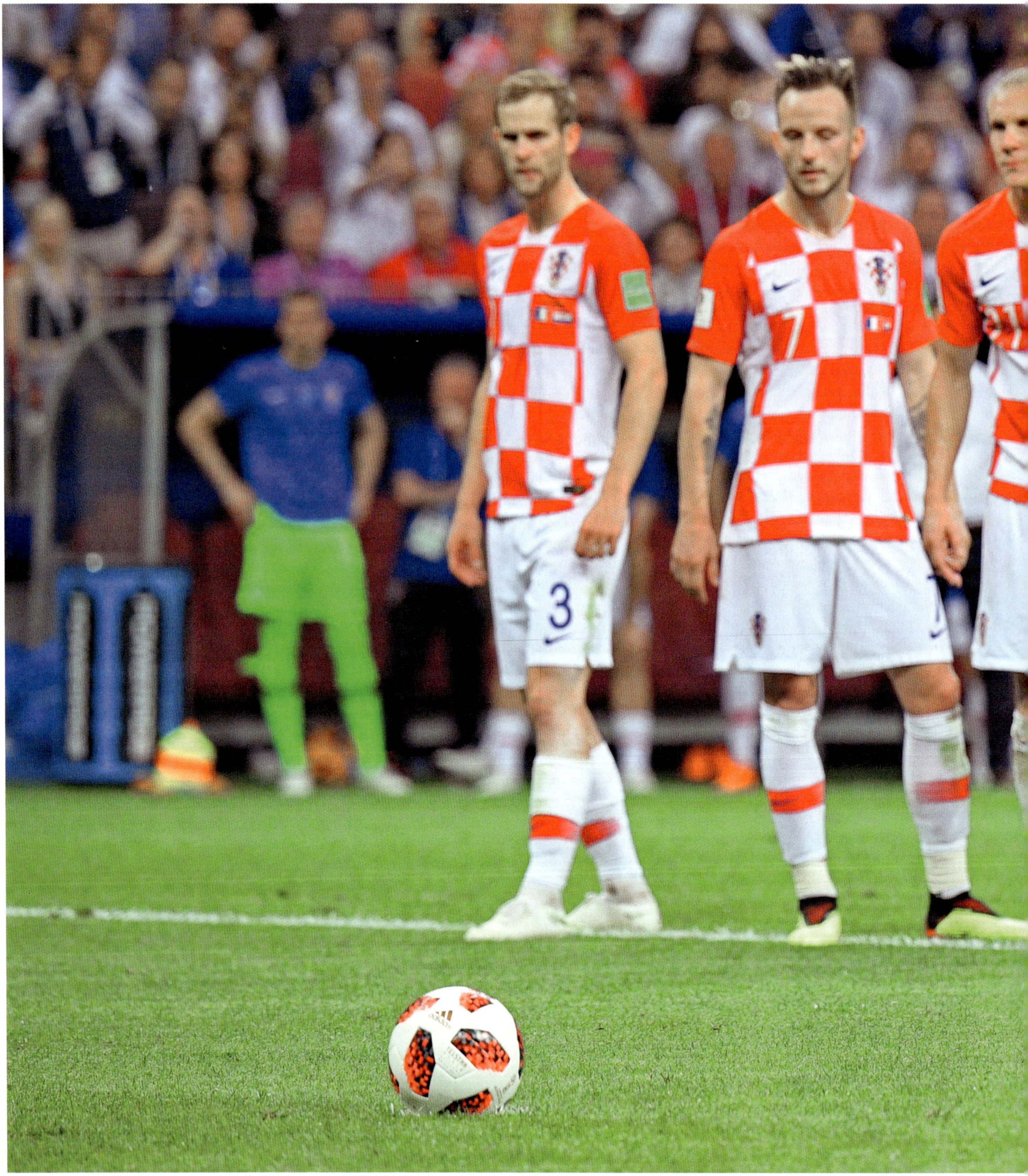

Alors, quelle agréable récompense maintenant pour celui qui avait accepté de quitter la douceur d'un chaleureux foyer à 14 ans pour partir se former en Espagne, à la Real Sociedad de San Sebastian, parce qu'aucun club français n'avait jugé bon de le retenir. Il paraît qu'il n'entrait pas dans les standards physiques alors requis. Tout le monde n'est pas Paul Pogba. Gardons secrets les noms de ces – disons – inconscients, pour rester poli, et imaginons ces « scouts » rassemblés devant un même écran de télé pour contempler l'erreur de leur vie gambader comme un fou, éclats de rire en bandoulière, sur la pelouse détrempée du stade Loujniki de Moscou.

On l'attendait, le voilà ! Fidèle au rendez-vous. En prime, il leur offre une nouvelle célébration « Fortnite », mais cette fois-ci, il nous semble bien que les doigts de sa main droite forment un W plutôt qu'un L ; W comme « *winner* ». Osera-t-il la reproduire, cette danse enfantine et légère, si d'aventure il reçoit à la fin de la saison de tous ses triomphes, à 27 ans, le Ballon d'or de ses rêves ?

Grizi n'a pas tremblé lors du penalty en finale de Coupe du monde contre les Croates (38e).

COUPE DU MONDE

Les Bleus décrochent leur deuxième étoile, vingt ans après celle de la génération 98 !

Contre les Pays-Bas, Kylian Mbappé signe son premier but en bleu.

PAR ICI LA RUSSIE

Brillante contre les Pays-Bas, désarmante contre le Luxembourg, comme souvent, l'équipe de France a semé le chaud et le froid pour obtenir le droit de participer à la phase finale d'une Coupe du monde. Qu'elle disputera sans Koscielny ni Payet blessés.

DIDIER DESCHAMPS n'a pas encore totalement digéré la défaite en Suède de juin 2017 (2-1) lorsqu'il donne le coup d'envoi de l'ultime phase de la conquête de la Russie. Payet et Sissoko payent les pots cassés. Ils sont absents de la liste des joueurs retenus pour affronter les Pays-Bas puis le Luxembourg. Benzema est l'autre grand, et éternel, absent. « Je ne vais pas me répéter sans cesse, dit Deschamps. Reprenez ce que j'ai dit en juin, faites un copier-coller. J'ai un groupe où il y a un équilibre, une harmonie. » Pour lui, ce débat est définitivement clos.

Coupable d'une bévue contre la Suède, le capitaine Hugo Lloris est perplexe : « Depuis que je suis en sélection, et cela fait un petit moment, j'ai toujours eu l'impression qu'on avait un visage pour les qualifications et un autre pour les phases finales. »

Contre les Pays-Bas, le sélectionneur joue la carte « jeunes ». Si Mbappé (18 ans), tout juste transféré au PSG, est sur le banc, Lemar (21 ans) et Coman (21 ans) sont titulaires. Le Stade de France est comble pour assister à un succès en mode majeur. Au bout d'une heure de jeu, les Bleus se contentent du but inscrit par Griezmann (14ᵉ). L'expulsion de Strootman rompt l'équilibre. Lemar frappe deux fois : d'un tir en lucarne (73ᵉ) et à l'arrivée d'un centre de Griezmann (88ᵉ). Entré à la place de Giroud, Mbappé transforme le succès en triomphe en même temps qu'il ouvre son compteur bleu (90ᵉ + 1, 4-0).

Avec 3 points d'avance sur la Suède qui s'est inclinée en Bulgarie (3-2), la France s'est dégagé l'horizon. « On les a obligés à faire ce qu'ils n'aiment pas, défendre. Cette victoire très importante nous place dans une situation idéale, mais il y aura des périodes plus difficiles », analyse Deschamps, qui ne croit pas si bien dire.

LE LUXEMBOURG GLACE LES BLEUS

Quatre jours plus tard, à Toulouse, avec la même équipe, exception faite de Coman remplacé par Mbappé, les Bleus infirment le proverbe qui prétend que « qui peut le plus peut le moins ». Le Luxembourg ressemble pourtant à un faire-valoir.

Au bout d'un affrontement des plus crispants au cours duquel les Français ratent tout ce qu'ils entreprennent (34 tirs à 3 au total), ce sont eux qui tremblent quand Gerson Rodrigues tire sur le poteau de Lloris (79ᵉ). Ce match nul (0-0) est une des pires performances de l'histoire de l'équipe de France. Deschamps se refuse à « expliquer l'inexplicable ». Lloris demeure positif : « Ça n'enlève rien à la déception, mais on est en meilleure position qu'avant ces deux matchs. »

Un mois plus tard, c'est en Bulgarie que les Bleus doivent confirmer leur première place dans ce qui a tout d'un match piège. « France-Luxembourg est derrière nous. Il faut regarder devant. Et devant, c'est la Coupe du monde », déclare le néo-Turinois Matuidi. C'est lui qui inscrit très vite (3ᵉ, 1-0) ce qui sera le seul but du match. Privés de Pogba, Mendy, Koscielny et Kurzawa, les Français sont en mode « guerrier » pour défendre ce butin d'autant plus précieux que dans le même temps la Suède pulvérise le Luxembourg (8-0). Deschamps est plus soulagé qu'heureux : « On s'est accrochés. Je ne vais pas me satisfaire de ça. On est capables de mieux faire. La seconde période a été laborieuse. »

À l'aube de la réception de la Biélorussie qui constitue le terme du parcours qualificatif, la France compte 1 point d'avance sur la Suède. Elle a son destin entre ses pieds et ne le galvaude pas, même si, encore une fois, la performance n'est pas à la hauteur de l'attente. Certes, les réussites de Griezmann (27ᵉ) et Giroud

(33e) donnent de l'air, mais la réduction du score de Saroka (44e, 2-1) est le prélude d'une seconde période mal maîtrisée et parfois angoissante.

DESCHAMPS PROLONGE SON CONTRAT

La défaite de la Suède aux Pays-Bas (2-0) aurait interdit toute catastrophe pour les Bleus, mais leur coach reste de nouveau sur sa faim : « L'objectif est atteint, mais nous n'avons pas une maîtrise suffisante sur la durée. Je ne suis ni borgne ni aveugle. Nous pouvons progresser dans tous les domaines. » Giroud ne veut voir que le principal : « On a une équipe de mecs qui en ont. On a un bel avenir avec cette belle génération. »

C'est le moment que choisit Didier Deschamps pour prolonger son contrat jusqu'en 2020. « L'objectif est d'atteindre le dernier carré du Mondial, mais le contrat de Didier ne sera pas lié à cela », précise le président des Bleus, Noël Le Graët.

Place maintenant aux matchs amicaux dans lesquels la pression est moindre. Contre le pays de Galles, Deschamps rappelle Martial et Fekir et convoque pour la première fois le défenseur de Stuttgart Benjamin Pavard (21 ans) ainsi que le milieu de Séville Steven Nzonzi (28 ans).

Ils disputent tous les deux la seconde période d'un match remporté aisément grâce aux buts de Griezmann (18e) et Giroud (77e, 2-0). « J'ai vu un très bon match, dit Deschamps. L'addition aurait pu être plus lourde. »

Mais la vraie performance, c'est quelques jours plus tard que les Bleus la frôlent en Allemagne, face à une équipe invaincue depuis vingt matchs. En l'absence de Giroud, le sélectionneur fait confiance à son collègue d'Arsenal Lacazette qui ne le déçoit pas. L'ex-Lyonnais marque à deux reprises (33e, 71e). Entre-temps, Werner a momentanément égalisé (37e). À la 89e minute, le gardien allemand Kevin Trapp sort vainqueur d'un duel avec Martial qui semblait perdu d'avance. Du coup, l'égalisation tardive de Stindl (90e + 3, 2-2) a un peu de mal à passer. « Bien sûr que nous sommes déçus, avoue Deschamps, car nous étions plus près de gagner que de concéder l'égalisation, mais, globalement, je suis fier de la prestation de mon équipe qui est compétitive. »

Voici que sonne l'heure du tirage au sort de la phase finale du Mondial. Le 1er décembre, à Moscou, Diego Maradona n'a pas la main lourde pour la France qui hérite de l'Australie, du Pérou et du Danemark. Près de quatre mois plus tard, au sortir d'un long hiver, et deux mois avant la publication de la liste des 23 élus, les Bleus se retrouvent pour peaufiner les réglages.

GIROUD REJOINT FONTAINE ET PAPIN

« Aucun joueur n'a l'immunité », prévient Giroud. Payet est toujours absent, tandis que le défenseur de l'Atlético Madrid Lucas Hernandez (22 ans) est appelé pour la première fois. En délicatesse avec son entraîneur à Manchester, José Mourinho, Pogba est sur le banc au coup d'envoi du match contre la Colombie.

Contre la Bulgarie, Matuidi inscrit le seul but du match quasi-synonyme de qualification pour la Coupe du monde (à gauche). Benjamin Pavard (ci-dessus) étrenne sa première sélection en équipe de France en amical contre le Pays de Galles, le 10 novembre 2017.

Deschamps l'a recadré : « Par moments, explique-t-il, il faut dire les choses, être plus agressif, plus offensif. »

L'entame est joyeuse. Giroud ouvre le score (11e). C'est son 30e but en équipe de France. Il égale les grands anciens Just Fontaine et Jean-Pierre Papin. Lemar double la mise (26e) au bout d'une action de haute volée collective. La suite, inattendue, pétrifie le Stade de France. Muriel réduit l'écart (28e), Falcao égalise (62e) et Quintero donne la victoire aux Colombiens sur penalty après une faute de Umtiti (85e, 3-2). Les entrées en seconde période de Pogba, Dembélé ainsi que des débutants Hernandez et Ben Yedder n'y ont rien fait.

Deschamps est déçu : « On a fait une première demi-heure de très grande qualité. En seconde période, ce fut la panne de courant. La Colombie nous a mis à mal. J'ai une équipe jeune qui doit passer par des moments difficiles. Il faut que ça nous serve de leçon. »

« C'était un match amical, il ne faut pas l'oublier », rappelle Giroud. Trois jours plus tard, à Moscou, sans jamais être brillante, la France inverse malgré tout la tendance. Son attaque « biberon », Dembélé (20 ans), Mbappé (19 ans), Martial (22 ans), qui en fait la troisième plus jeune équipe de France de l'histoire, lui sauve le coup face à un faible adversaire. Un doublé de Mbappé (40e, 83e), son premier en bleu, et un coup franc de Pogba (49e) font la différence (3-1).

RABIOT SÈME LE TROUBLE

Maintenant, c'est à Deschamps de jouer et de communiquer la liste des 23. Comme attendu, les blessures de Koscielny et Payet font le jeu de Rami et Fekir. De retour de blessure, les défenseurs Mendy et Sidibé sont présents, contrairement à Digne devancé par Hernandez. La seule petite surprise vient de l'absence de Rabiot auquel Deschamps a préféré Nzonzi avec ce commentaire : « Ses performances en sélection n'ont pas été du tout du même niveau qu'avec le PSG. »

Dépité, Rabiot écrit à « Monsieur le sélectionneur » pour lui reprocher son manque de « logique sportive » et lui faire part de son retrait de la liste des remplaçants potentiels. Réponse de Deschamps : « Il n'y a pas de place pour les états d'âme au haut niveau. C'est sa décision, qu'il l'assume. »

Retour au terrain avec un premier match amical contre l'Irlande au Stade de France. Giroud (40e) et Fekir (44e, 2-0) sont les

Didier Deschamps et son adjoint Guy Stéphan ont peaufiné leur liste des 23 pour la Coupe du monde pendant près de deux ans.

Deschamps préfère ne retenir que le positif : « Paul n'a pas tout réussi, mais il a travaillé pour l'équipe. J'ai des joueurs créatifs, alors ils prennent des risques. La qualité est là. L'intuition et la créativité aussi. »

buteurs du soir. Mendy et Sidibé ont rassuré. En inscrivant son 31e but sous le maillot bleu, l'attaquant de Chelsea rejoint un certain Zidane. Seuls Henry (51 buts), Platini (41) et Trezeguet (34) le devancent encore.

Plus compliquée s'annonce la réception de l'Italie, grand absent du Mondial. À Nice, le trio d'attaque Mbappé, Griezmann, Dembélé fait des étincelles. Et les jeunes arrières latéraux Pavard et Hernandez prouvent qu'ils sont mieux que de simples doublures. Umtiti d'une reprise à bout portant (8e), Griezmann sur penalty (29e) et Dembélé d'une jolie frappe enroulée des 18 mètres (63e, 3-1) sont à l'honneur.

Tout a bien fonctionné, sauf Pogba en demi-teinte et victime de quelques sifflets lors de son remplacement. « Il a le droit d'être un peu moins bon », dit Umtiti. Mbappé ajoute : « On doit admirer son talent. » Le consultant Jean-Michel Larqué est impitoyable : « Pogba n'a progressé dans aucun domaine. »

Le lundi 4 juin, il peut déposer sa liste officielle *(voir encadré)*.

Sous le regard du barbichu Aimé Jacquet venu donner le coup d'envoi, les Bleus terminent leur préparation sur le sol national, à Lyon, devant 60 000 supporters, par un mini-couac contre les États-Unis. Ils dominent à n'en plus finir, mais c'est Green qui ouvre le score (44e) sur une bévue de Sidibé et une hésitation de Lloris. Mbappé leur évite la défaite en reprenant victorieusement un centre de Pavard pour son quatrième but en bleu (78e, 1-1). À l'évidence, les Français avaient déjà la tête ailleurs. « Il nous a manqué de la justesse, de la mobilité, des jambes plus fraîches », constate Deschamps pas plus inquiet que ça, même s'il ajoute : « On va partir avec les voyants qui clignotent un peu. »

Le lendemain, c'est l'heure du grand envol pour le bucolique camp de base d'Istra, près de Moscou, avec des rêves plein la tête.

LA LISTE DES 23

GARDIENS DE BUT : Hugo Lloris (Tottenham), Steve Mandanda (OM), Alphonse Areola (PSG).

DÉFENSEURS : Lucas Hernandez (Atlético Madrid), Presnel Kimpembe (PSG), Benjamin Mendy (Manchester City), Benjamin Pavard (Stuttgart), Adil Rami (OM), Djibril Sidibé (Monaco), Samuel Umtiti (Barcelone), Raphaël Varane (Real Madrid).

MILIEUX : N'Golo Kanté (Chelsea), Blaise Matuidi (Juventus Turin), Steven Nzonzi (Séville), Paul Pogba (Manchester United), Corentin Tolisso (Bayern Munich).

ATTAQUANTS : Ousmane Dembélé (Barcelone), Nabil Fekir (OL), Olivier Giroud (Chelsea), Antoine Griezmann (Atlético Madrid), Thomas Lemar (Monaco), Kylian Mbappé (PSG), Florian Thauvin (OM).

Olivier Giroud buteur mais battu en match
de préparation à la Coupe du monde
contre la Colombie (2-3).

TREMBLEMENTS DE TERRE

Le sélectionneur espagnol viré, l'Argentine et le Brésil qui tâtonnent, la Russie qui surprend, la Coupe du monde débute sur les chapeaux de roue.

MERCREDI 13 JUIN

2026 EN AMÉRIQUE

Le Maroc était candidat pour la cinquième fois à l'organisation d'une Coupe du monde et il a une nouvelle fois perdu. Par 134 voix contre 65, le congrès de la FIFA a attribué le Mondial 2026, qui rassemblera 48 pays, à la candidature commune des États-Unis, du Canada et du Mexique qui succédera donc à l'hivernal Qatar 2022.

MERCREDI 13 JUIN

LOPETEGUI NOMMÉ ET VIRÉ

C'est un véritable tremblement de terre qui secoue l'équipe d'Espagne à deux jours de son entrée en lice dans le Mondial. Moins de 24 heures après l'annonce de sa nomination à la tête du Real Madrid comme successeur de Zidane, le président de la fédération Luis Rubiales, ulcéré de ne pas avoir été tenu au courant des négociations, décide de licencier son coach Julen Lopetegui, qui était sous contrat jusqu'en 2020. Il est remplacé par le directeur sportif de la sélection, l'ancien milieu et défenseur du Real Madrid aux 90 capes (et 29 buts) Fernando Hierro. Lopetegui quitte son poste invaincu en 20 matchs (14 victoires et 6 nuls).

JEUDI 14 JUIN

01 LA RUSSIE EN FANFARE

Inquiétante voire désespérante lors de ses matchs amicaux de préparation, la Russie entre en trombe dans son Mondial. À Moscou, devant 78 000 spectateurs elle explose l'Arabie Saoudite (5-0). Entré en jeu à la 24e minute en remplacement de Dzagoïev blessé, Cheryshev inscrit le premier doublé de la compétition. Gazurski a été le premier buteur de ce Mondial et deux des cinq buts sont inscrits dans le courant du temps additionnel de la seconde période (90e+1 et 90e+4).

VENDREDI 15 JUIN

02 BOUHADDOUZ, LE FAUX FRÈRE

Contre l'Iran, l'entraîneur du Maroc Hervé Renard n'est pas très inspiré quand il décide de remplacer El Kaabi par Bouhaddouz (77e). Au bout d'un match entièrement dominé par les Lions de l'Atlas c'est le nouvel entrant qui offre la victoire aux Iraniens au bout du temps additionnel (90e+5, 1-0) en inscrivant le premier but « contre son camp » du Mondial d'un malheureux coup de tête alors qu'aucun joueur adverse ne le menace.

VENDREDI 15 JUIN

03 RONALDO FRACASSANT

Le jour où ses avocats annoncent qu'ils acceptent la sanction du fisc espagnol (18,6 millions d'amende et deux ans de prison ferme non effectués), Ronaldo est éblouissant sur le terrain. Contre l'Espagne, il inscrit le premier triplé du Mondial sur un penalty qu'il a lui-même obtenu (4e), une frappe lointaine du gauche sur laquelle le gardien ibérique De Gea se troue affreusement (44e) et sur un coup franc magistral (88e). Il devient ainsi buteur sur quatre Mondiaux successifs tout en doublant son total puisqu'il n'avait inscrit qu'un seul but en 2006, 2010 et 2014. « Nous ne sommes pas favoris, mais nous sommes candidats », dit-il à l'issue d'un match nul (3-3, dont un doublé de Diego Costa pour l'Espagne) qui a des allures de victoire.

SAMEDI 16 JUIN

04 MESSI RATE LA CIBLE

Ils tiennent le ballon (78 % de possession à la fin du match) mais tournent en rond contre des Islandais abrasifs qui les tiennent alors en échec (1-1), quand les Argentins obtiennent un penalty (64e). La frappe médiocre de Messi est repoussée par Halldorsson. Le score n'évoluera plus. À la fin du match, « la Pulga » est contrite : « Le penalty aurait changé la face du match. Je me sens responsable. » Pour l'Argentine, ce n'est que le début d'une longue angoisse.

DIMANCHE 17 JUIN

05 LA SUISSE VERROUILLE LE BRÉSIL

Débuts en demi-teinte pour le grand favori du tournoi. Au bout de ce qui est le premier match complet de Neymar depuis sa blessure au pied au mois de février, Zuber (50e 1-1) répond de la tête à la très belle frappe de Coutinho (20e) après avoir bousculé le défenseur brésilien Miranda. Commentaires de l'entraîneur brésilien Tite sur cette égalisation litigieuse : « Miranda m'a dit qu'il aurait peut-être dû tomber. Je lui ai répondu que non car je ne veux pas de simulation. Mais il a été poussé, c'est clair. » Grande classe.

LUNDI 18 JUIN

06 UN HAZARD POUR LUKAKU

Contre le très faible Panama, l'avant-centre de Manchester United Romelu Lukaku réussit un doublé (72e et 75e, 3-0) qui succède à l'ouverture du score de Mertens (47e). Explication du capitaine Eden Hazard après la rencontre : « Sur le terrain, j'ai dit à Romelu qu'on ne l'avait pas vu, qu'il se cachait un peu. Une fois qu'il a été impliqué dans le jeu, comme par magie, il a mis deux buts. »

LUNDI 18 JUIN

07 KANE SAVE THE QUEEN

C'est dans le temps additionnel que l'avant-centre anglais Harry Kane offre la victoire aux siens d'une tête à bout portant à l'arrivée d'un corner dévié par Maguire (90e+1, 2-1). C'est déjà au terme d'un corner qu'il avait ouvert le score (11e). À 24 ans et en 25 sélections, Kane a déjà inscrit 15 buts.

MARDI 19 JUIN

08 NIANG EST UN FILOU

La première victoire d'une sélection africaine dans le Mondial est obtenue par le Sénégal de l'ex-Lillois et Parisien Aliou Cissé qui fait chuter la Pologne (2-1). Au moment où Krychowiak effectue une passe en retrait désastreuse, Niang est encore sur la touche à la suite d'une blessure. Il reçoit l'autorisation de revenir en jeu alors que le ballon est en l'air et le récupère pour aller tromper Szczesny stupéfait (60ᵉ).

MARDI 19 JUIN

09 LES TROIS MINUTES DE SANCHEZ

Pour son entrée en lice contre le Japon, la Colombie se retrouve à dix dès la troisième minute de jeu après que son défenseur Carlos Sanchez a fait une main volontaire dans la surface de réparation. Ce qui sera la plus rapide expulsion du Mondial provoque en outre un penalty transformé par Kagawa (6ᵉ). Les Sud-Américains ne se relèvent pas de ce coup du sort et s'inclinent (2-1).

01

02

03

04

05

06

07

08

09

COUPE DU MONDE - PREMIER TOUR

16 JUIN 2018 | KAZAN ARENA | **FRANCE** – AUSTRALIE : 2-1

Le Mancunien Paul Pogba sera à l'initiative du deuxième but des Bleus, inscrit contre son camp par Behich à la 82e minute.

JAMAIS SANS POGBA

Contre l'Australie, l'équipe de France très rajeunie entre de façon poussive dans son Mondial. Un penalty et un but « contre son camp » initiés par le milieu de terrain de Manchester permettent d'éviter le pire. Deschamps va devoir trouver des solutions pour rallumer le feu.

UNE FOIS DÉBARQUÉ EN RUSSIE, Didier Deschamps se creuse les méninges. Doit-il privilégier la jeunesse ou l'expérience ? Sur des arrières latéraux de retour de blessure et à la peine physiquement ou sur leurs doublures ? Sur un système de jeu penchant vers l'avant ou sur la prudence ?

Le dernier match amical contre les États-Unis l'a troublé. Au moins n'a-t-il aucun doute sur Pogba. Certes, le joueur est décrié par certains, mais il n'a aucunement l'intention de lui retirer sa confiance. Au contraire. S'il mise finalement sur Dembélé plutôt que sur Giroud, sur Tolisso plutôt que sur Matuidi, sur Pavard et Hernandez plutôt que sur Sidibé et Mendy, privilégiant une formation de moins de 24 ans et 6 mois de moyenne d'âge, du jamais-vu à ce niveau pour une équipe de France, il campe sur son postulat : Pogba doit être la clé de voûte de son édifice. Il lui offre donc son flanc gauche préféré et beaucoup de liberté.

Sur le terrain, c'est flou. Face à une équipe d'Australie parfaitement préparée par le Hollandais Bert van Marwijk, ancien entraîneur de l'équipe des Pays-Bas finaliste malheureuse de la finale du Mondial 2010 contre l'Espagne, les jeunes Bleus comprennent très vite qu'un événement de cette dimension ne peut pas être une simple partie de plaisir.

GRIEZMANN INAUGURE LA VIDÉO

Après une entame plutôt encourageante, les Français s'installent dans un faux rythme qui fait le jeu d'adversaires déterminés et courageux à défaut d'être surdoués. Les stars d'en face s'appellent Rogic et Leckie. Elles jouent au Celtic Glasgow et au Hertha Berlin.

Deschamps ne peut évidemment pas être satisfait de ce qu'il voit : « Élevez le rythme, allez les chercher plus haut et allez-y ensemble », lance-t-il à ses joueurs à la mi-temps. Un discours sans grand effet jusqu'à la première décision arbitrale prise grâce à la VAR (arbitrage par assistance vidéo) de l'histoire des Coupes du monde. Si l'intervention de Risdon sur Griezmann, lancé par Pogba, n'a pas paru illicite à l'arbitre de champ uruguayen Andres Cunha, elle a interpellé ses collègues postés devant leurs écrans à Moscou. Le jeu s'est donc arrêté pour remonter le temps et permettre à Griezmann d'ouvrir le score sur penalty (58ᵉ).

Le plus dur n'est pas fait pour autant. Dans la foulée, Umtiti laisse traîner sa main dans le ciel de Kazan où le ballon survole la surface de réparation. « Au moment où je me retourne, je pensais que le ballon était déjà passé », dira-t-il après coup. Il ne l'était pas. L'évident penalty est transformé par Jedinak (62ᵉ). Les entrées en jeu de Giroud, à la place de Griezmann décevant et mécontent sur ce coup-là, de Fekir et de Matuidi redonnent un peu de peps à une équipe très à la peine. C'est Giroud qui offre le second but à Pogba, ou plutôt à Behich, qui, sous la pression de Pogba, trompe son propre gardien. La balle frappe le dessous de la barre transversale et pénètre de quelques centimètres seulement à l'intérieur du but (82ᵉ, 2-1). Suffisant pour sortir les Bleus de ce mauvais pas. « Est-ce que j'ai voulu marquer ou est-ce que c'est un but contre son camp ? interrogera le vrai faux buteur avec humour. Moi, je suis honnête, c'est un but pour l'équipe de France. »

LLORIS APPELLE À L'EFFORT

Deschamps ne peut se satisfaire de ce brouillon : « Il nous a manqué pas mal de vitesse dans les transmissions », regrette-t-il. Son 4-3-3 et ses attaquants l'ont déçu. « On a trop laissé le ballon, explique Lloris. On doit avoir plus de maîtrise avec ou sans ballon. On doit faire plus d'efforts. » « Ce sont de jeunes joueurs. C'est normal qu'il y ait eu un peu de fébrilité au début », souligne « l'ancêtre » Matuidi du haut de ses 31 ans. Quant à Pogba, il appelle à la mansuétude : « En première mi-temps, ils étaient toujours un de plus ou alors nous étions en retard. Mais il ne faut pas être trop dur envers nous-mêmes. Même si on doit et si on espère faire mieux lors des prochains matchs. »

Les Bleus se tournent maintenant vers le Pérou défait par le Danemark (1-0) lors de son match d'ouverture après avoir raté un penalty, et qui jouera sa peau. Deschamps va pouvoir de nouveau triturer les pièces de son puzzle bleu avant ce rendez-vous de tous les dangers.

MBAPPÉ OUVRE LA PORTE

Un but du jeune prodige parisien a suffi à l'équipe de France pour battre le Pérou et atteindre en deux petits matchs pas toujours très convaincants son premier objectif : la qualification pour les huitièmes de finale.

LA VICTOIRE CONTRE L'AUSTRALIE a surtout semé quelques doutes. Dans l'intimité de leur résidence d'Istra, les Bleus et leur entraîneur entament un débat interne autour du pressing collectif, le fameux bloc-équipe, qui a été défaillant. Les Français se cherchent tactiquement. « Il va falloir être plus proches les uns des autres dans la façon de défendre », estime Varane. « On doit faire mieux, beaucoup mieux », embraye Deschamps qui ajoute : « Quand Giroud n'est pas là on se rend encore mieux compte de son utilité. »

Pour solidifier le jeu, le fluidifier et mieux entourer Griezmann, il décide de revenir à la formule en 4-4-2 qu'il avait privilégiée lors de l'Euro 2016. Les expérimentés Matuidi et Giroud seront donc de la partie contre le Pérou en lieu et place de Tolisso et Dembélé.

Pendant ce temps, dans les médias, le débat tourne autour de Mbappé jugé trop peu concerné par le jeu défensif et insuffisamment performant lors les rendez-vous décisifs, un procès un peu hâtif concernant un joueur qui a tout juste 19 ans et 6 mois. Le jeune attaquant va prendre ombrage de ces réticences et couper momentanément le cordon verbal avec la presse. Mais auparavant, il apporte sa réponse sur le terrain.

Kylian Mbappé inscrit le seul but du match contre le Pérou (34e) et qualifie les Bleus pour les huitièmes. Les Péruviens, eux, sont éliminés.

POGBA-KANTÉ, LE DUO DE CHOC

À Ekaterinbourg, le stade est envahi par 20 000 supporters péruviens enthousiastes. « On aurait dit qu'on jouait à l'extérieur, ça nous a encore plus motivés », expliquera Lucas Hernandez. Au moment de pénétrer sur la pelouse, les Bleus n'oublient pas que cela fait 668 minutes, depuis celui du Brésilien Careca à Guadalajara en 1986, qu'ils n'ont pas encaissé de but contre une équipe sud-américaine en phase finale de Mondial.

Le début de rencontre est à leur avantage. Pogba est dans un bon jour et Kanté crève l'écran. Il avait gratté 14 ballons aux Australiens, il va en chiper 13 dans les pieds des Péruviens. La première occasion franche est pour Griezmann (16e), dont la frappe est maîtrisée par le gardien Gallese. Mais il faut une intervention de classe de Lloris, qui fête sa 100e sélection, devant Guerrero (31e) pour maintenir les Bleus à flot et les installer dans un temps fort qui accule le Pérou sur son but.

L'action décisive est initiée par Pogba qui lance Giroud dans l'axe. Déviée par Rodriguez, la frappe de l'attaquant de Chelsea lobe Gallese. Arrivant à toute allure, Mbappé n'a plus qu'à pousser le ballon dans le but grand ouvert (34e). C'est son quatrième but en sélection et il vaut cher. Les Tricolores ont le vent en poupe. La jolie frappe de Hernandez repoussée par Gallese (43e) sera toutefois leur dernière opportunité avant longtemps.

La seconde période est moins maîtrisée. Les Péruviens jouent leur va-tout. Aquino tire sur la barre (50e). La balle revient trop facilement dans le camp bleu, mais le bloc défensif est compact et Lloris assez peu menacé. La seule occasion française de cette seconde période est pour Dembélé qui vient de remplacer Mbappé. Sa frappe file hélas à côté (82e). Peu influent, Griezmann a également rejoint le banc pour laisser sa place à Fekir (80e). Les Bleus serrent les dents et les rangs pour préserver cette précieuse victoire qui leur ouvre les portes des huitièmes de finale en passant par un troisième match contre le Danemark dont le simple enjeu sera la première place du groupe C, après le résultat nul des Scandinaves contre l'Australie (1-1).

GARECA ENCENSE LES BLEUS

Tandis que Mbappé s'éclipse en silence de la zone mixte après avoir simplement répondu aux trois questions officielles et obligatoires pour tous ceux qui sont élus « Homme du match », avec notamment cette réponse : « J'ai toujours dit que marquer en Coupe du monde était le rêve de tout footballeur », c'est à qui lui tressera la plus belle couronne de louanges. « Kylian a fait un super match, déclare Lloris. Il était concerné offensivement et défensivement, alors que jouer milieu droit n'était pas évident pour lui. » « Quand on voit Kylian se battre comme un chien, ça fait plaisir », ajoute Matuidi.

Le capitaine, quant à lui, revient à mots flatteurs sur la performance des siens : « Notre niveau a été supérieur à celui du match contre l'Australie. Nous avons été bons dans les duels et très solides dans les moments clés. Ce fut une bonne prestation collective avec de la discipline. C'est ce qu'on cherchait. » Varane est aussi ravi que lapidaire : « On a bien contrôlé. On a bien joué. On est contents. » Ce n'est pas le sélectionneur argentin du Pérou Ricardo Gareca qui leur donne tort : « La France a fait preuve d'une grande discipline collective, dit-il. Sa défense a été excellente. »

MAIS NON ! ET PUIS MESSI !

Auteurs d'une prestation médiocre contre le Danemark lors d'un dernier match de poules sans véritable enjeu, les Bleus, premiers de leur groupe, ont appris quelques heures plus tard sans plaisir qu'ils allaient devoir se coltiner en huitièmes de finale l'Argentine de Lionel Messi.

« L'OBJECTIF est de finir premier », a rappelé le sélectionneur qui égale ce jour-là le record de Raymond Domenech en dirigeant son 79ᵉ match international. Il va être atteint, mais au bout de ce qui sera qualifié de « pire match de la Coupe du monde ». Sous les sifflets qui descendent rapidement des tribunes, les deux formations donnent l'impression de disputer une rencontre amicale de seconde zone. Les Danois se satisfont de leur qualification et, sous les yeux de leurs familles venues les rejoindre, les Français gèrent sans jamais ébranler le bloc adverse. Forcément, il y a comme un hiatus entre la déception des observateurs, qui constatent en outre que sur six mi-temps disputées par les Bleus seule la première contre le Pérou a été digne d'intérêt, et la satisfaction affichée des joueurs. « Ennuyeux ce match ? interroge Griezmann faussement dupe. On s'en fout, on est qualifiés. Cette Coupe du monde est plus difficile à mon avis que celle de 2014 car les équipes sont plus fortes tactiquement. »

L'ARGENTINE AU BORD DU GOUFFRE

Qualifiés pour les huitièmes de finale, les Bleus n'ont plus qu'à s'installer devant leurs télés pour connaître le nom de leur futur adversaire. Pour être celui-là, les Argentins doivent battre le Nigeria, mais ils peuvent aussi prier pour que dans le même temps l'Islande ne gagne pas contre la Croatie, déjà qualifiée elle aussi, et qui aligne huit remplaçants. Le superbe but initial de Messi sur un enchaînement contrôle-frappe croisée (14ᵉ) fait lever le vent de l'espoir. Mais face à un rival solide physiquement, doué techniquement et toujours vaillant, le jeu des Argentins, truffé d'approximations durant ce premier tour, se délite petit à petit. Jusqu'à ce que Mascherano oublie qu'avec la VAR qui a l'œil à tout, on ne peut plus ceinturer sans vergogne un adversaire sur corner. Moses transforme le penalty (51ᵉ). Comme l'Islande ne parvient jamais à prendre le dessus sur la Croatie et finira même par s'incliner (2-1), c'est le Nigeria qui croit désormais à l'exploit. Di Maria rate tout ce qu'il entreprend, Higuain n'est jamais en position de frapper, à l'exception d'un coup de tête qu'il expédie maladroitement au-dessus et Messi ne parvient plus à se défaire de la nasse qui l'enserre.

C'est donc de son arrière-garde que va venir le salut de l'Albiceleste quand sur un centre de l'arrière droit Mercado, l'arrière central Rojo, deux buts en 57 sélections jusqu'alors, marque d'une reprise de volée (86ᵉ, 2-1). Il évite aux siens l'humiliation d'une élimination au premier tour.

L'IMPORTANCE DU TEMPS ADDITIONNEL

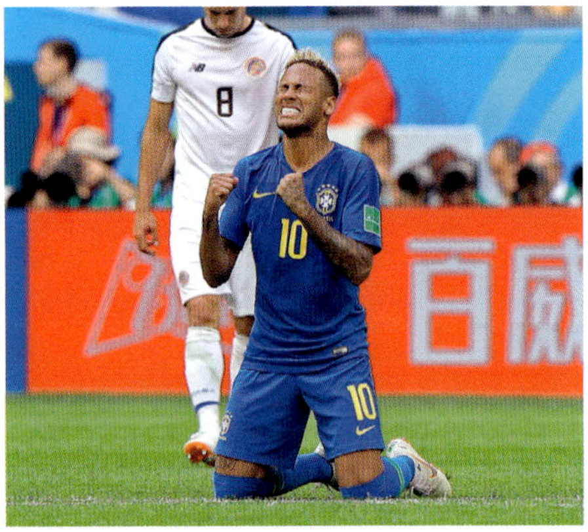

Neymar est en larmes après la victoire in extremis du Brésil lors du deuxième match de poule face au Costa Rica (2-0).

JEUDI 21 JUIN
CABALLERO, C'EST PAS LE PIED

Le naufrage de l'Argentine contre la Croatie (3-0) a pour origine une épouvantable erreur de son gardien Caballero, dont la relance au pied file directement sur Rebic, qui marque d'une reprise de volée (53e). Modric (80e) et Rakitic (90e+1) alourdiront le score. Remplaçant à Chelsea où il n'a disputé que 13 matchs durant la saison, Caballero dispute à 36 ans sa première phase finale de Mondial. Les malheurs de l'Argentine continuent.

VENDREDI 22 JUIN
LE BRÉSIL À LA FIN DES TEMPS

Les 90 minutes sont terminées, et le Brésil bute toujours sur le Costa Rica et son formidable gardien du Real Madrid Keylor Navas. Le temps additionnel est de trop pour le petit qui craque sous les coups de Coutinho (90e+1) et de Neymar sur une offrande de Douglas Costa (90e+7, 2-0). Neymar s'effondre en larmes au coup de sifflet final. Commentaires du capitaine Thiago Silva qui n'a pas apprécié les noms d'oiseau balancés par la star frustrée en cours de rencontre : « Il fallait qu'il évacue. Ce but lui enlève un grand poids. Il sera serein pour le troisième match. Pleurer, ça fait du bien. »

VENDREDI 22 JUIN
LES SUISSES NE SONT PAS NEUTRES

Pour fêter leurs buts de la victoire contre la Serbie (2-1) les joueurs suisses originaires du Kosovo, Xhaka (52e) et Shaqiri (90e), miment avec leurs mains l'aigle noir bicéphale, symbole de leur terre ancestrale. Une provocation, sachant que la Serbie refuse de reconnaître le Kosovo. Cette ingérence politique mécontente la FIFA et provoque la réflexion suivante de l'entraîneur suisse Vladimir Petkovic, lui-même de nationalité bosnienne : « On ne devrait pas mélanger la politique et le football. »

SAMEDI 23 JUIN
LUKAKU EN FUSION

Romelu Lukaku n'a même pas besoin d'une heure pour inscrire un nouveau doublé contre la Tunisie et prendre provisoirement la tête du classement des buteurs (4 buts) à égalité avec Ronaldo puisqu'à la 59e minute, blessé, il est contraint de quitter le terrain. Eden Hazard avait ouvert le score sur penalty (6e) puis doublé sa mise personnelle (51e), Batshuayi inscrivant l'ultime but d'une victoire écrasante (90e, 5-2).

SAMEDI 23 JUIN
KANE : PIRE TRIPLÉ

C'est sans doute l'un des « pires » triplés de l'histoire du Mondial. Contre un Panama à la dérive et mené 6-0 après 62 minutes avant de mieux finir (6-1), Harry Kane inscrit d'abord deux buts sur penaltys puis dévie involontairement dans les filets adverses, et à la limite du hors-jeu, une frappe de Loftus-Cheek. Avec un total de 5 buts, il rejoint Lukaku en tête du prestigieux classement des buteurs, tout en portant son total national à 18 buts en 28 sélections.

MARDI 26 JUIN
GROUPE B COMME BOULEVERSANT

Le superbe but du Portugais Quaresma contre l'Iran (45) puis l'égalisation de l'Espagnol Isco (19) après l'ouverture du score du Marocain Boutaïb (14) semblent annoncer des qualifications sans histoire pour les deux favoris du groupe, même si l'Espagne est alors reléguée à la seconde place. Au point de rendre presque anecdotique le penalty raté par Ronaldo (53e). Le second but marocain, inscrit de la tête par En-Nesyri (81e), chamboule ce bel ordonnancement et donne le coup d'envoi d'un quart d'heure de pure folie. Si l'Iran égalise, les Espagnols, avec leur défense centrale Ramos-Piqué aux abois, risquent fort de passer à la trappe.
Mais l'Espagne égalise dans le temps additionnel sur une « Madjer » d'Aspas, en conclusion d'un corner transmis par Isco à Carvajal qui a centré. Hors-jeu ? Pas hors-jeu ? La VAR doit trancher. Au même moment, à des centaines de kilomètres de là, c'est également la VAR qui doit dire si le penalty accordé aux Iraniens par l'arbitre de champ est confirmé. Résultats : but pour l'Espagne (90e+1, 2-2) et penalty pour l'Iran transformé par Ansarifard (90e+3, 1-1) quatre minutes après la décision initiale.
Non seulement l'équipe d'Iniesta est sauvée, mais elle récupère même la première place. C'est maintenant aux Portugais, totalement en panique, de trembler pour leur avenir, quand Taremi se présente seul devant leur gardien Rui Patricio. La frappe de l'Iranien finit dans le petit filet (90e+5). Ronaldo, qui a échappé de peu à une expulsion pour un coup de coude (83e), peut souffler et les Iraniens pleurer leur rêve envolé.

LE CHAMPION AU TAPIS !

L'Allemagne quitte la Coupe du monde dès le premier tour.

MERCREDI 27 JUIN

L'ALLEMAGNE COULE À PIC

Pour la cinquième fois de l'histoire des Mondiaux, un champion en titre est sorti dès le premier tour et c'est une déflagration. L'Allemagne a poussé, certes, avec 74 % de possession de balle et 28 tirs au compteur. Mais la plupart de ces tirs sont foireux et quand ils représentent un danger, le gardien coréen Jo Hyeon-Woo fait un malheur.
Le temps passe et la victoire suédoise qui se dessine en parallèle contre le Mexique (3-0) autorise les tenants du titre à n'inscrire qu'un seul but pour passer en huitièmes. Mais rien n'y fait. Müller et Werner accumulent les maladresses, Bien moins en réussite que contre la France au Brésil quatre ans plus tôt, Hummels ne parvient pas à cadrer ses coups de tête et ce qui devait arriver arrive quand, sur un corner de Son, Kroos le héros se transforme en bourreau des siens. C'est lui qui dévie le ballon sur Kim dont il annule la position de hors-jeu. Neuer est exécuté à bout portant (90e+3). Le gardien allemand se transforme alors en joueur de champ pour éviter l'inévitable Bérézina puisque les Allemands doivent désormais marquer deux fois. Son en profite. Sur un contre éclair, il part seul de son camp pour aller marquer dans le but déserté (90e+6, 2-0).
Conforté la veille dans ses fonctions « quoi qu'il arrive » par le président de sa fédération, Löw est effondré : « Je ne m'étais pas imaginé que nous perdrions contre la Corée. Ce qui nous arrive est mérité. »

JEUDI 28 JUIN

CARTON ROUGE POUR L'AFRIQUE

Il fallait bien que ça arrive un jour et voilà que ça tombe sur le Sénégal. La défaite contre la Colombie, née d'un but de la tête du défenseur Myna (74e, 1-0), conjuguée à celle du Japon contre la Pologne pourtant déjà éliminée (1-0), débouche sur une égalité parfaite pour la deuxième place du groupe H derrière les Colombiens. Avec 4 points chacune, 4 buts marqués, 4 buts encaissés et un résultat nul (2-2) dans leur confrontation directe, les deux équipes sont départagées par le classement du fair-play. « Coupable » de six cartons jaunes contre quatre seulement aux Japonais, les Sénégalais sont expulsés douloureusement du Mondial. Pour la première fois depuis le passage à 32 pays de la phase finale en 1998, avec la présence de cinq de ses représentants à la clé, le continent africain sera absent des huitièmes de finale.

La Corée du Sud sort les champions en titre de la compétition lors du dernier match de groupes.

MBAPPÉ DANS LE GRAND MONDE

À 19 ans, le jeune attaquant du PSG a ébloui la planète en offrant aux Bleus une qualification qui était en train de leur échapper face à une faible équipe argentine et à un Messi impuissant. L'Uruguay de Cavani, double buteur contre le Portugal de Ronaldo, s'annonce d'un tout autre calibre.

C'EST UN JOUR PARTICULIER, qui voit Messi et Ronaldo quitter prématurément ce qui a sans doute été leur dernière Coupe du monde et Mbappé entrer avec fracas dans la place, comme s'il voulait annoncer à la terre entière, à seulement 19 ans, qu'il serait plus vite que prévu leur successeur. Pas seulement l'un des meilleurs joueurs du monde. Le meilleur.

Tout va très vite, si vite, pour l'enfant de Bondy qui vient seulement de boucler sa première saison complète au plus haut niveau national et qui continue d'affoler les compteurs tout en ouvrant aux Bleus de joyeuses perspectives.

Quand ils avaient appris que ce serait l'Argentine qu'il leur faudrait affronter en huitièmes de finale, les joueurs, leur encadrement et les observateurs mêlés s'étaient soudain souvenus que cette équipe si médiocre, si loin de ses standards habituels depuis le premier tour, était tout de même une montagne. Et puis les Bleus n'avaient pas été si séduisants que ça lors du premier tour pour monter sur ce front-là la fleur au fusil.

Mandanda résumait la pensée générale : « C'est toujours mieux de bien jouer, de dominer l'adversaire, mais on est en course, on est là. On s'est dit que si on veut aller au bout, il va falloir montrer autre chose et faire beaucoup mieux. On sait qu'on est capables de faire mal à beaucoup d'adversaires. »

LES ANCIENS COGNENT DUR

C'est peu de dire que jusqu'à présent les Français n'ont pas fait l'unanimité, et ce sont les grands anciens, transformés pour certains en consultants féroces, qui ont la dent la plus dure. Et, évidemment, la mémoire la plus courte. « Je ne peux plus voir jouer cette équipe de France », tempête Christophe Dugarry. « Cette équipe est dans une sorte de non-respect de l'attente des gens, embraye Frank Lebœuf. Les joueurs sont dans une espèce de déni et n'ont pas compris ce que représente le football dans notre pays. » Des jugements hâtifs et inconsidérés, tempérés par celui d'un autre ancien un peu plus subtil, Robert Pirès : « Je ne peux pas critiquer les joueurs. J'ai loupé des contrôles, des passes, des penalties. Et quand ces critiques viennent d'anciens joueurs, elles font encore plus mal. »

Comme toujours, la réponse viendra du terrain. « La vraie Coupe du monde commence maintenant, rappelle avec justesse le président de la Fédération française Noël Le Graët. La France va battre l'Argentine. L'ambiance est parfaite et la motivation aussi. »

« On va essayer d'arrêter Messi comme on peut, explique Umtiti, mais il n'y a pas que lui en équipe d'Argentine, toute l'attaque peut être performante. » À vrai dire, il n'y a pas grand-chose d'autre que Messi dans cette équipe très expérimentée, ou très âgée, avec ses huit trentenaires au coup d'envoi contre trois seulement côté français. L'excentrique et très agité entraîneur chilien de l'Albiceleste, Jorge Sampaoli, a décidé de laisser sur le banc Higuain, Agüero et Dybala, ses meilleurs attaquants. Messi se retrouve à la fois en pointe et à la création. Certes, on parle là du meilleur joueur du monde, mais c'est beaucoup demander à un seul homme, surtout quand il est si mal entouré.

Entre crainte et confiance équitablement partagées, c'est un match plutôt fermé qui s'annonce. Et c'est une rencontre d'anthologie à laquelle la terre entière va assister. Par son scénario plus que par sa qualité intrinsèque et donc, par-dessus tout, par l'émergence d'une nouvelle étoile.

Car c'est Mbappé qui met le feu aux poudres quand il récupère, à 70 mètres du but adverse, un ballon mal contrôlé par un Argentin aux allures de minime peu doué. Ce n'est pas Kylian mais Usain aux semelles de vent qui semble alors s'envoler pour une course somptueuse à laquelle Rojo, dépassé, met un terme illégalement. Griezmann transforme l'évident penalty (13e).

LE PLUS BEAU POUR PAVARD

C'est ici que le football a du talent. Quand on croit qu'il est une évidence, et qu'il se rebelle. Dévorée par ses lacunes, l'Argentine s'en remet à son instinct de survie. Abandonnée à 25 mètres de Lloris, Di Maria trompe le capitaine bleu d'une somptueuse frappe en lucarne (1-1). À peine la seconde période a-t-elle repris qu'une frappe de Messi détournée par Mercado prend Lloris à contre-pied (48e). L'Argentine mène et c'est stupéfiant.

Heureusement, rien n'est écrit dans cet affrontement désormais

Le défenseur de Stuttgart Benjamin Pavard décoche une somptueuse demi-volée qui part se loger en pleine lucarne et relance son équipe.

Kylian Mbappé, lui, s'offre le luxe d'inscrire un doublé.

La déception est immense pour Lionel Messi qui, après avoir perdu la finale 4 ans plus tôt, voit son rêve d'être champion du monde s'envoler à nouveau.

grand ouvert. Le premier salut des Bleus vient de leurs défenseurs latéraux, débarqués en sélection comme des ovnis. Gloire à Didier Deschamps qui a su les débusquer et leur faire confiance, là encore contre toute évidence. Le centre d'Hernandez est repris d'une étourdissante demi-volée croisée en lucarne opposée par Pavard, qui inscrit là LE but de sa jeune carrière (57e), qui sera désigné plus beau but du Mondial à l'issue de la compétition. Il le racontera après coup : « Il faut bien que je me couche. Il faut que je cadre tout simplement. On a vu ma détermination dans ce geste. » Ce à quoi Lloris ajoutera : « C'est fantastique de marquer le plus beau but de la compétition. Il n'en inscrit jamais des comme ça à l'entraînement. »

C'est maintenant à Mbappé de jouer. Un nouveau centre de l'intenable Hernandez arrive sur Matuidi qui rate sa reprise. Le contre profite au jeune prodige qui croise victorieusement une frappe du gauche (64e). Les Argentins n'ont pas encore repris leurs esprits quand Giroud lance parfaitement la pépite dans l'axe pour un duel face à Armani facilement remporté (68e). Jamais depuis le roi Pelé, qui n'était encore qu'un gamin de 17 ans en 1958, un joueur aussi jeune n'avait inscrit deux buts dans un match de Coupe du monde.

HUITIÈMES DE FINALE

ESPAGNE-RUSSIE

PAS DE CAVIAR POUR INIESTA

Triste fin pour le milieu de terrain de Barcelone aux 131 sélections, remplaçant au coup d'envoi, et pour la Roja qui a poussé son habituel petit jeu de possession à son paroxysme. Face à un adversaire russe organisé en double muraille, les Espagnols ont monopolisé le ballon durant 79 % du temps, un record, et effectué plus de 1 000 passes durant le temps réglementaire, un autre record. Pour quatre occasions en tout et pour tout. Et encore leur a-t-il fallu l'aide du défenseur Ignachevitch, pressé par Ramos, pour inscrire leur unique but (11e) compensé par un penalty de Dziouba après une main de Piqué (41e).
Semblables à des mouches butant sur une vitre, les hommes de Hierro ont été impuissants, même après l'entrée en jeu d'Iniesta (67e). La prolongation n'y a rien changé. Les Russes ont tenu le choc avant de s'imposer lors de la séance de tirs au but (1-1, 4-3) grâce à deux arrêts d'Afinkeiev sur les frappes de Koke et Aspas. Commentaire cynique du gardien héros : « Dès la mi-temps nous espérions les tirs au but. » Analyse de Hierro : « Tout le monde travaille mieux, observe mieux, le football change. » Sauf celui de l'Espagne, confinée dans son schéma unique.

CROATIE-DANEMARK

SUBASIC DOMINE SCHMEICHEL

Au bout d'un match, touffu, rigide et vite bouclé question buts après l'ouverture précoce du score de Jorgensen, bien aidé par le gardien croate Subasic (1re) et l'égalisation dans la foulée de Mandzukic (4e), le milieu de terrain du Real Modric a l'occasion de clore l'affaire en douceur. Mais le gardien danois Casper Schmeichel bloque carrément son pauvre penalty (116e) sous les yeux émus de son père Peter, ancien grand gardien de Manchester United. Schmeichel est survolté. Lors de la séance de tirs au but, il stoppe les frappes de Badelj et Piveric. Mais son homologue monégasque décroche la lune avec un triplé sur les frappes d'Eriksen, de Schöne et Jorgensen. Le Barcelonais Rakitic n'a plus qu'à envoyer les siens défier la Russie en quarts de finale (1-1, 3-2).

BRÉSIL-MEXIQUE

NEYMAR FAIT LE SPECTACLE

Un grand acteur suffit à transformer un match banal en une superbe attraction. Contre le vaillant Mexique, Neymar débloque la situation en se jetant pour reprendre à bout portant un centre-tir de l'intenable Willian (51e) puis clôt l'affaire en filant seul vers Ochoa, lequel détourne sa frappe sur Firminho, tout juste entré en jeu, qui double la mise (88e, 2-0).
Durant toute la rencontre, l'incomparable star du PSG a fait le show en surréagissant chaque fois qu'une faute était

Voici venu le moment de gérer, et ce n'est pas ce que les Français font le mieux. À force de tergiverser entre défense et attaque, ils permettent à Agüero trop tardivement entré en jeu, de réduire le score de la tête sur le tard (90e+3, 4-3), le trop tard, même si une ultime tête argentine qui s'envole au-dessus de la barre génère une ultime frayeur bleue.

LE BEL HOMMAGE DE SAMPAOLI

Avec quatre tirs cadrés pour quatre buts, un parangon d'efficacité, la France atteint pour la septième fois un quart de finale de Coupe du monde.

Deschamps, qui vient d'établir un record avec un 80e coaching en bleu, parle d'un « match fédérateur ». Lloris est comblé : » J'ai aimé le caractère que l'on a montré quand on était dos au mur. Si on passe, c'est grâce à ça. Dans le vestiaire, c'était de la folie. Pour ça, on a de bons leaders. » Comme toujours, Hernandez est lucide : « Les défenseurs argentins n'allaient pas vite et nous, on a des fusées. » Et Pogba est réaliste : « Il fallait battre un grand pour pouvoir aller au bout. »

Mais le plus gros des commentaires tourne autour du héros du jour. « Mbappé a vécu une après-midi incroyable, dit Sampaoli médusé. Il nous a fait beaucoup de mal. Quand un joueur comme lui s'éclate comme il l'a fait, cela devient difficile. "On a besoin d'un Kylian à ce niveau pour aller au bout", déclare Griezmann. "Il a toutes les qualités pour devenir un joueur fantastique", estime Pavard. Même Pogba fait allégeance : "Mbappé a beaucoup plus de talent que moi. Et il marque beaucoup plus." »

Le soir même, les Bleus découvrent le nom de leur prochain adversaire. Bye-bye la revanche de la finale de l'Euro 2016. Ce sera l'abrasif Uruguay, qui a enfin encaissé un but dans la compétition, œuvre du Portugais Pepe de la tête (55e), mais en a inscrit deux, chefs-d'œuvre du matador Cavani, d'une tête percutante au second poteau (7e) et d'une magique frappe enroulée du droit (62e, 2-1). Cavani qui, blessé au mollet, est ensuite sorti soutenu par Ronaldo. CR7 a été impuissant face à la redoutable machine de guerre adverse dont l'entraîneur Oscar Tabarez n'a pas honte d'afficher la philosophie : « On sanctuarise la possession du ballon, mais on a le droit de gagner autrement. »

Au moins les Bleus savent-ils que c'est un grand et furieux combat qui désormais les attend.

commise sur lui. Et il y en eut beaucoup, multipliant les roulades et les roulés-boulés, les hurlements et les plaintes pour le plus grand plaisir des réseaux sociaux avides de détourner de façon comique toutes ces étonnantes simagrées. Elles ont prodigieusement agacé l'entraîneur du Mexique Osorio qui lance : « C'est une honte que le foot perde autant de temps par le fait d'un seul joueur. » Oui, mais quel joueur !

BELGIQUE-JAPON
UN SCÉNARIO DIABOLIQUE

À la 65e minute, au moment où le sélectionneur Roberto Martinez fait sortir Mertens et Carrasco remplacés par Fellaini et Chadli, son équipe a la tête sous l'eau. Elle s'est fait poignarder par une frappe croisée d'Haraguchi, bien aidé par la lenteur de Verthongen (48e) et par un tir lointain inouï d'Inui (52e).
Le coaching s'avère payant. Vertonghen se rachète en marquant involontairement de la tête alors qu'il voulait recentrer le ballon (69e), Fellaini égalise d'une tête rageuse sur un centre de Hazard (74e) et dans le temps additionnel, après avoir détourné deux tirs que les Japonais pensaient décisifs, le gardien Courtois relance à toute allure sur De Bruyne qui transmet à Meunier lancé sur la droite. Sur le centre du défenseur du PSG, Lukaku laisse filer le ballon entre ses jambes pour Chadli qui propulse les Diables rouges vers le Brésil (90e+4, 3-2). « Je vois Lukaku, je n'avais pas vu Chadli », expliquera Meunier. « Je ne sais pas que Romelu m'avait vu, dira le buteur. J'étais en plein sprint je n'ai pas pu lui crier que j'étais là. » Pour la première fois de son histoire, la Belgique gagne un match éliminatoire de Coupe du monde sans passer par la case prolongation.

SUISSE-SUÈDE
EN ACIER TREMPÉ

Imaginez un match banal et austère comme on en voit des centaines par saison. Sauf qu'il propulse la Suède sans Zlatan en quarts de finale pour la première fois depuis 1994 grâce à un tir de Forsberg suffisamment détourné par le défenseur suisse Akanji pour prendre son gardien Sommer à contre-pied (66e, 1-0). « Nous n'avons laissé aucune chance aux Suisses », estime le buteur. La Suisse a pourtant tenu le ballon 67 % du temps. L'entraîneur helvète Vladimir Petrovic est bon perdant : « Les Suédois sont très forts, cohérents et leur condition physique est extraordinaire. »

ANGLETERRE-COLOMBIE
LA FIN D'UNE MALÉDICTION

Pour atteindre le 9e quart de finale de son histoire, l'Angleterre a tremblé dans ce match peu spectaculaire. Surtout après l'égalisation de Myna dans le temps additionnel (90e+3), le troisième but du défenseur colombien dans la compétition. Il répondait au penalty de Kane (57e), buteur pour la sixième fois consécutive sous le maillot anglais, une première depuis 1939.
Reste à briser le tabou des séances des tirs au but dans lesquelles les Anglais se sont inclinés six fois sur sept depuis leur invention. Le tir sur la barre d'Uribe et l'arrêt de Pickford sur la frappe de Bacca permettent à Dier, ultime buteur, d'enflammer les siens.
Analyse plan-plan de l'heureux sélectionneur Gareth Southgate : "J'ai aimé notre discipline. On a contrôlé la partie durant pratiquement 90 minutes. On méritait de gagner."

6 JUILLET 2018 | STADE DE NIJNI NOVGOROD | **FRANCE**-URUGUAY : 2-0

6 JUILLET 2018 | KAZAN ARENA | **BELGIQUE**-BRÉSIL : 2-1

AVEC LES COMPLIMENTS DE VARANE

Les hommes de Deschamps ont à peine tremblé pour écarter la piquante Uruguay privée de Cavani, grâce à Varane qui s'est vengé de 2014, et Griezmann sans pitié pour ses copains. En demi-finale, ils affronteront la Belgique, énorme vainqueur surprise de l'hyper-favori brésilien.

LA FRANCE EST TOUJOURS EN RUSSIE, mais c'est l'Amérique du Sud qu'elle visite. Après l'Argentine, la voici en Uruguay en attendant, si tout va bien, le Brésil. Cette histoire-là semble écrite. Sauf que si elle a eu droit à des espaces dignes de la pampa contre la bande à Messi, elle sait que celle de Godin a des allures de coffre-fort.

Antoine Griezmann est le mieux placé pour en parler, lui qui côtoie quotidiennement à l'Atlético Madrid l'abrasive paire de défenseurs centraux Godin-Gimenez : « Ils vont prendre leur temps, dit-il, ils vont tomber, ils vont aller voir l'arbitre, le match va être chiant. Il faudra être calme et faire jouer cette défense. » Godin est le parrain du fils de Griezmann. C'est dire la proximité entre les deux hommes. Le Français ne cesse d'ailleurs de clamer son admiration et son affection pour la Celeste. Ce à quoi le mordant attaquant du Barça Luis Suarez réplique sèchement : « Malgré tout ce qu'il dit, Antoine est français. Il ne sait pas ce qu'est le sentiment d'être uruguayen, de s'extraire pour réussir d'une population aussi faible. »

L'Uruguay ne compte que 3,5 millions d'habitants dont un en grande souffrance. Il s'appelle Edinson Cavani. Blessé au mollet contre le Portugal, il est lancé dans une course contre la montre. « Ce que représente Edi pour mon jeu et celui de l'équipe est essentiel, souligne Suarez. Je prépare une équipe qui tient compte de la présence de Cavani, explique Deschamps. L'Uruguay sans Cavani ? C'est le top niveau mondial Cavani. »

En cas d'absence, l'avant-centre du PSG sera remplacé par Cristhian Stuani qui évolue à Gérone en Espagne, ce qui n'est pas tout à fait le même standing. « Si Cavani joue contre nous, c'est qu'il démonte la science », lance le pétillant Rami.

LA TERRIBLE BOURDE DE MUSLERA

Côté français, la suspension de Matuidi lance le débat de son remplacement. Tolisso ? Fekir, dont la cote semble monter ? Lemar ? « Fekir n'a pas le volume de Matuidi », tranche Deschamps. À l'heure du coup d'envoi Cavani est forfait, un terrible coup dur pour l'Uruguay, et Tolisso monte au front. Dans *L'Équipe*, Bixente Lizarazu fixe la feuille de route : « C'est euphorisant de gagner dans la beauté, c'est fondateur de gagner dans la souffrance. » Sur les cinq derniers affrontements entre les deux nations, quatre se sont achevées sur un 0-0, l'Uruguay ayant remporté le cinquième 1-0 en 2013, but de Suarez. Personne ne s'attend à un feu d'artifice façon 14-Juillet.

Le début de match est particulièrement musclé. Les Uruguayens testent les limites physiques des Français et les limites tout court de l'arbitre argentin. Des deux côtés on craint d'encaisser un but dont on imagine qu'il sera décisif. Comme souvent, tout bascule sur un coup de pied arrêté, un coup franc latéral en faveur des Bleus. Griezmann dépose le ballon devant le but où Varane surplombe Stuani pour marquer d'une tête décroisée (40e). « Avant qu'il tire, j'avais dit à Antoine de me le mettre et il me l'a mis parfaitement », racontera le défenseur français, dont tout le monde se souvient que, quatre ans plus tôt, il n'avait pas su empêcher l'Allemand Hummels d'inscrire l'unique but d'un quart de finale mondial au Brésil. Quelle revanche ! « Le coup franc est bien tiré, Varane a bien coupé. Ce sont des choses qu'on travaille », analysera Deschamps, qui en profitera pour balayer le passé : « D'autres ont été battus de la tête par Hummels. Varane n'était pas vraiment fautif, mais je suis content pour lui. »

Quelques minutes après ce but, Deschamps va être également

très content pour Lloris. À la retombée d'un coup franc de Torreira, la tête de Caceres est sur le point de faire mouche quand le capitaine des Bleus écarte le ballon d'un superbe plongeon à ras de terre à l'horizontale. Un arrêt magistral. La reprise à bout portant de Godin s'envole dans les nuages (44e). « Il a fait un superbe arrêt qui compte comme un but », appréciera Deschamps. « Toute va très vite, racontera le gardien. J'ai le bon appui au bon moment. »

« Cet arrêt nous a fait beaucoup de bien », dira Giroud. Largement autant que celui totalement cafouillé par le pourtant expérimenté gardien uruguayen Muslera, 32 ans, 102e sélection. À l'heure de jeu, la frappe du gauche de 25 mètres de Griezmann semble anodine. Sauf pour Muslera qui panique et détourne le ballon dans son but (61e, 2-0). Quelle boulette ! Et quel cadeau ! La joie du buteur est pudique, pleine de retenue. « J'ai des amis en face. Je n'ai pas voulu leur manquer de respect », confessera-t-il.

LES CERTITUDES DE POGBA

Mais la vérité éclate. L'affaire est pliée. Sans l'indispensable Cavani, les joueurs de Tabarez n'ont pas les moyens de revenir. La fin de ce match forcément sans grande beauté est totalement contrôlée par les Bleus conduits par un éblouissant Kanté qui ramasse tout ce qui passe dans les zones qu'il couvre. On voit même le défenseur Gimenez, impuissant et meurtri, finir le match en larmes.

Côté bleu, l'ambiance est tout autre. « On a fêté, on a chanté, on a crié, on vit bien, ça se voit », révélera Tolisso. La France est en demi-finales pour la sixième fois de son histoire. « On ne veut pas s'arrêter là, clame Lloris. On le dit depuis le début, on est ambitieux. » « C'est la joie à l'état pur, c'est magnifique », ajoute Varane. Mbappé parle comme le grand qu'il est déjà devenu : « On est sûr de ce qu'on sait faire. On a fait du chemin, on a fait le plus long, mais il nous reste le plus dur. »

Pogba lance déjà la suite : « On savoure, mais si nous sommes arrivés jusque-là, ce n'est pas pour descendre du bateau. On va continuer. Le Mondial, nous y croyons et nous le voulons. »

Le soir, les Bleus sont dans l'avion qui les ramène à leur camp de base pendant que se déroule le quart de finale qui va désigner leur futur adversaire. C'est peu de dire que la Belgique ne part pas favorite, même si son capitaine Vincent Kompany a déclaré : « Il y a toujours moyen de faire mal à une équipe, même si elle est très forte. »

Une envolée de Raphaël Varane et un but de la tête pour l'ouverture du score face à l'Uruguay.

COUPE DU MONDE - QUARTS DE FINALE

6 JUILLET 2018 | STADE DE NIJNI NOVGOROD | **FRANCE**-URUGUAY : 2-0
6 JUILLET 2018 | KAZAN ARENA | **BELGIQUE**-BRÉSIL : 2-1

Neymar et Meunier, les coéquipiers parisiens, s'affrontent en quart de finale. Et c'est le Belge qui prend l'avantage sur le Brésilien.

Les Diables rouges sont invaincus depuis 23 matchs (dont 18 victoires), record de toutes les équipes encore qualifiées. « On a travaillé ce match depuis deux ans, dit le sélectionneur Roberto Martinez. Les joueurs pensent qu'ils peuvent battre le Brésil, mais personne ne s'attend à ce que nous le fassions. » À commencer par les Brésiliens, qui n'imaginent pas à quel point la suspension et l'absence de leur milieu régulateur Casemiro vont les handicaper.

NEYMAR ÉTOUFFÉ PAR MEUNIER

Avec les remplaçants du miracle contre le Japon Fellaini et Chadli en titulaires, les Belges commencent par subir. Une reprise de Thiago Silva percute le montant gauche de Courtois (8e). Ce sont pourtant eux qui ouvrent le score. À l'arrivée d'un corner de Chadli, Fernandinho, gêné par Gabriel Jesus, détourne de l'épaule le ballon dans son propre but (13e). Ce qui ressemble à un simple avatar prend de la consistance quand, au bout d'un énorme travail de Lukaku, De Bruyne, un peu atone depuis le début de la compétition, retrouve enfin de sa superbe pour tromper Alisson d'une limpide frappe croisée de 20 mètres (31e). Hazard est aussi au zénith. Il réussira les dix dribbles qu'il tentera durant la rencontre.

Les Brésiliens sont dans la nasse. Handicapé par ses trois mois d'absence, Neymar manque de spontanéité, d'explosivité, d'inventivité. Et Meunier, qui le connaît par cœur, le harcèle sans relâche. Jusqu'à prendre un carton jaune qui le privera de la demi-finale (71e). La réduction du score de Renato Augusto (entré en jeu trois minutes auparavant), de la tête, sur un service de Coutinho ramène l'espoir dans le camp « auriverde » (76e, 2-1). Mais Courtois est en feu. Il a multiplié les arrêts, il va continuer de le faire, notamment sur une ultime frappe de Neymar qu'il dévie en corner du bout des doigts (90e+4). Le grand favori est au tapis. Les Diables magiques l'ont expédié en enfer. Tout un pays dédié au football plonge une nouvelle fois dans la désolation.

« On est super fiers, déclare Chadli. C'est un rêve qui se réalise. Mais pour nous ce n'est pas fini. Il reste deux matchs à gagner. » Witsel se projette déjà : « Les Brésiliens ont plus de potentiel technique et sont plus nombreux à porter le danger devant que les Français, mais ceux-ci ont Mbappé. Et ils sont costauds, solides. »

C'est le match des voisins, des cousins, qui s'annonce entre la France et la Belgique, avant-dernière marche pour s'installer sur le toit du monde.

QUARTS DE FINALE

ANGLETERRE-SUÈDE
28 ANS D'ATTENTE

Pour retrouver une place dans le dernier carré mondial pour la première fois depuis 1990, l'étonnante Angleterre n'a pas à forcer son talent. « Le réservoir était vide », reconnaîtra l'attaquant suédois Forsberg. Le but du défenseur de Leicester Maguire, son premier en sélection, d'une tête puissance à la retombée d'un corner de Young (30e) puis une autre tête d'Alli, qui évite habilement le piège du hors-jeu, sur un centre de Lingard (59e, 2-0), suffisent à son bonheur. Peu importe que Kane n'ait pas eu son influence habituelle. Le sélectionneur Southgate est presque surpris : « Il ne dépend que de nous de voir jusqu'où on peut aller. C'est une équipe qui grandit sous nos yeux. »

CROATIE-RUSSIE
PAR UN TROU DE SOURIS

Sortir un pays organisateur de la compétition n'est jamais chose aisée. Les Croates s'en aperçoivent quand Cheryshev ouvre le score d'une magnifique frappe lointaine en lucarne (31e). L'égalisation de Kramaric d'une tête décroisée, sur un centre de Mandzukic (39e), récrée l'équilibre. L'affrontement est intense et touffu. Perisic rate une énorme occasion quand il frappe sur le poteau d'Afinkeiev (60e). La prolongation est inévitable. On pense échapper aux tirs au but lorsque le défenseur croate Vida marque de la tête sur un corner de Modric (101e), mais les Russes ne lâchent rien et égalisent, toujours de la tête, par leur défenseur d'origine brésilienne Mario Fernandez sur un coup franc latéral de Dzagoïev (115e, 2-2 a.p.). Fernandes condamne les siens en expédiant son tir au but à côté. Smolov et Kovacic ayant vu leurs frappes repoussées, Rakitic se présente pour le tir décisif qu'il transforme sans trembler.

Punchline du sélectionneur malheureux tanislav Tchertchessov : « On est comme des conscrits démobilisés avant la fin de la bataille. »

La joie du sélectionneur Didier Deschamps qui saute dans les bras de Samuel Umtiti unique buteur de la demi-finale.

UMTITI RÉINVENTE LE RÊVE

En marquant l'unique but d'un affrontement entre voisins que les Bleus ont cadenassé à double tour, l'arrière central du Barça a propulsé les siens en finale de Coupe du monde pour la troisième fois de leur histoire, pour le plus grand bonheur d'un groupe et de tout un pays.

TANDIS QUE SUR LA PELOUSE du stade de Saint-Pétersbourg les Bleus et leur staff s'embrassent à tout-va, la France s'embrase. Voici revenu le temps de la grande union nationale. Dire qu'il a fallu attendre vingt ans et un autre siècle pour revoir ça serait exagéré. Après une demi-finale victorieuse, le pays est descendu dans ses rues, ses Champs (Élysées) sur ses places en 2006 et en 2016. Mais peut-être cette année était-ce moins attendu, moins prévisible, pour cette équipe qui se cherchait un leader, un homme providentiel, et n'évoluait pas à domicile.

C'est peu de dire que la tâche a été rude pour en arriver là. Flamboyante vainqueur du Brésil, la Belgique s'est avancée confiante et majestueuse. Au matin du grand choc, ce n'est pas seulement le match des voisins ou des cousins qui s'annonce. C'est aussi celui des copains. Tous ces joueurs se côtoient à longueur d'année, notamment à Chelsea, où Giroud et Kanté sont les équipiers de Hazard et Courtois, à Manchester United, où Pogba et Fellaini sont les pourvoyeurs de Lukaku, à Tottenham, où Vertonghen et Alderweireld protègent Lloris.

« La Belgique est une très grande équipe, lance Giroud. Ce sera encore plus dur pour nous, mais on n'a pas eu des matchs faciles, au contraire, et on s'est forgé un caractère. » « Quand tu bats le Brésil, tu ne crains personne », déclare le défenseur Chadli. De Bruyne est plus méfiant. Il craint Mbappé : « Le football français a une star pour les quinze prochaines années », dit-il à propos du jeune attaquant parisien.

Deschamps, qui va retrouver son alter ego champion du monde 1998 Thierry Henry sur le banc d'en face, est encore plus méfiant qu'à l'accoutumée : « La Belgique a un potentiel technique impressionnant. Nous sommes prêts pour différents cas de figure, différentes organisations en début comme en cours de match. »

UNE TACTIQUE ESTAMPILLÉE DESCHAMPS

C'est une grande bataille tactique qui s'annonce et le sélectionneur est un grand maître de la question. Pour lui, ce match-là compte double. Il a été blessé par les critiques qui ont accompagné la progression de son équipe, mais encore plus par la façon un peu hâtive et discourtoise dont nombre d'observateurs ont installé Zidane à sa place à peine celui-ci avait-il annoncé qu'il quittait le Real.

Au moins sait-il que tous ses joueurs sont derrière lui. Humainement, à en croire Pavard : « On est prêts à aller à la guerre avec le coach. » Footballistiquement, à en croire Lloris : « Depuis le début du tournoi on défend bien. Même les trois joueurs offensifs font des efforts. »

Et ce soir-là, il va falloir en faire encore plus qu'à l'habitude. La percée initiale de Mbappé, qui dès la première minute déchiquette le flanc droit belge, n'annonce pas un feu d'artifice. Mais elle fait savoir aux Belges que la menace qui plane sur eux sera permanente.

C'est une muraille que les Bleus ont choisi de dresser devant leurs fringants rivaux. Du Deschamps pur jus nourri au pragmatisme et à la passion de la victoire qui est forcément jolie, quelle que soit la façon dont elle survient. Trois fois cette muraille se fendille sous les coups de boutoir d'un Hazard virevoltant. Umtiti coupe un centre in extremis (6e), un tir trop croisé fuit de peu le but de Lloris (15e) et une tête de Varane dévie en corner un ballon dont Lukaku se régalait déjà (19e). Et ce n'est rien à côté de la

Le jeu aérien réussit aux Français dans ce Mondial. Après celle de Varane contre l'Uruguay, c'est désormais la tête d'Umtiti qui trompe le gardien Thibaut Courtois.

frappe en pivot d'Alderweireld que le capitaine bleu détourne magistralement en corner (21ᵉ). La belle volée de Matuidi (18ᵉ) aisément stoppé par Courtois crée moins l'équilibre des dangers que le tir croisé de Pavard, superbement isolé par Mbappé, que le gardien belge dévie du bout du pied (39ᵉ).

Installés dans leur camp, les Bleus lancent des contres dès qu'ils le peuvent grâce aux récupérations incessantes du génial Kanté. Derrière, Umtiti en force et Varane en finesse sont impressionnants. Et Lukaku est totalement coupé de ses serveurs habituels.

UNE DANSE DEVENUE LÉGENDAIRE

L'avenir de l'affrontement tient à un fil. Un coup de pied arrêté par exemple, comme ce corner de Griezmann au bout duquel Umtiti devance Fellaini et croise une tête qui fait mouche (51ᵉ, 1-0). Ses pas chaloupés, bras ballants, regard dans le vide synonymes de célébration amusent et enthousiasment. Ce but-là est un trésor. Jamais les Belges ne s'en empareront. Ils frôlent même le désastre quand une talonnade exceptionnelle de Mbappé parvient à Giroud dont la frappe est contrée (56ᵉ).

La suite est haletante, mais par l'enjeu plus que par le jeu. Si les Belges ont le ballon que les Bleus leur cèdent volontiers, ils n'ont guère d'occasions franches. Et quand il le faut, Lloris s'impose devant Fellaini (65ᵉ), Lukaku (76ᵉ) et Witsel (82ᵉ). Ce sont même Griezmann (90ᵉ +3) et Tolisso (90ᵉ + 6), qui a remplacé Matuidi sonné dans un choc avec Hazard, qui butent sur l'excellent Courtois dans une fin de rencontre parfaitement maîtrisée. La France est en finale pour la troisième fois en vingt ans après 1998 et 2006. Aucune autre nation n'a fait aussi bien.

Voici venu le temps des réjouissances, du soulagement, du bonheur, de l'incrédulité, de la fierté mêlés. Et du pays uni et festif. Deschamps ne se départit pas de sa sagesse légendaire et n'oublie pas le proche passé d'une défaite inattendue contre le Portugal en finale de l'Euro : « On s'est offert cet immense privilège d'être en finale, dit-il. Il faut savourer l'instant et se souvenir qu'il y a deux ans ç'a été tellement douloureux. J'ai une équipe très jeune qui a une marge de progression importante. Ils sont censés être plus forts dans deux ou quatre ans. Ils sont déjà compétitifs, mais on ne fait pas tout bien. Je suis fier en tout cas de l'état d'esprit qui les anime. »

LES BELGES MAUVAIS PERDANTS

« On ne leur a laissé que des miettes, se réjouit Giroud qui court

toujours derrière son premier but, tel un Stéphane Guivarc'h de 1998. On a été très bien organisés défensivement. » Mbappé rend hommage à ses deux défenseurs centraux : « Ce sont deux grands joueurs et il fallait juste qu'ils trouvent une complicité. On est en grande sécurité quand ils sont là. »

Reste le grand et éternel débat d'idées sur le jeu. Les Belges sont dépités. Courtois est excessif : « C'est frustrant. La France n'a pas joué. Elle n'a fait que défendre avec onze joueurs derrière. » Hazard est grinçant : « Je préfère perdre avec cette Belgique-là que gagner avec cette France-là. »

« Le foot, ce n'est pas toujours l'attaque », répond Pogba qui en patron, avant le coup d'envoi, a rameuté la troupe bleue dans le vestiaire. Et Griezmann est radical : « C'est comme ça. On marque et après, on ferme la boutique. » Deschamps est passé par là. Quoi qu'il en soit, cette affaire-là est pliée. Les discours de la méthode n'y changeront rien. Les Bleus ne sont plus qu'à une marche d'une jubilation totale, d'une perfection, d'une seconde étoile. Si près et si loin.

Le minot Mbappé se charge d'annoncer la suite du programme : « On va tout donner. Tout ce qui nous reste. Ça peut nous mener loin. » Au paradis par exemple.

"MAGNIFIC" ET "HISTORIC"

CROATIE-ANGLETERRE : 2-1 (A.P.)

LES ANGLAIS Y ONT CRU quand Trippier a profité du fait que Subasic était encore assoupi pour ouvrir le score sur coup franc (5e). Ce fut le seul « hic » d'un match dont les Croates ont repris le contrôle en seconde période après un premier acte compliqué. En devançant Walker, Perisic a égalisé d'une reprise acrobatique du gauche très aérienne, mais acceptée par la VAR (68e), avant de frapper sur le poteau de l'excellent Pickford (72e). Kane a raté la balle de match en écrasant sa tête (90e +2) et durant la prolongation Stones a eu la malchance de voir son coup de tête repoussé par Vrsaljko sur sa ligne (99e). Servi par Perisic, Mandzukic, pourtant perclus de crampes, a brisé l'espoir anglais d'une demi-volée du gauche (109e, 2-1 a.p.). Face à un adversaire épuisé et réduit à dix après la sortie de Trippier blessé une fois tous les changements effectués, les Croates n'ont plus rien lâché. À eux une première finale et les retrouvailles avec ces Bleus portés par Lilian Thuram qui les avait éliminés en demi-finale en 1998.

« Ce n'est pas vraiment un miracle, déclare Mandzukic. On a accompli quelque chose que seuls des grands joueurs peuvent accomplir. » Et le sélectionneur Zlatko Dalic précise immédiatement : « Ce sera une rencontre historique, mais on ne cherchera pas à prendre notre revanche de 1998. Juste à réaliser notre meilleur match de la compétition. »

LA TÊTE DANS LES ÉTOILES

Le pari était audacieux. Didier Deschamps et ses Bleus l'ont relevé. Dans la foulée du nouvel astre Mbappé et au bout d'une finale durant laquelle tout a tourné en leur faveur, ils sont montés sur le toit du monde vingt ans après leurs aînés de 1998. Un exploit monumental.

L'ARBITRE ARGENTIN NESTOR PITANA vient de siffler la fin du match et c'est un ouragan de joie bleue qui déferle sur le terrain. Une joie est toujours indescriptible. On voit les gestes, on entend des cris, on se régale de ces rires radieux, de ces sourires enfantins. Mais on ne sait rien de cet incroyable sentiment de plénitude, de ce soulagement, de cet immense tsunami qui dévaste l'intérieur, qui le dévore. Il est un moment où une conquête ne se partage pas, où elle est à eux, rien qu'à eux.

Deux étoiles sur un maillot, ce n'est plus pareil. Ce n'est plus un hasard, un coup de chance. C'est déjà une marque de fabrique. Un ADN. Didier Deschamps en sait quelque chose, seul Français à avoir décroché les deux. Deux lunes pour un seul homme, c'est de la magie. Deschamps est un sorcier. D'un point de vue franco-français, tout cela est magnifique, bouleversant, merveilleux et les cabrioles de ces gamins enfiévrés nous emportent et nous chamboulent.

Deschamps l'a toujours dit, c'est même son évangile : « Seule la victoire est jolie. » À contempler l'état de la France et des Français embringués dans cette onde sentimentale, on confirme qu'il a raison. Mais le lendemain matin, le grand quotidien sportif italien *La Gazzetta dello Sport* titrera en gros caractères, et en français dans le texte : « À L'ITALIENNE ». Vu de l'autre côté des Alpes, c'est peut-être un compliment. Peut-être. Peut-être pas. Mais la saillie, fût-elle moqueuse, ne peut pas déplaire à Deschamps.

C'est tout le paradoxe de ces nouveaux champions, de cette équipe dont les meilleurs observateurs avaient fini par douter après des matchs amicaux hésitants et un premier tour poussif. Elle semblait pencher vers l'avant contrairement à son aînée de 1998 entièrement bâtie de béton ? Au moins allait-elle régaler à défaut sans doute de gagner. Or, c'est tout le contraire qui vient de se produire. Portés par cet amour qui, on le sait, aveugle, les Français se sont à peine rendu compte que pour parvenir à ses fins, Deschamps dès le second match contre le Pérou, est revenu aux fondamentaux, au carcan conçu pour étouffer, écœurer, décourager les adversaires et que son plan a merveilleusement fonctionné.

DES TUEURS À SANG FROID

Et puis les Français, joueurs et population confondus, s'en fichent. Eux aussi voulaient gagner. Simplement gagner. Et envahir les Champs-Élysées. Parce qu'on ne va pas en finale pour perdre. Parce que c'est trop cruel. Que ça s'est produit en 2006 et que c'était affreux, que ça s'est produit en 2016 et que c'était désespérant et qu'il vaut mieux se faire sortir dès le premier tour comme de vulgaires Allemands, ou laisser passer l'Argentine de Messi, plutôt que de s'incliner si près du but, aux portes du paradis.

Alors, la France a gagné loin de tout esthétisme et elle l'assume volontiers. « Nous n'avons pas développé un jeu flamboyant, reconnaît Matuidi. Mais à quoi bon se faire huit cents passes dans un match si c'est pour se créer deux occasions de but. Nous avions une identité de jeu bien précise avec un bloc solide. » Les Espagnols apprécieront.

Et c'est Varane qui se charge dans *L'Équipe* de mettre la seconde couche : « On n'était pas venus pour jouer. On était là pour gagner, pour détruire l'adversaire. On sait qu'on n'a pas produit le plus beau jeu du tournoi. Mais il ne faut pas non plus nous caricaturer et faire de nous l'équipe la moche du monde. On était l'équipe la plus glaçante. On était des tueurs à sang froid. Quand on voit la finale, c'est ça. »

« La France n'a pas joué au football », assenera le défenseur croate Dejan Lovren, abondant dans le sens de quelques Belges très virulents après leur élimination en demi-finale. Les Uruguayens ne s'étaient pas plaints après le quart de finale. Cette façon de faire est leur tasse de thé traditionnelle.

Alors, certes, l'équipe de France n'a-t-elle sans doute pas été admirée loin de chez elle, mais elle a été admirable, équilibre parfait entre cette identité de jeu un peu crispante et la présence de deux individualités hors norme, le transcendant Paul Pogba et le monumental Kylian Mbappé, sans lesquels rien n'aurait été possible.

QUAND KANTÉ FAIT NAUFRAGE

La France se cherchait un leader ? Elle l'a trouvé avec le milieu de terrain de Manchester qui a enfin arrêté de se contempler le nombril et les cheveux pour s'intéresser à ceux des autres. Dans *L'Épopée russe*, le documentaire de TF1 réalisé à l'intérieur du groupe durant la compétition, on est fasciné de voir à quel point Pogba occupe la place centrale dans le vestiaire par ses prises de parole fortes et truffées de *punchlines* dont le célèbre : « Je ne veux pas rentrer à la maison. Moi, j'ai encore envie de manger des pâtes pendant quinze jours » est le plus beau fleuron.

« Il s'est affirmé comme un vrai leader, un patron, confirmera

LES BELGES SE BRONZENT

LES BELGES regretteront longtemps de ne pas avoir été au bout de leur rêve de victoire, mais au moins se sont-ils consolés en prenant la troisième place du Mondial, la plus belle performance jamais réalisée par des Diables rouges.

Lors de la « petite finale », ils se sont joués d'une équipe d'Angleterre ramenée à ses limites, au sein de laquelle le capitaine artificier Harry Kane n'a pas pu améliorer ses statistiques. Avec 6 buts, il est un meilleur buteur du Mondial tout juste moyen. Ce sont les plus Français des Belges, Thomas Meunier (4e) et le remarquable Eden Hazard (82e), qui ont scellé le succès qui a permis de ne pas aller rendre visite au roi Philippe en son palais les mains vides.

Après arbitrage vidéo, l'arbitre Nestor Pitana accorde un penalty à l'équipe de France que Griezmann transforme à la 38e minute.

15 JUILLET 2018 | STADE LOUJNIKI, MOSCOU | **FRANCE**-CROATIE : 4-2

L'attaquant Kylian Mbappé sera élu meilleur jeune joueur de la Coupe du monde 2018.

Matuidi. Et cela s'est senti dans la place qu'il prenait dans le vestiaire où il est hyper écouté. » Et sur le terrain Pogba a dépouillé son jeu. Adieu les fioritures, bonjour l'efficacité. Une métamorphose.

Et puis il y a Mbappé, l'incroyable Mbappé, dont Varane dit : « Je suis marqué par son intelligence, sa maturité, son talent monstrueux. C'est la première fois que je rencontre un extraterrestre jeune. Normalement, je les rencontre quand ils ont 25-30 ans. » « On savait qu'on avait un phénomène avec nous », confiera Matuidi.

Si la finale appartient à ces deux légendes, elle est d'abord une incompréhension et une souffrance. Les Bleus semblent dépassés par l'ampleur de l'événement, écrasés par le poids de leurs responsabilités. Le triste symbole de cette déliquescence s'appelle N'Golo Kanté que Deschamps remplacera dès la 55ᵉ minute par Nzonzi. Époustouflant jusque-là, il redevient soudain tout petit. Il est perdu Kanté, il ne fait rien de bon et sans sa virtuosité à la récupération, le collectif se liquéfie. C'est à qui sera le plus imprécis, le plus approximatif. La peur rode sur cette pelouse. Alors, pourquoi les Bleus mènent-ils à la mi-temps ? C'est aux dieux du football qu'on doit le demander. Il a fallu pour cela que Mandzukic dévie de la tête dans son but un généreux coup franc tiré par Griezmann (18ᵉ), puis que Périsic se fasse prendre par la patrouille de la VAR pour une main involontaire qui aboutit à un penalty transformé par Griezmann (38ᵉ). « En finale de Coupe du monde, on n'accorde pas ce genre de penalty », râlera le sélectionneur croate Zlatko Dalic. La preuve que si.

POGBA-MBAPPÉ, LE DUO MAGIQUE

Entre ces deux faits de jeu favorables, Perisic a momentanément ramené les Croates à hauteur, d'une belle frappe croisée du gauche née d'une série abracadabrante d'interventions ratées des Français devant leur but (28ᵉ). Comme il n'y a pas d'injustice en football où chacun au fond finit par avoir ce qu'il mérite, les Croates ne peuvent pas se plaindre. Ils ont creusé leur propre tombe.

Pogba et Mbappé vont agrandir la fosse. Le gamin file d'abord sur l'aile droite faire un numéro de dribbles affolants au bout duquel il remise pour Griezmann qui met en retrait pour Pogba. La première frappe du droit du grand aboyeur est contrée, mais pas la seconde du gauche. Le gardien croate Subasic essaie de détourner le ballon du regard. C'est notoirement insuffisant (59ᵉ). Pogba a été beaucoup et injustement critiqué ? Il vient d'apporter sa réponse. Buteur en finale d'une Coupe du monde, ce n'est pas donné à tout un chacun.

C'est maintenant au tour de Mbappé, servi par Hernandez, de frapper de loin. Subasic est à nouveau spectateur complaisant de ce ballon qui secoue ses filets (65ᵉ). Les têtes tournent devant le chef-d'œuvre de ce pétaradant joueur de 19 ans qui éblouit la planète et défie toutes les lois de la statistique. Contre l'Argentine, il est déjà devenu le plus jeune joueur à avoir réalisé un doublé en phase finale depuis Pelé (17 ans et 8 mois en 1958). Plus que jamais, il marche sur les traces du géant marchand de bonheur. Il est maintenant le plus jeune joueur à avoir marqué en finale de Coupe du monde depuis « le Roi » auquel il ressemble tant phy-

Le travail a payé pour Didier Deschamps, soulevé en triomphe par l'ensemble de ses joueurs. L'équipe de France est championne du monde !

siquement. Mais pas seulement. Avant le match, pendant La *Marseillaise*, Mbappé a été le seul bleu à sourire, à montrer son bonheur d'être là, sa joie de vivre, quand ses camarades étaient crispés. Revoyez ces images étonnantes. Mbappé est une tornade de fraîcheur. Comme le plus grand joueur de tous les temps.

Mbappé a tapé dans tous les yeux, y compris ceux de l'ancien international anglais et consultant hors pair Gary Lineker qui choisit de se lancer dans une autre comparaison élogieuse : « Mbappé me rappelle plutôt Ronaldo le Brésilien. Même puissance, même explosivité, même vitesse, même brillance et le tout sur un tempo exceptionnel, tout en donnant l'impression d'être facile, décontracté. Il semble imperméable à la pression. » Allez, disons un mélange de Pelé et de Ronaldo. On n'a encore rien vu de Mbappé.

COMME LE BRÉSIL 1970

Le temps pour Lloris de commettre sa bourde du Mondial – indolore au bout du compte, et qui n'efface rien du reste de son grand labeur –, en offrant un but à Mandzukic (69e) et voici la France sacrée en ayant marqué quatre fois, rien que ça, une première en finale depuis l'immense Brésil victorieux de l'Italie en 1970 (4-1). L'accouplement est forcément savoureux.

Sous les larmes de joie d'un ciel devenu fou, pendant que des millions de Français se répandent dans les rues pour fêter cette réussite euphorisante, les Bleu-Blanc-Rouge reçoivent leur trophée et rejoignent leurs aînés de 1998.

Peut-être n'ont-ils pas encore tous compris dans quelle nouvelle dimension ils viennent d'entrer ? Didier Deschamps le leur explique tout de suite dans ce vestiaire de tous les délices, de tous les nirvanas, où le feu fait rage : « Même si vous prenez des chemins différents, vous serez toujours liés à vie par cet événement, par ce triomphe. » Puis il s'empare du trophée et hurle : « Champions du monde !!! »

Le capitaine Hugo Lloris brandit la coupe.
Titulaires et remplaçants, les nouveaux champions du monde ne font qu'un !

Après avoir remporté la Coupe du monde en tant que capitaine de l'équipe de France vingt ans plus tôt, c'est désormais avec le costume de sélectionneur que Didier Deschamps soulève la coupe.

Pogba-Mbappé, un duo magique.

LIGUE 1

Neymar l'attraction parisienne de l'année.

Fly
Emirates

LE PARIS DE NEYMAR AU-DESSUS DU VOLCAN

Si le PSG de la superstar brésilienne a survolé la compétition et remporté son septième titre de champion, sa domination outrancière n'a pas empêché la Ligue 1 d'être passionnante de bout en bout, au sommet, avec la lutte acharnée entre Monaco, Lyon et Marseille, comme en bas de tableau pour éviter la descente.

TOUT COMMENCE PAR UN ÉNORME BIG BANG. En échange de 222 millions d'euros, montant de sa clause libératoire à Barcelone, et d'un salaire mensuel de 30 millions, l'icône brésilienne Neymar rejoint le PSG. Le 4 août, il foule le sol de la capitale et déclare : « Je me sens déjà comme chez moi. » Ce gars-là est partout chez lui. Le lendemain, la tour Eiffel s'illumine aux couleurs de la France et du Brésil.

La réplique de cette déflagration suivra bientôt avec l'arrivée à Paris de l'espoir numéro 1 du football mondial, Kylian Mbappé, transféré de Monaco pour la somme vertigineuse, pour un joueur de seulement 18 ans, de 180 millions. Les rivaux européens du PSG s'étranglent.

À l'évidence, avant même que ne débute la compétition, Paris a étouffé dans l'œuf la concurrence nationale qui pourtant se démène elle aussi pour améliorer ses effectifs, à l'exception de Monaco, le champion en titre, qui choisit d'affaiblir le sien pour remplir ses caisses. Benjamin Mendy part à Manchester City contre 57 millions, record à l'époque pour un défenseur, Bakayoko file à Chelsea pour 45 millions, Bernardo Silva à Manchester City pour 50 millions. Les arrivants Jovetic, Tielemans, Ghezzal ou Baldé ne pèsent pas aussi lourd, sportivement et financièrement parlant.

Si l'OM lâche Valbuena et Gomis, il rapatrie Mandanda et recrute le Brésilien Luiz Gustavo, une pépite, Germain, Rami, Amavi, Abdennour, qui ne lui servira à rien, et en bout de chaîne, un peu dans la panique, le Grec de Benfica, Mitroglou, dont on pensera longtemps qu'il ne lui servira lui non plus à rien. Après avoir perdu Lacazette vendu 60 millions à Arsenal, Tolisso parti au Bayern pour 47 millions et son capitaine Gonalons qui signe à la Roma, Lyon recrute jeune, avec l'inconnu madrilène Diaz, Tete, Ferland Mendy, Traoré et Tanguy NDombélé. La touche d'expérience vient du défenseur brésilien Marcelo.

Et si Paris, qui a aussi fait venir le défenseur brésilien Dani Alves, un grand pote de Neymar, cède ou prête Matuidi, à la Juventus, Aurier, Krychowiak et Jesé, il est bien le seul à ne pas tâtonner, merci les gazo-dollars. Que dire en revanche de Lille racheté par l'homme d'affaires Gérard Lopez qui, sous la direction du revenant Marcelo Bielsa, brade tout son effectif pour se lancer dans la construction d'une sorte de tour de Babel du foot, une hétéroclite baby-team à l'avenir douteux n'en déplaise au directeur général Marc Ingla qui déclare : « Nous avons recruté des talents incroyables qui font rêver. Le bilan du mercato est spectaculaire. »

MONACO BAT LE RECORD DE BORDEAUX

Le PSG ressemble encore à celui de la saison précédente lorsqu'il remporte, à Tanger, un nouveau Trophée des champions contre Monaco (2-1, buts d'Alves et Rabiot). « C'est important, souligne le coach parisien Unai Emery, on veut faire une meilleure saison qu'eux. » Paris a quelques revanches à prendre.

Monaco donne le coup d'envoi du championnat en recevant Toulouse avec un duo d'attaque Mbappé-Falcao. Deux fois mené, le champion finit par s'imposer (3-2). Blessé, Mbappé est sorti à un quart d'heure de la fin. « Ce sera réglé en deux ou trois jours », dit l'entraîneur Jardim sans que l'on sache très bien s'il parle de la blessure ou d'un transfert.

C'est avec toutes les caméras braquées sur la tribune où se trouve Neymar et son nombreux entourage que le PSG démarre

Le milieu de terrain de l'OM, Luiz Gustavo.

en douceur contre Amiens (2-0, buts de Cavani et Pastore). « Chaque fois qu'il passe quelque part, c'est une marée humaine. C'est incroyable », dit Rabiot de son nouvel équipier.

Large vainqueur de Strasbourg (4-0), Lyon est le premier leader devant l'OM, qui s'impose contre Dijon (3-0) et Lille qui bat largement Nantes (3-0), désormais entraîné par l'Italien Claudio Ranieri, une pointure. « Pour tirer des conclusions positives, il faut au moins six ou sept mois de compétition », explique Bielsa qui voit un peu loin. Rudi Garcia affiche son ambition : « Je veux ramener l'OM en Ligue des champions. »

La victoire à Nantes, ficelée sur un but du bras d'Ocampos (87e, 1-0), réjouit Garcia. « Nous étions venus aussi pour mettre le bleu de chauffe. C'est un succès au forceps. » Pas de souci en revanche pour Paris. Avec un débutant nommé Neymar qui ouvre son compteur buts, il s'impose aisément à Guingamp (3-0).

Monaco lui aussi va bien. Même avec Mbappé sur le banc à la demande des dirigeants, le champion se promène à Dijon (4-1, triplé de Falcao). Fabinho est lucide : « L'équipe est plus faible, mais on continue à jouer un bon football. » Monaco enchaîne dans la douleur à Metz grâce à Falcao (78e, 1-0). C'est le quinzième succès consécutif en Ligue 1 des Monégasques. Le record du Bordeaux 2009 est battu.

Lyon pensait bien enchaîner lui aussi par un troisième succès. À trois minutes de la fin, bien que réduit à dix depuis la 36e minute après l'expulsion de Darder, il mène 3-1 contre Bordeaux. Fekir a ouvert le score d'un lob de 54 mètres. « Un but fantastique »,

LE MAUVAIS GAG LILLOIS

RIEN NE SOURIT À LILLE en visite à Strasbourg lors de la 2e journée. Blessé, Mendes sort dès la 12e minute, bientôt suivi à la 19e minute par Malcuit touché lui aussi. Ce qui n'empêche pas Marcelo Bielsa d'effectuer un changement tactique dès la 38e minute en sortant Ballo-Touré alors que le score est toujours vierge. Du coup, quand son gardien Maignan est expulsé à la 63e minute, c'est l'attaquant De Préville qui le remplace. Après l'ouverture du score par Martin (74e), De Préville repasse joueur de champ, cédant le maillot de gardien à Amadou qui encaisse deux buts de Liénard (82e) et Grimm (86e, 3-0). Commentaire de Bielsa, droit dans ses bottes : « Je ne regrette pas le troisième changement. Je l'ai considéré comme nécessaire. » Plus buté tu meurs.

Après l'expulsion de leur gardien, les Lillois, ayant déjà utilisé leurs trois remplacements, sont obligés de faire appel à des joueurs de champ pour garder leur but (ici le défenseur Ibrahim Amadou).

reconnaîtra le gardien bordelais Costil. Mais Lerager réduit le score (88e) avant l'égalisation de Malcom sur une frappe magnifique (90e+1, 3-3). « Ce nul, c'est comme une défaite », estime l'attaquant lyonnais Traoré.

Coup d'arrêt également pour l'OM chez lui contre Angers (1-1). « Quand on ne cadre pas, c'est difficile de marquer plus d'un but », regrette Garcia. Cadrer, Paris sait le faire. Les Toulousains, qui se font rosser au Parc des Princes (6-2), en savent quelque chose, et ce malgré l'expulsion de Verratti (69e). Neymar inscrit deux buts, offre deux passes décisives et obtient un penalty. « J'ai adoré l'ambiance du Parc, dit-il. Je me sens déjà chez moi. »

L'OM MANGE SON PAIN NOIR

Paris et Monaco ont fait le plein, mais Saint-Étienne également, dirigé par le Portugais Oscar Garcia. C'est en coleaders que les Verts se présentent au Parc des Princes. Au bout d'un match médiocre, Paris s'impose largement (3-0, un doublé de Cavani, un but de Thiago Motta). Neymar n'a guère flambé. « Je suis très fier de la manière dont nous avons joué, déclare Garcia. Je trouve le score très sévère. »

Après le résultat nul de l'OL à Nantes (0-0), Fekir se console comme il peut : « On est invaincus et ça fait seulement deux mois que nous sommes ensemble. » Rudi Garcia est, lui, inconsolable après la déroute de l'OM à Monaco (6-1), avec pourtant une défense à cinq joueurs. « On ne peut pas faire pire que la saison dernière (4-0) », avait-il dit avant la rencontre. À la mi-temps, le score était déjà de 4-0. « C'est de ma faute, clame le coach après coup. Je n'ai pas fait la bonne composition d'équipe. Nos supporters ont raison de ne pas être contents. Prendre six buts, c'est inacceptable. »

Le foot se nourrit d'imprévus. Nice est loin de sa flamboyance de la saison précédente. Mais après une lourde défaite à Amiens nouvellement promu (3-0), il réinvente à l'identique son exploit datant d'un an en pulvérisant le champion (4-0, doublé de Balotelli), mettant un terme à une série de 16 victoires d'affilée et de 24 matchs consécutifs sans défaite en Ligue 1. Jardim est déconfit, mais optimiste : « On a fait un mauvais match, dit-il. Il faut vite l'oublier. Rien n'a marché. Mon équipe va progresser. En fin d'année, ça ira mieux. »

L'OM est également dans les cordes, et son public acerbe, après sa défaite à domicile contre Rennes (3-1), qui menait déjà 2-0 après dix minutes de jeu. Garcia fait le dos rond : « C'est un moment difficile où l'on doit voir ressortir le caractère. Je sais que cette équipe vaut bien mieux que ce qu'elle a montré ce soir. J'aurais pu sortir tout le monde. Je ne suis pas inquiet, mais triste. »

Lyon s'en sort mieux contre Guingamp même s'il peine à s'imposer (2-1). « Il n'y a pas de victoire inquiétante, dit son entraîneur Bruno Génésio, même si on doit faire mieux. » Le seul qui ne se prend pas la tête tout en la prenant, c'est le PSG. Pour la première officielle de la MCN (Mbappé Cavani Neymar) et sans se montrer toujours convaincant, il réalise un festival offensif à Metz (5-1, doublé de Cavani, Mbappé, Neymar, Lucas), qui encaisse sa cinquième défaite en cinq matchs. Pourtant, Monaco s'accroche. Strasbourg prend 3-0 (dont un doublé de Falcao) au stade Louis-II. « Cette équipe a une histoire à écrire, explique Jardim. On est sur un nouveau défi. »

Nabil Fekir, auteur d'un but fantastique contre Bordeaux.

LES LYONNAIS SE TROMPENT DE BUT

Tout le monde est sur un défi. Après la victoire de Bordeaux à Toulouse (1-0), l'entraîneur girondin Jocelyn Gourvennec déclare : « À part Paris qui est en concurrence avec lui-même, le championnat est ouvert. On a envie de se mêler à la lutte. » C'est également le cas de Saint-Étienne qui s'impose à Dijon (1-0). Metz respire après son premier succès acquis à Angers (1-0). L'entraîneur Philippe Hinschberger a apprécié ce « match de guerriers ». L'OM retrouve également des couleurs grâce à Njie, auteur d'un doublé en trois minutes à Amiens (2-0). Garcia est soulagé : « L'équipe avait été bâtie pour avoir du répondant. »

Du répondant, c'est ce qu'il va falloir à Lyon en déplacement au Parc des Princes. « On est obligés d'être inquiets avant d'aller à Paris », soupire Génésio, tandis que le président Aulas dénonce à tour de tweets ravageurs les investissements vertigineux de son adversaire.

Sur le terrain, l'écart entre les deux formations ne saute pas aux yeux. Il faut que l'OL se fasse hara-kiri en marquant deux fois contre son camp (Marcelo 75e, Morel 86e, 2-0) pour que Paris s'impose dans une douleur accrue par le début du « Penaltygate » *(voir encadré)*. « On est passés tout près d'un exploit », estime Génésio. « J'aurais voulu gagner avec moins de difficultés, déclare Emery. On a besoin d'apprendre à souffrir. » Après six journées, l'OL est déjà repoussé à 7 points du PSG et l'OM à 8. Seul Monaco résiste avec ses 3 points de retard.

RENNES TRAHIT GOURCUFF

À L'AUBE DE LA 6E JOURNÉE et au sortir d'un succès à Marseille (3-1) l'entraîneur rennais Christian Gourcuff déclare : « Le club a connu des périodes plus complexes. Là, il n'y a pas un club plus simple. Il y a un président nommé par l'actionnaire qui m'a fait venir dans un axe de travail. Il y a un actionnaire, pas trente-six. Il ne vient pas de Chine, il est breton. Lui peut dire stop, mais je n'ai jamais autant échangé avec lui. » Il parle du milliardaire François Pinault. Ses ennuis vont venir de son fils François-Henri Pinault, véritable décideur. Au terme d'une victoire contre Lille (1-0) à l'occasion de la 10e journée, des rumeurs insistantes annoncent les départs du président Ruello et de Gourcuff, et l'arrivée au poste de président d'Olivier Létang, ancien directeur sportif du PSG. Rumeurs fondées et confirmées malgré deux nouveaux succès à Montpellier (1-0) et contre Bordeaux (1-0). Gourcuff est accablé : « On est en train de construire quelque chose. C'est un gâchis monumental. » Quelques jours plus tard, il est remplacé par Sabri Lamouchi.

Balotelli sous le maillot niçois. Une saison plutôt réussie avec notamment un doublé contre Monaco (4-0).

PENALTYGATE AU PSG

À LA 78E MINUTE d'un match compliqué contre Lyon, le PSG obtient un penalty. Cavani s'empare vivement d'un ballon convoité avec appétit par Neymar. Le tir de l'Uruguayen est repoussé par le gardien Lopes sur sa transversale. Dans le vestiaire, une altercation verbale oppose les deux hommes dont ils s'excuseront dans les jours suivants. « Ce sont des choses normales, des choses montées en épingle qui arrivent dans le football. Il n'y a aucun problème, on va arranger ça entre nous », tente de déminer Emery. Mais Neymar n'a pas la mémoire courte. L'affaire rebondit quelques semaines plus tard contre Dijon (8-0). Alors que tout le public du Parc attend que Cavani batte le record de buts (156) d'Ibrahimović sous le maillot parisien, le Brésilien s'empare du ballon pour tirer, et marquer, un penalty sous le regard de braise de l'Uruguayen. Il quittera la pelouse sous des sifflets qui le fâcheront.

Les Monégasques donnent même l'impression d'être une esquisse d'alternative au PSG en allant écraser un Lille à la dérive (4-0, doublé de Falcao). Le directeur sportif lillois Marc Ingla a dû confondre les maillots : « On a réussi à dominer le champion de France, dit-il, cela me remplit d'orgueil. » Plus lucide, Bielsa déclare : « On a été dépassés à tous les niveaux. À aucun moment on n'a pu se hisser à la hauteur de l'adversaire. »

Sans Neymar préservé pour l'Europe, le PSG perd ses premiers points à Montpellier (0-0). « Ils ont fermé les espaces et toutes les équipes vont le faire contre nous », constate Emery. Verratti revient sur l'absence de la nouvelle star : « C'est comme si on enlevait Messi au Barça. Mais ce n'est pas pour ça qu'on ne doit pas gagner. »

Lyon piétine lui aussi. Chez lui, il est tenu en échec par Dijon (3-3). Génésio parle d'une « nouvelle et grosse désillusion ». Tandis que l'OM retrouve du souffle contre Toulouse (2-0), Saint-Étienne peine face à Rennes (2-2). Du coup, Bordeaux revient dans le jeu par le biais de sa victoire contre Guingamp (3-1). Les Girondins sont troisièmes, à 4 points du PSG et 3 de Monaco.

FEKIR BUTEUR SUR LE TARD

Cette impression d'équilibre ne résiste pas à la journée suivante. Tandis que Monaco est tenu en échec chez lui par Montpellier avec une égalisation concédée à Camara dans le temps additionnel (90e+2, 1-1), Paris pulvérise Bordeaux (6-2). À la mi-temps, le score est déjà de 5-1. Cela fait onze ans qu'une équipe de Ligue n'a pas inscrit autant de buts en 45 minutes. Neymar a lancé la broyeuse parisienne d'un superbe coup franc dès la 5e minute. Il a également inscrit un penalty. « Paris est très au-dessus, reconnaît Gourvennec. Ce sont des joueurs exceptionnels qui peuvent tenir la saison sans perdre un match. »

À Nice, l'OM est mené 2-0 après 16 minutes. Les Olympiens montrent leur force de caractère en renversant ce match (4-2) qui semblait perdu avec l'aide involontaire du gardien niçois Cardinale, roi de la boulette en ce début de saison. Mandanda a arrêté un penalty de Seri (83e), Luiz Gustavo a été expulsé (67e), mais les faits sont là, il va falloir compter avec l'OM.

Plus semble-t-il alors que sur un OL à la peine et malchanceux. Les Lyonnais mènent 3-1 à Angers quand Marcelo prend un car-

Inspiré mais buté, l'entraîneur argentin de Lille Marcelo Bielsa est viré dès la 14e journée.

Pasquier
ANGERS
Kappa
SCO
SCANIA
Algimouss
5
9
WINAMAX
Kappa

L'Angevin Crivelli et le Lyonnais Marcelo lors de la 8e journée (3-3).

ton rouge pour avoir involontairement envoyé valdinguer le carton jaune que l'arbitre brandissait sous son nez. Il sera blanchi en commission de discipline, mais Lyon ne récupérera pas les deux points bêtement perdus (3-3). Génésio râle une nouvelle fois : « S'il était difficile de maîtriser un match comme celui-là, c'était encore plus difficile de ne pas le gagner. »

Avec la défaite de Saint-Étienne à Troyes, le classement commence à s'étirer. L'OM est déjà à 6 points des Parisiens, tout comme Nantes, qui n'a inscrit que six buts en huit matchs. Lyon est à 9 points.

L'OL qui fait le jeu des Parisiens, même si ceux-ci n'en ont pas vraiment besoin, en battant Monaco. Les Lyonnais ont tiré quatre fois sur les poteaux, mais ils ont dû patienter jusqu'à la dernière seconde (90e+5, 3-2) pour s'imposer grâce à un magnifique coup franc de Fekir. Le président Aulas sort du bois : « C'est une victoire très importante pour l'institution. Elle apporte un certain nombre de réponses. Bruno Génésio a montré qu'il avait un mental de folie. »

À Dijon, Paris, qui a décidé de reposer quelques-uns de ses cadres, frôle un nouveau dérapage. Il s'en remet à un doublé de Meunier (70e et 90e+2, 2-1) pour s'imposer sur le fil. « On ne peut pas être exceptionnels à chaque fois », affirme le défenseur belge pour expliquer la production moyenne du PSG.

À Strasbourg, le très décrié Mitroglou permet à l'OM d'égaliser *in extremis* à la 88e minute (3-3). « C'est la frustration qui domine, dit Garcia. C'était un plus beau match pour les spectateurs que pour les coachs. »

QUAND CAVANI CONSOLE NEYMAR

Mais voici venu le temps du premier affrontement de la saison entre l'OM et le PSG. Mbappé est imprudent : « C'est un match comme un autre », lance-t-il. Une petite phrase qui a le don de mettre les Marseillais en rogne et de choquer quelques grands anciens du club parisien. Devant 60 000 spectateurs, c'est Luiz Gustavo qui ouvre le score d'un tir lointain (16e). Neymar égalise (33e). En seconde période, c'est au plus fort de la mainmise parisienne que Thauvin profite d'une bévue de Rabiot pour replacer l'OM en tête (78e). Cela fait tellement longtemps que l'OM n'a plus battu Paris que le Vélodrome se pince pour y croire. Fruit de son agacement pour asticotage récurrent, l'expulsion de Neymar pour deux cartons jaunes (la huitième de sa carrière) rassure les supporters marseillais. L'égalisation de Cavani sur un ultime coup franc les désole (90e+3, 2-2).

« On est super frustrés, concède Garcia. On a eu une balle de 3-1. À onze contre dix avec quelques minutes à jouer, on ne doit permettre à personne d'égaliser. » Mbappé est cinglant : « L'arbitre n'a pas été au niveau. Comme nous d'ailleurs. » Quant à Neymar, qui « assume son erreur », il explique : « Les spectateurs m'ont jeté des projectiles. Le football, ce n'est pas ça. »

Ce résultat a au moins le mérite de resserrer un peu le classement car Monaco a battu Caen (2-0), Nantes a maîtrisé Guingamp →

TRIBUNE INFERNALE À AMIENS

LE LILLOIS BALLO-TOURÉ vient de marquer sur le terrain d'Amiens après un quart d'heure de jeu. Il part fêter sa réussite devant le parcage des supporters visiteurs dont la barrière s'effondre sous la trop forte pression humaine. Une trentaine de personnes sont plus ou moins gravement blessées et le match est interrompu. Deux jours plus tôt, la commission sécurité de la préfecture de la Somme avait donné son feu vert aux installations. Le président d'Amiens Bernard Joannin réagit maladroitement : « Il n'y a pas de problème de barrière. Les services de police nous avaient prévenus que 200 ultras énervés étaient dans le parcage visiteurs. Ils se sont lancés de façon désordonnée sur cette barrière qui était en parfait état. » « Le directeur sportif de Lille Marc Ingla lui reproche "une très haute dose d'irresponsabilité". Bernard Joannin présentera ses excuses. Ses joueurs s'exileront au Havre le temps que les différentes commissions tranchent et que des travaux soient effectués. La Ligue ne prononcera aucune sanction. Le match sera intégralement rejoué, victoire d'Amiens (3-0) à la clé.

2-2 entre l'OM et le PSG. Paris a été en danger mais Cavani égalise sur coup franc à la dernière minute.

FEKIR MET LE FEU AU CHAUDRON

À LA 85E MINUTE d'un derby sans suspense (5-0) entre l'OL et Saint-Étienne, après avoir inscrit un humiliant cinquième but à des Stéphanois débordés, Nabil Fekir se dirige vers la tribune principale et enlève son maillot qu'il brandit à la face des supporters verts dont certains jugent la provocation insupportable. La pelouse est envahie et le match interrompu quarante minutes avant de s'achever dans un Chaudron quasi désert. Génésio fait profil bas : « Ça ne sert à rien d'en rajouter et de provoquer. Ça gâche un peu la soirée. Il faut savoir rester modestes. » Fekir choisit d'assumer pleinement son geste : « J'ai célébré mon but comme je le voulais. Il n'y a aucune méchanceté de ma part. Je ne le regrette pas. Ça a mis un peu de piment même si je comprends qu'il n'y avait pas besoin de ça. » Il ne sera pas sanctionné. En revanche, l'ASSE écopera d'un match à huis clos pour cet envahissement intempestif et enregistrera la démission de son entraîneur Oscar Garcia, remplacé par Julien Sablé.

→ (2-1) et l'OL a cartonné à Troyes (5-0, un triplé de Depay), avec ce commentaire de Génésio à la clé : « Parfois, on a été très sévère avec nous. Nous n'avons perdu qu'un seul match. »

C'est pourtant lui qui est sévère avec les siens après le succès sur Metz (2-0, un doublé de Fekir), qui vient tout juste de virer son entraîneur, Philippe Hinschberger, remplacé par Frédéric Hantz. « J'ai vu trop d'individualisme et de suffisance, râle-t-il. Chacun a voulu faire son numéro. » À Paris, les numéros sont une marque de fabrique. Après la défaite concédée par Nice au Parc des Princes (3-0, un doublé de Cavani), le défenseur azuréen Maxime Le Marchand soupire : « On a été complètement inférieurs dans tous les domaines. »

Sans être supérieur dans tous les domaines, Monaco s'impose à Bordeaux qui n'y arrive plus (2-0) et l'OM à Lille qui fréquente les bas-fonds (1-0). « C'était vraiment un match pourri, mais il faut les gagner, ces matchs-là », explique Mandanda. Une tendance lourde s'affirme. Après cette 11e journée, les quatre cadors occupent pour la première fois les quatre premières places. Paris a 29 points, Monaco 25, l'OL 22 et l'OM 21.

BIELSA PREND LA PORTE

Dans la série « Les grandes affiches du football français », le choc entre Saint-Étienne et Lyon ne manque pas de piment. Il est certes déséquilibré, surtout après l'expulsion du défenseur vert Lacroix pour une énième faute sur Fekir, avec une écrasante victoire des Gones (5-0). Mais, surtout, il se termine dans la confusion la plus totale *(voir encadré)*.

Même score, dans la sérénité, pour l'OM contre Caen (5-0, un doublé de Thauvin). Sans Neymar, Paris n'est pas en reste et y va aussi de sa petite « manita » à Angers (5-0, doublés de Cavani et Mbappé). Le défenseur angevin Thomas est admiratif : « C'est ce qui se fait de mieux en Europe. » Mais la palme revient à Monaco qui, sans Falcao blessé, étrille Guingamp (6-0). « Nous sommes au même niveau que l'an dernier, estime Jardim, mais Paris est très au-dessus. » Quoi qu'il en soit, le carré d'as flotte sur la marmite.

Le PSG se défoule contre Nantes (4-1, doublé de Cavani). Derrière Paris qui galope, la concurrence s'essouffle. Monaco est tenu en échec à Amiens (1-1), l'OM à Bordeaux, où il n'a plus gagné depuis quarante ans avec une égalisation quasi miraculeuse de

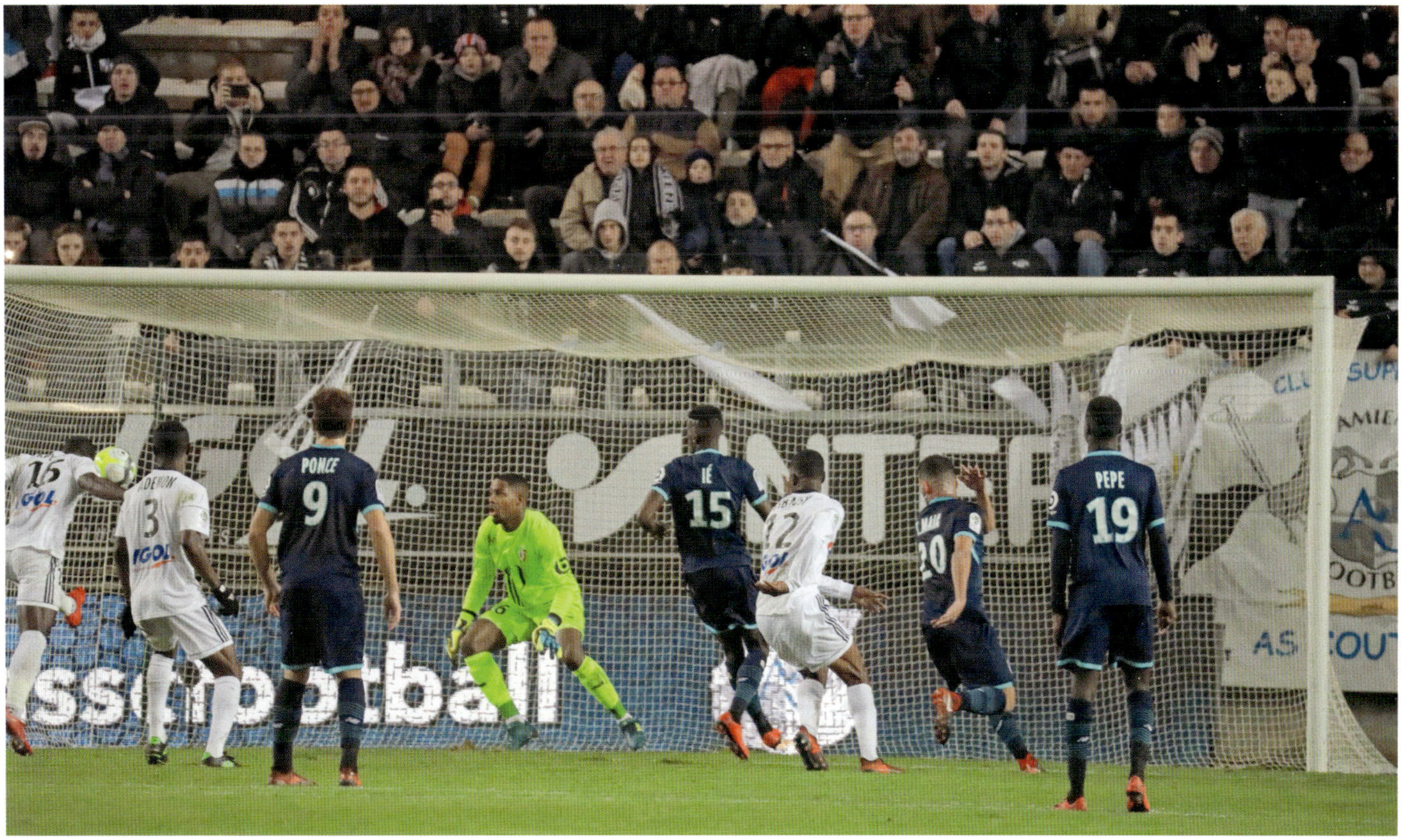

Moussa Konaté inscrit le 3e but d'Amiens face au LOSC (3-0) lors du match rejoué. Cette défaite va sceller le sort de Marcelo Bielsa.

Le but de l'attaquant strasbourgeois Stéphane Bahoken fait chuter le PSG de Presnel Kimpembe, battu 2-1.

Sanson (90e+4, 1-1), et l'OL ne fait pas mieux chez lui devant Montpellier (0-0) qui adore les gros, sans doute pour honorer son président emblématique Louis Nicollin, disparu quelques mois plus tôt.

À Lille, ça sent le roussi pour Bielsa. Après deux succès à Metz (3-0) et contre Saint-Étienne (3-1), le LOSC craque lors de son match à rejouer à Amiens (3-0). Les querelles internes pour le pouvoir aboutissent au licenciement de l'Argentin qui n'a jamais pu mettre sur de bons rails une équipe beaucoup trop inexpérimentée et bâtie en dépit du bon sens par ses soins. Le responsable de la cellule vidéo Joao Sacramento (29 ans) prend le relais. En guise de bizutage, il a droit à une défaite à Montpellier (3-0). Mais la grande affaire de cette 14e journée, ce sont les retrouvailles entre Monaco et le PSG au stade Louis-II. « On a oublié Mbappé. On est contents de l'équipe qu'on a », déclare en préambule le défenseur Raggi. Sur la pelouse, Mbappé ne se fait pas oublier, même s'il ne parvient à transformer aucune des quatre énormes occasions qu'il se procure en tête à tête avec Subasic. Largement dominateur, Paris prend le large grâce à Cavani (19e) et Neymar (52e, sur penalty) et réussit le tour de force de trembler après la réduction du score de Moutinho (81e, 2-1). « Nous avons montré que nous sommes plus forts cette année », constate Emery.

Grande première en Ligue 1 à Nice, où Lyon, pourtant privé de Fekir et Traoré, s'impose pour la troisième fois consécutivement à l'extérieur sur le score de 5-0. Favre parle de son « match le plus éprouvant à la tête de Nice ». « On a pris une belle rouste, dit le président Rivère, ça fait mal à la tête, mais un changement d'entraîneur n'est pas envisageable. » Nice est désormais 18e.

Avec la victoire de l'OM contre Guingamp (1-0, but de Thauvin), le match à trois se confirme loin derrière le PSG et ses 38 points. L'OL et Monaco ont 29 points, l'OM 28. Les Marseillais enchaînent à Metz (3-0), ce qui leur permet de s'emparer de la deuxième place grâce aux défaites conjuguées de l'OL à domicile contre Lille (2-1) et de Monaco à Nantes (1-0, but de Lima à la 90e + 2). Garcia garde le cap : « On a fait le job contre la lanterne rouge. Ce n'est pas le moment de s'enflammer. »

GÉNÉSIO RATE LA VICTOIRE DE L'OL

Vainqueur poussif de Troyes (2-0, buts de Cavani, 73e, et Neymar, 90e), Paris chute à Strasbourg, trois jours avant un déplacement européen à Munich qui occupe tous les esprits. Da Costa (13e) et Bahoken (65e, 2-1) sont les artificiers de ce coup de tonnerre. « Je ne suis pas content, râle Emery. Mon objectif était qu'on ne perde pas un match en championnat. » « Pour battre une équipe pareille, il faut que toutes les planètes soient bien alignées », reconnaît l'entraîneur alsacien Thierry Laurey.

À l'échelle de la Ligue 1, ce revers est évidemment beaucoup plus anecdotique que le match nul de l'OM à Montpellier (1-1) qui s'est vu refuser un but de Camara à la 88e minute pour un hors-jeu de position plus que douteux de Hilton. Le président Aulas, qui n'en rate pas une, envoie un tweet dans la foulée : « Grossière erreur d'arbitrage pour ne pas dire plus. »

UN CALVAIRE POUR LES VERTS

LA RÉCEPTION de Monaco pour le compte de la 18e journée est un supplice pour les Stéphanois. Disputée dans un stade partiellement vide, les deux virages ayant été fermés à la suite d'une suspension, la rencontre tourne à la démonstration monégasque (4-0). Sur le troisième but, le gardien Ruffier se fait expulser pour avoir trop véhémentement réclamé un hors-jeu à l'arbitre assistant. Il sera suspendu quatre matchs. Excédé, le président Romeyer pénètre même sur le terrain. Après la rencontre il exprime son accablement : « On ne reconnaît plus les joueurs. Ils jouent avec le frein à main et la peur, la peur, la peur. C'est très grave. La solution, c'est le mercato. » Et un nouveau changement d'entraîneur après la défaite qui suit à Guingamp (2-1). Julien Sablé retourne au centre de formation, tandis que Jean-Louis Gasset, son « adjoint », prend seul les choses en main. Au mercato, Debuchy, Ntep, M'Vila, Beric et Subotic débarqueront d'horizons divers pour relancer l'équipe.

Difficiles vainqueurs à Caen (2-1) et d'Angers (1-0), Lyon et Monaco profitent du faux pas marseillais. À un autre échelon, en battant Amiens (2-0), le Rennes de Lamouchi, désormais sixième, enchaîne un sixième succès en sept matchs tandis que la victoire de Lille contre Toulouse (1-0) doit beaucoup au penalty arrêté par son gardien Maignan dans le temps additionnel, son second penalty stoppé en deux journées.

Lille est moins heureux au Parc des Princes face à un Paris privé de Neymar et secoué par une défaite (3-1) au Bayern qui a semé quelques doutes. Mbappé inscrit le dernier but sur une longue chevauchée de plus de 60 mètres (90e+3, 3-1).

Les poursuivants vont aussi de l'avant. Monaco et Lyon dans la douleur, l'OM dans l'aisance. Menés 2-0 chez eux par Troyes, les Monégasques s'arrachent pour inverser la tendance. Carillo finit le boulot (85e et 88e, 3-2). Jardim s'enflamme et se mêle à la célébration de ses joueurs. « C'est une belle *remontada*, et beaucoup d'émotion », dit-il.

Génésio, quant à lui, ne voit rien du grand bonheur lyonnais à Amiens, où l'OL, longtemps mené après le but de Gakpé (9e), a dû attendre la 79e minute et un but de Aouar pour égaliser. Il est déjà au vestiaire après avoir été expulsé quand ce même Aouar inscrit le but victorieux (90e + 4, 2-1). Quelques minutes plus tôt, l'Amiénois Kakuta a raté un penalty (88e).

Deux buts de Germain, ses premiers en Ligue 1 sous le maillot marseillais, et un autre d'Ocampos permettent à l'OM d'écarter un pâle Saint-Étienne (3-0). Le nouvel entraîneur Julien Sablé est accablé : « Je ne peux pas accepter ce que j'ai vu. Le club est en danger. »

Il le sera encore plus après le désastre à domicile contre Monaco (4-0, *voir encadré*). Carton aussi pour Paris à Rennes (4-1, un doublé et deux passes décisives de Neymar). « Tous les amoureux du foot, supporters du PSG ou pas, sont contents de voir évoluer un joueur de ce niveau », dit Emery qui n'a pas tort.

À Lyon, le duel des Olympiques tourne en faveur de l'OL. Fekir profite d'une énorme bourde de Mandanda pour ouvrir le score (6e). Diaz double la mise (51e, 2-0). « Je prends l'entière responsabilité de cette défaite », dit le gardien marseillais. Dépité, Adil Rami attise des braises pour le futur : « On n'a pas vu un grand Lyon, mais ils ont gagné. Ce qui me rassure, c'est qu'on va être dans la bataille jusqu'au bout et je pense que cette équipe de Lyon va connaître des difficultés. »

Pour la dernière levée des matchs aller, Paris assure contre Caen (3-1). Mbappé marque le jour de ses 19 ans. Pas de soucis non plus pour l'OM, pourtant mené par Troyes avant de s'imposer (3-1). « On a été mous, regrette Garcia. On n'a plus d'essence dans le moteur. »

MONTPELLIER BOURREAU DES CADORS

Comme trop souvent, Monaco tremble jusqu'au bout contre Rennes avant de s'imposer (2-1). « Personne n'aurait crié au vol si on avait pris un point », soupire Lamouchi. Et Lyon ne crâne pas lui non plus à Toulouse (2-1). « L'entraîneur toulousain Pascal Dupraz →

CHAPRON PÈTE LES PLOMBS

C'EST PEU DE DIRE que l'arbitre Tony Chapron n'a jamais fait l'unanimité. Mais en ce début janvier à Nantes, qui reçoit le PSG, il va repousser ses propres limites. Déséquilibré involontairement par le Nantais Diego Carlos qui se repliait, il tente de lui asséner un tacle digne du haut niveau. Le joueur se voit brandir un incroyable carton rouge que l'arbitre aurait pu s'adresser à lui-même. Les Nantais sont fous de rage. « Nous, si on fait ça, on prend dix matchs », lance le milieu de terrain Rongier. « C'est scandaleux, cet arbitre était un gag », enchaîne le président Kita. Tony Chapron explique qu'il a eu un réflexe involontaire d'autodéfense et dès le lendemain présentera ses excuses à Diego Carlos dont le carton rouge sera annulé. La commission de discipline suspendra l'arbitre tacleur trois mois ferme, puis six mois en appel, ce qui mettra un terme prématuré, sur ce geste insensé, à une carrière qu'il avait décidé d'arrêter à la fin de la saison.

EN LETTRES DE SANG ET D'OR

En 1998, quelques semaines avant le triomphe des Bleus, Lens crée une extraordinaire surprise en remportant le titre de champion de France au nez et à la barbe de tous les grands favoris qui se nommaient déjà Paris, Monaco, Marseille et Lyon.

C'EST UN DUEL pour le titre comme l'on n'en verra jamais plus. Il n'a que 20 ans d'âge mais semble surgir d'un lointain Moyen Âge. Il oppose jusqu'aux ultimes secondes de la saison le Lens de Tony Vairelles au Metz du jeune et surdoué Robert Pirès. Un cas de figure inimaginable aujourd'hui. Si Montpellier a cassé la baraque en 2012, c'est en ferraillant jusqu'au bout avec le PSG, pas avec une formation de son modeste calibre.
En 1998, la 34e et dernière journée doit trancher. Les Nordistes l'abordent avec deux points d'avance. À la mi-temps, les Lorrains, qui mènent 1-0 contre Lyon, virent en tête. Les Sang et Or ont encaissé un but à Auxerre. Et puis Yoann Lachor arrive. En avril 2018, le défenseur a raconté dans *L'Équipe* le but de sa vie, inscrit à la 53e minute : « Frédéric Déhu me fait une passe formidable. Quand je reçois le ballon, ma première idée, c'est de centrer. Je lève la tête et je vois qu'il n'y a personne devant le but. Là, je ferme les yeux et je frappe. » Son tir croisé fait mouche. Jusqu'au bout Lens préserve ce résultat nul qui fait son bonheur. Certes, Metz mène toujours et finira par s'imposer à Lyon (1-0), mais si les deux formations terminent à égalité (68 points), la différence de buts (25 contre 20) accable les Lorrains. Les deux rivaux ont laminé la concurrence dans des proportions extravagantes. Monaco est 3e à 9 points, l'OM 4e à 11 points, Bordeaux 5e à 12 points, Lyon 6e à 15 points et le PSG 6e à 18 points !
Il est plus de 3 heures du matin quand Warmuz, Sikora, Déhu, Drobjnak (meilleur buteur du club avec 14 réalisations), Vairelles, Smicer, Ziani, Debève et leurs camarades font leur entrée au stade Bollaert où 35 000 supporters les attendent pour les fêter et les honorer dans une ambiance indescriptible.

LA NIQUE AUX GROS BUDGETS

Ce titre est une sorte de miracle. La saison précédente, Lens a terminé 13e (sur 18) du championnat, à 34 points de Monaco. Après treize journées, il est tout heureux de sa 6e place à 9 points du leader parisien sur le terrain duquel il vient de s'incliner (2-0). Le PSG de Raí et Marco Simone a les faveurs de tous les pronostics. « Nous avons été battus par plus forts que nous et nous sommes à notre place », estime le président Gervais Martel.
Si surprise il doit y avoir, elle viendra donc plutôt de Metz, sacré champion d'automne devant Paris, l'OM et Monaco. Mais ce championnat est ouvert à tous les vents. Paris pique sa crise annuelle →

Le défilé triomphal des joueurs du RC Lens
dans leur ville pour célébrer leur titre de champions.

UMBRO
KIA
OMOBILES
RCL
BOY
SENC

au cœur de l'hiver enchaînant quatre défaites consécutives. À sept journées du terme, l'OM et Metz ont 50 points. Ils devancent d'un point Monaco et Lens. C'est le moment que choisissent les Lensois pour s'imposer à Monaco (1-0) avant d'infliger un impitoyable 3-0 au PSG. « C'est bien pour le sport que les budgets ne décident pas tout », déclare le capitaine Jean-Guy Wallemme, un discours que l'on entend encore ici et là, mais uniquement pour se plaindre de la domination outrageuse des puissants. À cinq journées de la fin, c'est un peu le titre qui se joue lors d'un affrontement direct que Lens remporte face à Metz (2-0, un doublé de Drobjnak). « On a les cartes en main et à Lens on sait bien jouer aux cartes », dit Gervais Martel. « On a bien conscience que Lens premier, c'est extraordinaire », ajoute le meneur de jeu Ziani. Les deux rivaux inattendus remportent ensuite tous leurs matchs jusqu'à la dernière journée dont on connaît l'issue.

Ci-contre : grâce au but du défenseur Yoann Lachor, Lens obtient le match nul à Auxerre (1-1) lors de la dernière journée et remporte le championnat à la différence de buts.

Ci-dessous : le président lensois Gervais et son entraîneur Daniel Leclercq, deux Nordistes qui font corps avec leur ville et leur club.

SOUS LE CHARME D'UN DRUIDE

D'une saison à l'autre, tout a changé dans le Nord et ce changement porte un nom, Daniel Leclercq, *alias* « le Druide », aux longs cheveux blonds un peu filasses et à la barbe fleurie, nommé entraîneur l'été précédent. Ancien ouvrier à Usinor, Leclercq est un pur Ch'timi. Devenu professionnel à Valenciennes à 20 ans, c'est à l'OM que ce milieu de terrain un peu lent mais au pied gauche diabolique se forge un palmarès. Il est sacré deux fois champion de France. Il achève son parcours à Lens avant de se lancer dans la carrière d'entraîneur à Valenciennes, d'où il se fait virer au bout d'une seule saison. Leclercq est un intransigeant qui ne galvaude jamais rien de ses idées et de sa foi dans un football généreux. C'est aussi un vrai modeste. Il entraîne plusieurs équipes amateurs du coin tout en tenant un café juste en face de Nungesser, le stade de Valenciennes. « Chez Daniel Leclerq », la bière est servie par le patron avec une méticulosité rare. Leclercq est un perfectionniste absolu. Il revient aux affaires sportives par le biais du centre de formation de Lens. Il connaît donc le club comme sa poche quand il le prend en charge en juillet 1997.
Deux phrases très symptomatiques aident à mieux comprendre le personnage. La première : « J'ai sans doute perdu un paquet de fric en signant à Lens, mais je m'en fous, je suis un homme libre. » La seconde : « Ceux qui disent que je ne suis pas facile à vivre ne se trompent pas beaucoup. Quand on est perfectionniste, on ne fait jamais l'unanimité. »
Mais cette année-là, l'alchimie entre un homme, un club et une ville à la ferveur unique avait atteint la perfection, permettant au plomb de se changer en sang et en or.

→ est réaliste : « J'ai un président qui me paie. Le jour où il décidera de ne plus me payer, j'abdiquerai. Pas avant. » Patience, patience...

À la trêve, Toulouse est 17e, à égalité de points avec le 18e Lille, qui va profiter de la coupure pour modifier de nouveau son banc avec l'arrivée de l'expérimenté et intrépide Christophe Galtier. Angers est alors 19e et Metz bon dernier. Quant à Paris, il est en apesanteur 9 points devant Monaco et Lyon, 12 devant Marseille et 17 devant Nantes qui a réussi un ultime hold-up à Amiens (1-0, but de Sala à la 90e + 2).

Mais l'arroseur se fait parfois arroser. Pour la première levée 2018, c'est Nantes qui se retrouve en position de victime. Sans Neymar blessé aux côtes, Paris s'impose grâce à Di Maria (12e, 1-0). Sala et les Nantais se sont vu refuser un but tout à fait valable pour un hors-jeu inexistant. Et leur défenseur Diego Carlos a eu lui aussi maille à partir avec l'arbitre M. Chapron *(voir encadré)*. « On a montré qu'on pouvait gagner dans la difficulté », se réjouit Emery.

Aucune difficulté, en revanche, pour l'OM qui se promène à Rennes (3-0) contrairement à Monaco qui cale à Montpellier (0-0) plus que jamais installé dans son rôle d'anti-cracks. « Dans notre philosophie, un nul n'est pas un bon résultat, reconnaît Jardim. Notre pression, c'est d'achever le championnat à la deuxième place. »

Cette place fait rêver les Lyonnais qui ne s'en emparent pas, la faute à un résultat nul à domicile contre Angers (1-1). « Il va falloir se concentrer sur le jeu et non sur l'enjeu », estime Génésio moins heureux que les « débutants », Gasset, qui savoure contre Toulouse (2-0) le premier succès des Verts depuis dix journées, et Galtier, qui apprécie la victoire de Lille à Caen (1-0).

Une quatrième défaite consécutive à domicile contre Caen (2-0) scelle le sort de Gourvennec *(voir encadré)*. « Il faut penser au match qui arrive », dit-il. Il le verra à la télé. Un autre entraîneur a très mal à la tête, le Dijonnais Olivier Dall'Oglio. Ici, l'assassin s'appelle Neymar, quatre fois buteur (et une note rarissime de 10 sur 10 dans *L'Équipe*) lors de l'écrasant succès du PSG (8-0). Il a pourtant quitté le terrain fâché des sifflets reçus pour n'avoir pas laissé à Cavani le bonheur de tirer un penalty. Certains se demandent s'il était au courant de cette chasse au record.

À Marseille, tranquille contre Strasbourg (2-0), et à Lyon, facile vainqueur à Guingamp (2-0) pour sa septième victoire consécutive à l'extérieur, on déguste comme il se doit le match nul de Monaco face à son encombrant voisin niçois. Et encore, Falcao a-t-il égalisé dans le temps additionnel (90e + 2, 2-2). Monaco se retrouve quatrième.

ZLATAN PERD SON RECORD

La 22e journée fige la position des trois lointains poursuivants du PSG qui s'incline à Lyon avec un superbe et lointain coup franc de Fekir à l'entame (2e) et un somptueux but de Depay à la sortie (90e + 4, 2-1). Entre-temps, Lopes a réglé son compte à Mbappé sur une sortie intempestive et violente qui ne sera pas sanctionnée (30e), Kurzawa a égalisé (45e) et Alvès s'est fait expulser (57e) pour avoir joué au petit roquet avec l'arbitre.

« L'expulsion est le tournant du match, reconnaît Génésio. À cet instant, Paris avait une certaine maîtrise, mais le talent de mes joueurs a fait la différence sur les deux buts. » L'OM, qui a gagné à Caen (2-0), et Monaco, qui a battu Metz (3-1), restent sur les talons des Lyonnais.

C'est ici, après une énième défaite à Montpellier (2-1), que Dupraz lâche la barre de Toulouse, toujours 19e, pour la transmettre à un pur produit du club, Mickaël Debève, qui débute par une victoire contre Troyes (1-0).

LA TERRIBLE CHUTE DE GOURVENNEC

UNE SEMAINE après avoir battu le PSG, lors de la 17e journée, Strasbourg se balade à Bordeaux (3-0) qui accumule les déboires dans une atmosphère lourde de la contestation sans pitié des supporters. Jocelyn Gourvennec est secoué : « C'est une soirée complètement sans, le premier match qu'on rate vraiment à domicile en 2017. Il faut faire preuve de dignité d'abnégation et de courage. On ne lâchera pas. On a une stratégie et avec la direction on est sur une même longueur d'onde. » Un mois plus tard, les ondes évoluent. Après deux nouveaux revers avant la trêve et deux autres à domicile à la reprise contre Troyes (1-0) et Caen (2-0), qui suivent une élimination en Coupe contre les amateurs de Granville, Gourvennec est limogé et remplacé par l'Uruguayen Gustavo Poyet.

L'attaquant caennais Ronny Rodelin à la lutte avec le défenseur bordelais Paul Baysse.

Agacé par sa défaite chez un rival peu apprécié, Paris se venge sur Montpellier (4-0). Le premier but est l'œuvre de Cavani, son 157e sous le maillot parisien, record de Ibrahimović enfin battu. Neymar, qui a marqué deux fois, joue cartes sur table : « Il était impossible de ne pas savoir même avant le match contre Dijon que Cavani était proche de ce record, mais l'entraîneur m'a désigné pour tirer les penaltys. » Après la rencontre, il tweete : « Félicitations à Edi pour son record. Qu'il continue à mettre beaucoup de buts. »

Paris n'a pas besoin de ça, mais il accroît encore son avance sur ses rivaux. L'OM et Monaco partagent les points (2-2) au bout d'un grand match. Un but valable a été refusé au Monégasque Jemerson (56e).

« On a vu deux belles équipes dans un match de très haut niveau, commente Garcia. C'était un match de Ligue des champions. Je suis déçu du résultat, mais on gagne quand même un point sur l'OL. »

En effet, Lyon s'est incliné à Bordeaux (3-1, dont deux penaltys pour les Girondins). Malcolm a obtenu un premier penalty après une simulation qui lui vaudra après coup deux matchs de suspension. Bordeaux semble aller mieux. « Le foot, c'est jouer. Avant on ne jouait pas », dit Malcolm. Gourvennec appréciera. Le président Aulas sort du bois : « Le premier penalty a tué le match. » Le milieu Lucas Tousart est plus honnête : « On ne va pas se cacher derrière ça. » Et Génésio abonde dans son sens : « On a été dominés dans l'intensité. »

Lyon traverse une mauvaise passe. À Monaco, sa défaite est sinon inacceptable, au moins inexplicable. Au bout d'une demi-heure, les Lyonnais ont déjà marqué deux fois par Diaz (12e) et Traoré (27e). Il ne faut que cinq minutes à Monaco pour revenir à hauteur par Baldé (31e) et Falcao (36e, sur penalty). Mais l'expulsion de Baldé (45e) offre à l'OL un boulevard sur lequel il ne s'engouffre pas. Après deux gros arrêts d'Anthony Lopes, son homonyme monégasque inscrit le but victorieux (88e, 3-2). « C'est une faute grave, déclare Génésio. C'est pire que de la déception, pire que la semaine dernière à Bordeaux. On a arrêté de jouer à 2-0. » « Il y a un travail mental à faire, ajoute le président Aulas, notamment faire redescendre sur terre des joueurs qui ont cru que c'était gagné. »

NEYMAR : 20 MATCHS 19 BUTS

En étrillant Metz (6-3, un triplé de Thauvin) après avoir mené 5-0 dès la 56e minute, l'OM s'empare de la si convoitée deuxième place. Rami n'est pourtant pas content : « Il va falloir se mettre au boulot, clame-t-il, parce que prendre trois buts, c'est inadmissible. » Paris continue son confortable voyage dans les nuages en s'imposant à Lille (3-0). Le président Al-Khelaïfi est heureux : « C'était un vrai match, une bonne étape dans la préparation de l'affrontement contre le Real. »

C'est à Saint-Étienne, sous la neige, que l'OM lâche sa place de dauphin, en concédant le match nul (2-2). Pelé, qui a remplacé Mandanda blessé à la 44e minute, est coupable sur le second but des Verts. « Je suis mécontent, balance Garcia. En seconde mi-temps, on a joué en marchant. On pouvait faire mieux dans tous les domaines. »

Que dire alors de l'OL qui concède un troisième revers consécutif à domicile contre Rennes (2-0). Khazri a ouvert le score après une énorme erreur de Marcelo (5e). Et Fekir s'est vu refuser un penalty assez évident (57e). « On a eu beaucoup de réussite », reconnaît Lamouchi.

Sans Falcao blessé, Monaco revient sur ses standards de la saison précédente en s'imposant largement à Angers (4-0, doublé de Jovetic). « Ils nous ont exécutés de manière assez froide », analyse l'entraîneur angevin Stéphane Moulin.

À 12 points du PSG, qui a peiné à Toulouse avant son déplacement à Madrid (1-0, but de Neymar), Monaco possède 1 point d'avance sur l'OM, mais surtout 5 sur Lyon aux deux tiers du championnat. Et les Monégasques ne ralentissent pas. Même motif, même punition pour Dijon (4-0). L'OM s'accroche en écartant péniblement Bordeaux (1-0, but de Thauvin). Garcia est grinçant : « Certains diront que ce n'était pas flamboyant dans le jeu, mais pour bien jouer, il faut être deux. »

Grâce à un 157e but inscrit contre Montpellier (4-0, lors de la 23e journée), Cavani devient le meilleur buteur de l'histoire du PSG.

L'OL, en revanche, continue de céder du terrain. À Lille, il mène une nouvelle fois 2-0 avant de se faire reprendre en seconde période (2-2). Dans le vestiaire, Génésio pique une énorme colère. « On n'a pas l'habitude qu'il monte le ton aussi fort, dit le défenseur Morel. C'est la preuve qu'on a vraiment dépassé les bornes. » Moins 7 points pour Lyon sur Monaco à douze journées du terme.

Les soucis du PSG sont ailleurs. Après sa défaite à Madrid (3-1), il peine plus qu'il y paraît contre Strasbourg, qui ouvre le score, puis revient à 3-2 avant le coup de grâce de Cavani (73e et 79e, 5-2). « À 3-2, j'y croyais, confie le Strasbourgeois Jonas Martin car on sentait sur le terrain qu'ils étaient perturbés. »

Contre son éternel rival marseillais, le PSG a retrouvé ses esprits quand la foudre s'abat sur le Parc des Princes. Les hommes d'Emery mènent tranquillement grâce à Mbappé (10e), Rolando (27e, but contre son camp) et Cavani (55e, 3-0) lorsque Neymar s'effondre sur le terrain. Nous sommes le 25 février. On n'imagine pas que la saison du Brésilien sous le maillot parisien vient de s'achever au bout de 20 matchs disputés en Ligue 1 (pour déjà 19 buts et 13 passes décisives). Quelques jours plus tard, après des atermoiements et l'entrée en jeu du médecin de l'équipe du Brésil, il part à Rio pour se faire opérer d'un pied avec comme objectif d'être rétabli pour le Mondial.

ALLEGRI LE PHÉNOMÈNE

À LA 86E MINUTE du match contre Dijon (4-0) comptant pour la 26e journée, l'entraîneur de Monaco Leonardo Jardim lance le jeune Italien Piero Allegri, âgé de 16 ans 11 mois et 12 jours, soit 11 jours de moins que Mbappé le jour de sa première apparition en Ligue 1 sous le même maillot. Allegri a été acheté à la Genoa lors du mercato d'hiver pour 20 millions d'euros hors bonus. Il avait débuté en Serie A italienne à 15 ans et 280 jours, inscrivant trois buts lors de ses différentes apparitions.

DEBUCHY GLACE LE GROUPAMA

L'autre grand classique du week-end oppose Lyon à Saint-Étienne. Les supporters verts n'ont pas été conviés à la fête, et Fekir en a remis une couche avant le match : « Je ne regrette pas mon geste du match aller. Ça reste une célébration. Il n'y avait rien de provocant ou d'insultant. » Ce qu'il regrette à coup sûr, en revanche, c'est l'égalisation de Debuchy à la dernière minute (90e, 1-1) qui jette un froid sur le Groupama Stadium. L'OL est la plus mauvaise équipe de Ligue 1 sur les cinq derniers matchs.

Génésio, qui a opté en fin de match pour une défense à cinq joueurs après la sortie de Fekir blessé, est secoué : « Lorsque l'on ne gagne pas, les choix sont forcément critiqués. C'est le président qui décidera de mon avenir en fin de saison. Si les objectifs sont atteints, ce sera plus facile pour lui et pour moi de continuer. »

Pour l'instant, ils ne le sont pas, même si la défaite de l'OM et le match nul de Monaco à Toulouse (3-3 après avoir mené 3-1) sont un baume pour les Lyonnais. La période est compliquée pour les deux Olympiques. Tandis que Paris gagne à Troyes (2-0), avec les débuts en seconde mi-temps de Timothy Weah, 19 ans, fils de George, ancien Ballon d'or et désormais président du Liberia, que Monaco est comme souvent mené chez lui avant de s'imposer contre Bordeaux (2-1), l'OM sauve par miracle un point à domicile contre Nantes avec une égalisation plus que tardive de Thauvin (90e+5, 1-1) au bout d'une action marquée par une faute évidente de Luiz Gustavo sur Pallois. « Quand on revient dans le temps additionnel, on se dit que c'est un point qui peut compter », déclare Garcia, qui accuse les Nantais « d'avoir trop triché avec leurs nombreuses simulations tout au long du match ». Quant à l'OL, il est accroché (1-1) à Montpellier, décidément injouable pour les costauds. Génésio est pourtant moins abattu qu'à l'habitude : « Ce point donne un peu d'espoir dans le contenu. La déception est là en termes comptables, mais les joueurs ont montré du caractère. »

N'empêche qu'à dix journées du terme, l'OL est à 5 points de l'OM et surtout à 9 points de Monaco, un écart qui semble rédhibitoire.

Encore buteur contre Lyon (3-2, 24e journée), l'attaquant monégasque Radamel Falcao réussit une superbe saison.

古新塔沃
19
boulange
12
19
21
24

Campagne marketing de l'OM à destination de la Chine : pour ce match contre Bordeaux (1-0, 26e journée), les maillots des joueurs sont floqués en mandarin.

Lors de PSG-OM (3-0, le 25 février), Neymar est blessé au pied. Il ne rejouera pas de la saison.

INVASION DANS LE NORD

LE MATCH entre Lille et Montpellier comptant pour la 29e journée vient tout juste de se finir (1-1) quand des spectateurs envahissent la pelouse. Ils menacent les joueurs et brandissent notamment une banderole à l'adresse des dirigeants sur laquelle on peut lire : « Si on descend on vous descend ». Galtier est atterré : « Les gars ne méritaient pas ça. Si les supporters pensent que c'est en mettant une pression physique sur les joueurs qu'ils vont les aider, ils se trompent. » « Il y a une limite à ne pas franchir, dit le capitaine Benzia. Des joueurs ont eu peur. » Le club sera sanctionné d'un match à huis clos.

Lyon renoue péniblement avec la victoire contre Caen (1-0, but de Traoré). Génésio parle « des vertus de solidarité, de courage, de dépassement des limites à défaut d'un football flamboyant ».

Victorieux à Strasbourg (3-1), Monaco prête à peine attention à ce pâle réveil lyonnais. Et l'OM se réjouit de son court succès à Toulouse (2-1) avec un superbe but décisif de Mitroglou 35 secondes après son entrée en jeu. « Mandanda nous a maintenus à flot, affirme Garcia. On a gagné en équipe. »

C'est en équipe aussi, mais sans Neymar ni Cavani suspendu, qu'après sa désolante élimination par le Real Madrid le PSG repasse aux affaires courantes en électrocutant Metz (5-0, un doublé de Nkunku). « On continue notre chemin, dit Emery. L'équipe a maintenu son niveau en championnat. » De cela personne n'a jamais douté.

DEPAY, LE FER DE LYON

Paris enchaîne. En match avancé, pour cause de finale de Coupe de la Ligue, et bien réduit à dix dès la 16e minute après l'expulsion de Thiago Motta, il bat Angers (2-1, doublé de Mbappé). Pour l'OM, c'est l'heure de recevoir un OL secoué par son élimination de la Ligue Europa et un parcours erratique en Ligue 1. Les Lyonnais jouent leur saison sur ce match. Le président Aulas les a remobilisés : →

PLÉA PUISSANCE QUATRE

À L'OCCASION de la victoire de Nice à Guingamp (5-2) pour le compte de la 29e journée, et en l'absence de Balotelli, Alassane Pléa marque quatre buts. « Je n'ai pas envie de revendiquer, d'avoir des états d'âme, explique-t-il. Le coach me demande de jouer à gauche, je le fais pour l'équipe. Devant, il y a un superbe attaquant. Après, parfois, j'ai l'occasion de briller au centre. » Avec Neymar (quatre buts contre Dijon), Pléa sera le seul joueur à réussir cet exploit dans le courant du championnat. Mais il ne rejoint pas un autre Niçois, Carlos Eduardo, qui sur cette même pelouse du Roudourou avait inscrit cinq buts le 26 octobre 2014 lors d'une écrasante victoire des Aiglons (7-2).

Jacques-Henri Eyraud, le président de l'OM.

LA GUERRE EYRAUD-AULAS

SIX SEMAINES après qu'ils ont éclaté, les incidents de l'après-match OM-OL sont enfin jugés. Ils déclenchent un nouvel incendie. Le président marseillais Jacques-Henri Eyraud n'a pas apprécié que Rami ait pris trois matchs ferme de suspension à l'identique du gardien lyonnais Lopes coupable d'avoir giflé un salarié marseillais. Et il a détesté le comportement du président lyonnais Jean-Michel Aulas devant la commission de discipline. « Je rendrai coup pour coup, déclare-t-il au long d'un violent réquisitoire paru dans *L'Équipe*. Je n'aime pas quand Jean-Michel Aulas devient Don Giovanni Michele » (sous-entendu le parrain du foot français). Aulas réagit violemment : « Il est en train de disjoncter. Il a pété les plombs. Ce sont des attaques personnelles. Tout ce qu'il dit est faux. Ses dénonciations sont calomnieuses. » La perspective d'une éventuelle venue des Marseillais pour y disputer la finale de la C3 échauffe encore plus les esprits. Les deux présidents du foot se téléphoneront pour décider d'un très fragile cessez-le-feu qui ne survivra pas à la finale entre l'OM et l'Atlético Madrid.

→ « J'ai tenu à leur dire ce que j'avais sur le cœur. Bruno Génésio fait front. Je lui ai demandé si la troisième place était encore possible. » Elle l'est, après un formidable succès conquis dans un stade Vélodrome chauffé à blanc par une déclaration liminaire du milieu de terrain Zambo Anguissa : « On veut les exploser. Leur montrer qu'on est chez nous et qu'on y fait la loi. »

Rolando a ouvert le score (31e), Rami a ensuite marqué contre son camp (42e), le brillant Aouar a replacé l'OL devant (52e), le super remplaçant Mitroglou a égalisé (84e), mais c'est Memphis Depay qui a pu exhiber son torse tatoué après un ultime coup de tête en pleine lucarne (90e, 3-2). L'affaire n'en reste pas là. Des incidents éclatent au coup de sifflet final dans une ambiance survoltée. Les insultes fusent, quelques claques sont distribuées. La commission de discipline mettra des semaines à trancher et à rouvrir les plaies *(voir encadré)*.

En attendant, Génésio peut souffler : « On a dominé le milieu de terrain marseillais grâce à notre qualité technique. Cette victoire change la donne. Il est largement possible de rattraper notre retard sur l'OM. »

Marseille n'a plus que 2 points d'avance sur Lyon, qui n'ose pas lorgner sur Monaco, lequel conserve ses 9 points d'avance après un succès sur Lille (2-1) bien dans sa tradition du moment. « Un nul aurait été plus équitable », concède Jardim, dont l'équipe est de moins en moins fringante.

L'OM parvient à se rétablir à Dijon où il s'impose *in extremis* grâce à Ocampos (88e) et Payet qui réussit un penalty (90e + 5, 3-1) après en avoir raté un autre (90e+1). Mais Mandanda, dont l'absence s'annonce longue, et Rami sont sortis blessés. Sans Fekir ni Diaz, l'OL s'en remet au talent d'un Depay en feu qui réalise un doublé pour battre Toulouse (2-0). « L'enjeu n'a pas primé sur le jeu », constate Génésio.

Quatre jours après avoir subi la loi du PSG en finale de la Coupe de la Ligue, Monaco arrache un pénible match nul à Rennes (1-1). Le gardien Subatic parle franc : « Ça va être difficile de garder la deuxième place. » Pourtant l'OM est à 5 longueurs et l'OL à 7.

L'Europe aiguise les appétits. Paris a déjà ouvert la cinquième place à toutes ambitions et on devine qu'il offrira plus tard la sixième. Saint-Étienne part de très loin, mais à la Beaujoire il remet Nantes à sa place (3-0). Montpellier et Nice, respectivement vainqueurs à Caen (3-1) et à Troyes (2-0, doublé de Pléa), sont de cette partie-là. Lille se contenterait de sauver sa peau. Dans un stade rendu désert par un huis clos, il s'incline contre Amiens (1-0). Galtier est hébété : « Est-ce que mes joueurs me roulent dans la farine ? s'interroge-t-il à haute voix. C'est dur à entendre, mais c'est peut-être vrai. On ne peut pas continuer comme ça. »

UN 7-1 QUI DÉPRIME JARDIM

Pourtant ça continue, avec une défaite à Bordeaux (2-1). Galtier écope : « Il ne faut pas tomber dans l'abattement. Ça passera peut-être par les barrages, mais ça passera. » Lille ne s'épargne rien. Dans l'enchaînement, il mène 2-0 contre Guingamp avant de craquer dans le temps additionnel avec des buts du maladroit Alonso (90e, contre son camp) et de Briand (90e + 3, 2-2). Incroyable !

Contre Paris réduit à dix après l'expulsion de Kimpembe, et qui déjoue complètement, Saint-Étienne pense avoir réalisé un joli casse grâce à un but de Cabella (17e), lequel a raté ensuite un penalty (31e). Mais dans le temps additionnel Debuchy expédie dans son propre but un centre de Meunier (90e + 3, 1-1). « Dans un jour comme ça, on doit gagner, mais c'est le PSG. Ils haïssent la défaite », explique Gasset.

Monaco aussi semble détester la défaite. Une fois de plus menés sur leur terrain par Nantes, les Monégasques retournent la situation grâce à Falcao (42e) et Lopes (45e, 2-1), qui a marqué huit fois lors des sept dernières journées.

À six journées de l'arrivée, Monaco conserve donc ses 7 points d'avance sur Lyon qui a pulvérisé Metz chez lui (5-0, un but et quatre passes décisives pour Depay, un doublé de Marcelo). Marcelo est bluffé par la performance de son équipier hollandais : « Qu'est-ce qu'on peut dire quand on voit ça ? Simplement merci. »

Les Lyonnais peuvent aussi dire merci à Montpellier, coriace jusqu'au bout face aux gros et qui tient l'OM en échec au Vélodrome (0-0). Un OM privé de Mandanda, Rami, Rolando et Thauvin blessés. Les Lyonnais chipent la troisième place aux Marseillais grâce à leur meilleure différence de buts. Après avoir, tranquillement pour l'un, écarté Amiens (3-0) et, difficilement pour l'autre, s'être imposés à Troyes (3-2), l'OL et l'OM vont se transformer en supporters de Paris qui reçoit Monaco.

« On n'y va pas pour participer à la fête, martèle Jardim. On a un match à disputer et des points à prendre. » Les hasards mêlés du calendrier et du classement font bien les choses. Si Paris s'impose face au champion en titre, il sera sacré pour la septième fois de son histoire.

Dans une ambiance plutôt morne, le sacre tourne au triomphe. Et à l'humiliation pour les Monégasques éparpillés façon puzzle par des Parisiens privés de Neymar, Mbappé et Verratti, mais à l'insolente réussite. Leurs quatre premiers tirs se transforment en buts de Lo Celso (14e et 28e), Cavani (17e), qui égale les 113 buts en Ligue 1 de Zlatan, record du club, et Di Maria (20e). La réduction du score par Lopes est une illusion. En seconde période, Di Maria (58e), Falcao contre son camp (76e), une pure aberration, et Draxler (86e, 7-1) enfoncent les clous de cette cruelle crucifixion.

La défaite de l'OM face à Lyon (2-3, 30e journée) pèsera lourd en fin de saison.

Jardim est sonné : « Il faut vite rentrer chez nous et penser au prochain match avec la deuxième place comme objectif. Le pire, c'est l'image qu'on a donnée. C'est la plus grosse défaite de ma carrière. »

GALTIER A L'OM DANS LA PEAU

Avant de se rendre à Guingamp, l'entraîneur monégasque philosophe : « J'ai confiance en mon équipe. La défaite à Paris est difficile à digérer, mais je voudrais citer Confucius : "La plus grande gloire n'est pas de ne jamais tomber, mais de se relever chaque fois." » En foi de quoi, Monaco, sans Falcao, Bladé ni Jovetic blessés, se fracasse de nouveau (3-1) après avoir perdu son défenseur Jemerson expulsé (22e). Jardim est sidéré : « On a perdu presque tous les duels. On n'avait pas la bonne mentalité car le foot est un sport de contact. »

Les Lyonnais se frottent les yeux pour y croire. Après leur triomphe à Dijon (5-2), ils ne sont plus qu'à 1 point de ce qu'ils pensaient être une inaccessible deuxième place. L'OM s'engouffre aussi dans la brèche en punissant Lille (5-1, doublés de Thauvin et Mitroglou). L'ancien minot Galtier a le sens de la formule : « Pour la faire courte on a été très mauvais dans les deux surfaces. » Mais il est plein d'admiration pour les Marseillais : « Ils ont tout : la technique, la force athlétique, la mentalité, la détermination. » Il en serait presque jaloux.

JEU DE MAIN JEU DE MESSIN

LORS DU MATCH entre Strasbourg et Metz comptant pour la 31e journée, l'arbitre M. Buquet siffle un penalty en faveur des Lorrains après avoir vu une main du Strasbourgeois Koné, alors qu'à l'évidence, s'il y a bien eu main, c'est le Messin Niakhaté qui l'a commise. « On a bien vu que c'est le Messin qui avait fait la main, racontera le défenseur alsacien Martinez. L'arbitre a désigné le point de penalty puis, comme il doutait, il a demandé au joueur messin si c'est lui qui avait fait main. Diakhaté a assumé. Il m'a dit que c'était bien lui. Mais son capitaine Renaud Cohade lui a demandé de se taire. » Rivière transforme ce vrai-faux penalty et les deux équipes se séparent sur un score nul (2-2) au bout d'un match tendu marqué par une expulsion dans chaque camp.

Dans le foot d'en bas, Amiens le promu assure son maintien en battant Strasbourg (3-1) avec cette analyse de son coach, l'excellent Christophe Pélissier : « Un miracle, cela se fait sur un match. Après 34 matchs, si on est là, c'est du travail. »

Paris bosse aussi. En s'imposant à Bordeaux malgré une copie médiocre (Lo Celso 76e, 1-0), il poursuit sa chasse aux records. Et les Verts, donnés pour mourants trois mois plus tôt, poursuivent leur vertigineuse progression. Un difficile succès contre Troyes (2-1, doublé de Béric) les remplit d'espoir. « L'Europe, oui, il faut en parler, dit Debuchy. On a envie d'y être. »

Saint-Étienne est sixième derrière Nice. Puis cinquième après une victoire compliquée à Montpellier (1-0) couplée au match nul de Nice à Strasbourg (1-1). Ruffier a arrêté un penalty. « Il faut aller jusqu'au bout maintenant, dit Debuchy. On a encore envie de rêver. »

Aller au bout, c'est ce que tente de faire Monaco, mais le réservoir est à sec. L'équipe de Jardim est devenue affreusement banale. Elle ne fait que match nul à domicile contre Amiens (0-0). Jardim se raccroche à un discours diplomatique : « La situation est grave. On s'est ratés, mais tout le monde peut se manquer. Je suis content et fier de l'attitude des joueurs. »

Génésio est également très content de ses joueurs après leur succès sur Nantes (2-0), sauf que lui ne ment pas. C'est un week-end enchanté pour l'OL car l'OM entre deux tranches de Salzbourg, et usé par son double combat, est tenu en échec à Angers (1-1). « On s'est fait manger de partout, explique Thauvin. Il nous a manqué beaucoup de choses, beaucoup trop. » Nouveau dauphin du PSG, Lyon doit enfin apprécier son élimination face à Moscou qui lui permet d'aller bien au-delà de ses espérances en Ligue 1.

Un PSG qui pour la première fois de l'exercice ne s'impose pas à domicile contre Guingamp (2-2) qui a tiré 18 fois en première période, du jamais-vu en ce lieu depuis l'arrivée des Qataris. Cavani a sauvé la mise (2-2) grâce à un doublé qui lui permet de doubler Zlatan. Mais adieu le carton plein à domicile.

SYLLA BUTEUR PRÉCOCE

Et adieu la barre symbolique des 100 points après un nouveau match nul (2-2) à Amiens au bout d'un match un peu saboté, le jour même où Neymar effectue son retour en France. Paris finit en roue libre au moment où ses poursuivants se doivent d'accélérer. L'OM a beau être déjà tourné vers sa finale européenne, il vient à bout de Nice grâce à Germain et Payet (2-1). Garcia parle d'une « très grande victoire contre une très belle équipe », et d'un « match admirable ».

Mais ce n'était pas le jour à espérer un faux pas de l'OL, qui s'impose aisément contre Troyes (3-0) empochant ainsi sa huitième victoire consécutive. Lyon s'accroche à sa deuxième place tandis que Monaco est tout chanceux de préserver sa troisième en s'imposant au crépuscule de son match à Caen. En l'absence de tous les attaquants titulaires, c'est le jeune Moussa Sylla, 18 ans et 5 mois, qui a inscrit les deux buts (13e et 90e+1, 2-1), devenant ainsi le plus jeune buteur en Ligue 1 de la saison.

Konstantinos Mitroglou, double buteur pour l'OM face à Lille (5-1, 34e journée).

En s'imposant à Saint-Étienne (3-1), Bordeaux revient dans la course à l'Europe. « Aujourd'hui le football a été juste », estime Poyet. En gagnant à Toulouse, qui s'enlise, grâce à deux buts tardifs de Bissouma (80e) et Pepe (82e, 3-2), Lille se prend à rêver d'un maintien direct. Pepe est sans pitié avec les vaincus : « On a été capables de revenir grâce aux changements effectués par Toulouse qui ont été mauvais. » « On peut toujours trouver mon coaching défensif, mais la situation le justifiait », réplique Debève.

En haut du classement, l'OL, l'OM et Monaco se tiennent toujours en 2 points. En bas, Lille et Strasbourg (battu à Rennes 2-1) ont 1 point d'avance sur Strasbourg et 3 sur Troyes. La fin de saison est palpitante.

Avec vingt-quatre heures d'avance sur ses rivaux pour cause de finale européenne, l'OM se rend à Guingamp, où il semble avoir match gagné dès le premier quart d'heure après les buts de Germain (2e) et Thauvin (14e). Au coup de sifflet final, le match nul est presque miraculeux. Grenier a égalisé (42e et 52e, sur penalty) puis Mandanda a été très sévèrement expulsé (son carton rouge sera annulé par la commission de discipline) pour une soi-disant faute sur Briand, qui a trompé Pelé pour transformer le penalty (70e). Et Marseille a même fini à neuf après l'égalisation de Thauvin (81e, 3-3), Sarr s'étant blessé à l'épaule. Garcia est contrit : « Cette équipe a du cœur, du talent, mais elle a aussi oublié de défendre quelques minutes, ce qui est préjudiciable à ce niveau-là. »

À tout juste 18 ans, Moussa Sylla inscrit deux buts pour Monaco face à Caen (2-1, 36e journée).

LA SURPRISE GURTNER

LES CHIFFRES NE DISENT PAS TOUT d'une saison, mais ils ont toujours du sens, comme le nombre de buts, 1 033, total le plus élevé depuis la saison 1982-1983. Pour la seconde année consécutive, Edinson Cavani termine meilleur buteur avec 28 réalisations (sept de moins qu'un an plus tôt) alors qu'il en avait marqué 19 à la fin des matchs aller. Le PSG a tiré 24 fois sur les montants, record de la saison. Thiago Silva est le passeur le plus précis (96,1 %), mais la plupart de ces passes furent des transmissions latérales. Le PSG a cadré 253 tirs, l'OM en a tenté 627. Payet et Neymar avec 13 passes décisives finissent en tête de ce classement. C'est Toulouse qui a commis le plus de fautes (590). Le « trophée » du joueur ayant commis le plus de fautes revient bizarrement à l'attaquant de Caen Santini (79). Quant au gardien ayant réussi statistiquement le plus d'arrêts (76 %), il joue à Amiens et s'appelle Gurtner.

Si la défaite de l'OL à Strasbourg (3-2) arrange les Marseillais, la victoire de Monaco contre Saint-Étienne dans le temps additionnel sur un penalty de Fabinho (90e+1, 1-0) les dérange considérablement car ils sont toujours quatrièmes tandis que Lyon a abandonné la deuxième place aux Monégasques. Alors qu'ils menaient 2-1, les Lyonnais se sont totalement effondrés dans les cinq dernières minutes en concédant deux buts à Da Costa (89e) et Liénard sur un sublime coup franc (90e+4, 3-2) qui a médusé Gorgelin le remplaçant de Lopes, suspendu. Génésio est accablé : « Nous avons été dominés dans les duels, dans l'impact, dans l'engagement, par une équipe qui jouait sa survie. C'est à l'image de notre saison. »

MARSEILLE DINDON DE LA FARCE

La conjonction des victoires de Bordeaux contre Toulouse (4-2) et de Lille contre Dijon (2-1) relance plus que jamais les Girondins dans la course à l'Europe qu'ils finiront en très bonne place (6e), tout en permettant aux Nordistes de se sauver. « On est passés par un trou de souris, souffle Galtier. Je n'imaginais pas que la tâche serait aussi difficile. » Même s'il bat Guingamp, Toulouse sera barragiste si Caen ne perd pas contre le PSG lors de l'ultime levée.

Mais Paris ne bat plus personne. C'est sans ses principales stars et au bout d'un match bâclé, qu'il concède le nul aux Normands (0-0). Avec 3 points en quatre matchs, les Parisiens ont fini la saison sur un rythme de relégué. Emery ne dit rien ou pas grand-chose. Il a déjà la tête tournée vers Arsenal, où il va bientôt signer, tandis que l'Allemand Thomas Tuchel s'apprête à entrer dans la place.

La victoire des Toulousains contre Guingamp (2-1) est inutile. Au moins abandonnent-ils la place de 19e à Troyes qui ne peut rien contre des Monégasques bien contents de sécuriser leur deuxième place (3-0) et la C1 qui va avec.

Derrière eux, rien ne bouge, même si Lyon a tremblé contre Nice, qui menait à la mi-temps (1-0), avant de s'imposer sur un triplé du fantasque ou fantastique, ça dépend des jours, Memphis Depay (3-2).

La victoire de l'OM contre Amiens (2-1) est inutile. Pourtant, à deux minutes de la fin, le public du Vélodrome s'est enflammé croyant que Nice avait égalisé, et les joueurs ont espéré avant de redescendre sur terre. C'est la première fois dans l'histoire de la Ligue 1 qu'une équipe comptant 77 points ne monte pas sur le podium. L'OM retrouvera la Ligue Europa. « Je suis fier de cette équipe et de cette saison certes un peu inachevée, mais qui nous a permis de vivre des émotions magnifiques », conclut Garcia.

Génésio est soulagé : « C'est à l'image de notre saison. On n'a rien accompli dans la facilité. J'ai envie de continuer. » Le président Aulas va très vite le rassurer avant de replonger, avec sa légendaire mémoire courte, dans ses habituelles petites phrases perfides : « Le football, c'est comme la vie. Il y a toujours un juste retour des choses. Il est plus facile de se voir retirer un carton rouge quand on est Marseille que dans d'autres clubs. » (cf. carton rouge reçu par Marcelo lors de la 8e journée de L1 entre Lyon et Angers)

Une ultime touche de paranoïa bien dans le ton d'une folle saison.

QUAND PARIS CRAQUE AU PARC

POUR LEUR DERNIÈRE APPARITION de la saison à domicile et juste avant de recevoir et de fêter leur trophée de champion de France, les Parisiens s'inclinent contre Rennes (2-0), qui assure ainsi sa place en Ligue Europa. Ils n'avaient plus été battus chez eux depuis 41 matchs. « On peut dire que Paris avait la tête ailleurs, Paris ceci Paris cela, explique l'entraîneur breton Sabri Lamouchi, mais je voudrais qu'on insiste sur notre victoire amplement méritée dont je tire une grande fierté. » Les Rennais sont les bourreaux des gros. Ils s'étaient déjà imposés à Marseille et à Lyon, ne chutant qu'à Monaco.

L'ŒIL D'ALAIN GIRESSE

Neymar a été un peu trop soliste

L'ancien milieu de terrain de l'équipe de France porte son regard aiguisé sur la L1.

UN CHAMPIONNAT MORCELÉ, MAIS PASSIONNANT

01 Paris champion, c'était une évidence à 99 %. La différence était énorme entre le PSG et les autres clubs. Mais si cette Ligue 1 a eu beaucoup de charme, c'est parce qu'elle a concentré ses combats à différents niveaux. C'est comme s'il y avait eu trois championnats différents, de façon assez bizarre d'ailleurs, avec un positionnement très rapidement tranché. Monaco, l'OL et l'OM se sont battus très loin de Paris, mais aussi très au-dessus des équipes classées derrière eux. Il n'y a pas eu photo et cette bataille a été haletante, passionnante et très attractive. En dessous, les places européennes de Rennes et Bordeaux n'étaient pas les plus attendues. Beaucoup d'équipes ont joué au yo-yo. Le ventre mou n'a jamais été mou. Il y a toujours eu du mouvement. Cette instabilité, qui a fait que parfois on s'y perdait un peu, a rendu la compétition intéressante jusque dans la lutte pour le maintien incertaine jusqu'au bout. Elle a compensé le petit déficit de qualité inévitable à un certain niveau.

NEYMAR M'A LAISSÉ SUR MA FAIM

02 On ne peut pas nier l'apport considérable, la valeur ajoutée, qu'il a représentés pour la Ligue 1, les lettres de noblesse qu'il lui a données, ni ses qualités techniques hors normes qui en font un joueur unique. Mais je crois que pour sa première saison, il n'a pas apporté tout ce qu'il pouvait au PSG. S'il a été souvent extraordinairement brillant, il n'a pas eu assez d'influence sur le collectif. Il a été un peu trop soliste. Quand ses numéros individuels ne font pas de différences à l'arrivée, ils ne servent à rien. Disons que sa valeur technique très élevée n'a pas eu de retombées suffisantes pour le PSG. Dommage qu'il se soit blessé juste avant le match retour de C1 contre le Real, un match très décevant pour le PSG, et qui était sans doute fait pour lui.

MONACO LE PLUS RÉGULIER

03 Derrière Paris, Monaco a été l'équipe la plus régulière, la plus stable malgré les nombreux départs de l'intersaison. Elle n'a jamais quitté la deuxième ou la troisième place. L'OM n'a été que 14 fois sur le podium et Lyon a fait l'accordéon, en dévissant dangereusement avant de venir se caler à la troisième place. L'OM a fini par payer logiquement en Ligue sa réussite sur la scène européenne. Les limites de ses possibilités de rotation de joueurs l'ont perturbé.

L'OM, UN CLUB À PART

04 Bien sûr, j'ai été surpris, agréablement, par le parcours européen de l'OM, mais il a été la conséquence de ce que cette équipe a montré quasiment tout au long de la saison après un départ un peu hésitant. L'OM a fait preuve d'un état d'esprit, d'une solidarité, d'un engagement incomparable et unique en France. On a vu une véritable équipe, avec des valeurs morales très au-dessus de la moyenne qui sont sa marque de fabrique. J'ai pris beaucoup de plaisir à la voir jouer. Les erreurs techniques ont été du coup un peu gommées par ce comportement exemplaire. L'OM est vraiment un club à part pour son côté populaire dans une ville où la passion est permanente et qui →

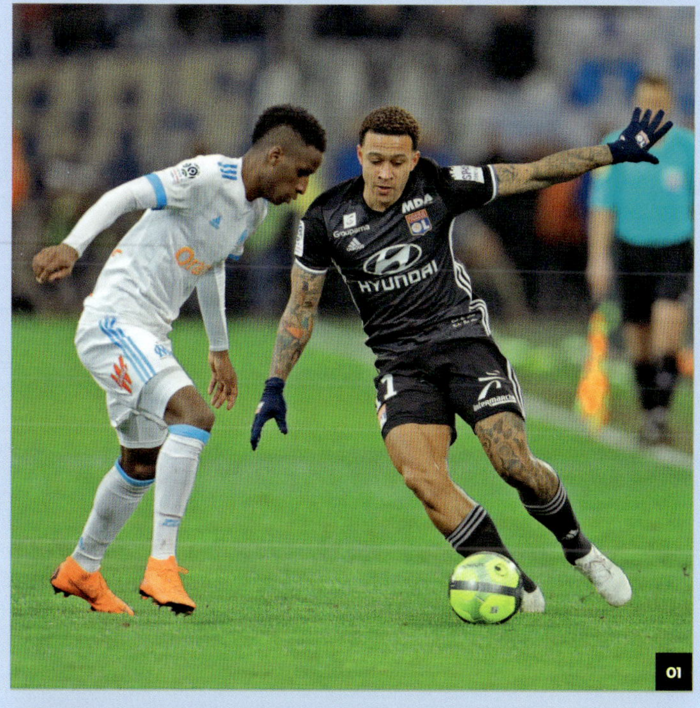

01

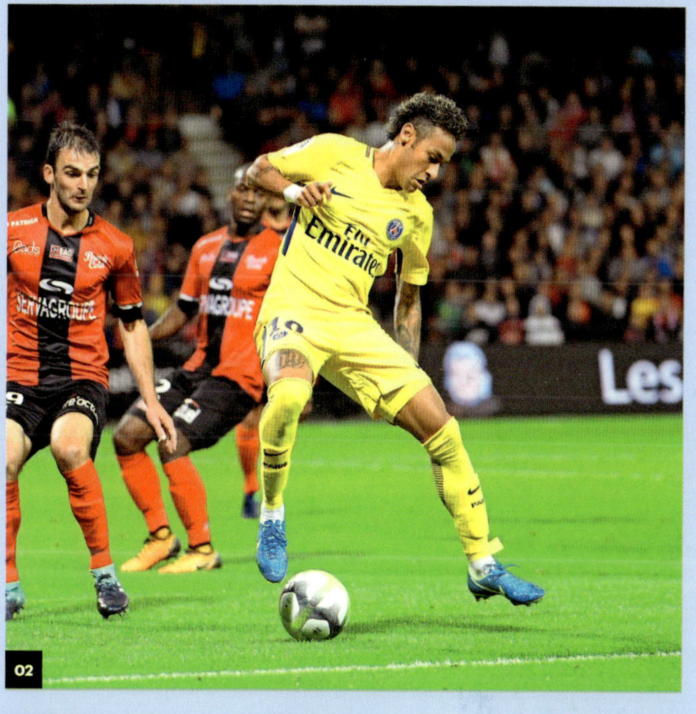

02

03

04

vit à travers ce club au quotidien. Pour avoir joué deux saisons à Marseille, je peux en témoigner. Quand tu fais tes courses ou que tu te promènes, tout te renvoie à l'OM. L'OM, c'est une ambiance. Là-bas, les gens ne disent pas : « Dimanche, on va au stade ou au match », mais « on va à l'OM ». Aucun autre club n'est mieux identifié à une ville et à une région.

DÉÇU POUR GOURVENNEC

05 En tant que pur Girondin, je suis évidemment de très près l'actualité de Bordeaux, mon club de cœur. Si on dit que seul le résultat compte, alors la qualification in extremis pour les barrages de la Ligue Europa est une bonne chose. Mais la saison n'a pas été un long fleuve tranquille. Elle a été tumultueuse, pleine de remous. L'équipe n'a pas toujours répondu dans son état d'esprit et son comportement. Du coup, Jocelyn Gourvennec a perdu sa place et j'en ai été vraiment navré pour lui car c'est un entraîneur que j'aime beaucoup. Malheureusement, la situation était devenue trop compliquée, l'agitation populaire très forte et le contexte trop difficile. Mais Gourvennec ne méritait pas ça.

UN COUP DE CHAPEAU À EMERY

06 Au-delà de l'élimination par le Real, qui a montré certaines limites du PSG au plus haut niveau, touchant aux défenseurs latéraux, au fonctionnement du milieu de terrain, mais aussi à une complémentarité collective insuffisante des attaquants, je trouve que Unai Emery s'en est plutôt bien sorti. Le problème du PSG n'était pas un problème d'entraîneur. Emery a été choisi parce qu'il est directif, qu'il a du caractère et qu'il avait des idées innovantes dans la façon de faire jouer l'équipe de façon plus rapide et plus verticale. Mais ses idées ne correspondaient pas à l'effectif dont il disposait. On a bien compris qu'à un moment les joueurs ont dit : « Stop, nous, on ne joue pas comme ça. » Confronté à ce problème, il ne s'en est finalement pas si mal sorti. J'ai beaucoup de respect pour lui. Il est travailleur, consciencieux et sérieux.

AMIENS, DIJON OUI, LILLE NON

07 En matière de coups de cœur, en dehors de l'OM, je choisis Amiens et Dijon. J'ai apprécié de voir ces équipes se maintenir en essayant toujours de bien jouer. En revanche, je n'ai pas bien compris le projet lillois, ce retour de Bielsa pour diriger de jeunes joueurs pour la plupart inconnus. Pour mettre un club en l'air, on ne fait pas mieux, et le maintien a été plus que laborieux, presque miraculeux.

J'ADORE PAYET

08 Neymar mis à part qui est sur une autre planète, si je devais constituer mon podium de la saison, j'y placerais dans le désordre Payet, Thauvin et Cavani. J'adore Payet. J'ai beaucoup regretté sa blessure qui l'a privé de Coupe du monde. Son registre est complet. C'est l'archétype du meneur de jeu, du numéro 10 qui sait tout faire, diriger, animer, mais aussi marquer. Sa palette est d'une folle variété. J'aime aussi beaucoup voir jouer Thauvin. Son efficacité a été remarquable avec 22 buts et 12 passes décisives qui expliquent son apport considérable dans les résultats de l'OM. Quant à Cavani, il est vraiment un buteur hors pair.

05

06

07

08

LIGUE 2

La joie des Rémois, champions de L2.

REIMS ET NÎMES SURGIS DU PASSÉ

Deux grands noms du football français ont retrouvé un peu de leur splendeur en rejoignant l'élite au bout d'une saison qui aura vu les Rémois de David Guion survoler la compétition et les Nîmois de Bernard Blaquart et de la révélation Umut Bozok mettre fin à une absence de vingt-six ans au plus haut niveau.

CE SONT TOUJOURS LES MÊMES IMAGES, les mêmes scènes, les mêmes mots dont on ne se lasse pourtant pas, surtout quand la montée est acquise à domicile. Ce fut le cas pour Reims, promu dès le mois d'avril et la 34e journée, malgré un match de retard, après un succès sur l'AC Ajaccio (1-0). Ce fut le cas pour Nîmes à la 37e journée après un succès sur le Gazélec d'Ajaccio (4-0). Les Corses sont parfois bien sympas.

Deux terrains envahis dans la liesse et la bonne humeur par des milliers de supporters heureux comme des enfants, surtout quand ils sont encore des enfants. Des joueurs qui trépignent, qui boivent, du champagne, bien sûr, et qui hurlent en chœur : « On est en Ligue 1, on est en Ligue 1, on est, on est, on est en Ligue 1. »

Et des larmes qui coulent. Forcément des larmes, points communs à la joie et à la tristesse. Filons vers le sud et commençons par celles du très symbolique Nîmois et Franco-Turc Umut Bozok : « Je pleure de joie, mais aussi parce que j'ai tellement galéré dans le foot », dit-il sur la pelouse du bonheur avant d'aller faire la fête en ville avec les supporters en toute simplicité. « Galéré », c'est un bien grand mot quand on sait que ce pianiste émérite et ceinture noire de karaté, né en Lorraine, n'a que 21 ans. Mais il le vit ainsi. Bozok a fréquenté le centre de formation de Metz durant cinq ans sans jamais dépasser l'équipe réserve et le CFA2. Le club ne l'a pas gardé parce que, paraît-il, ses qualités physiques ne sortaient pas du lot. C'est pour ces mêmes motifs que, dans les années 70 d'un autre siècle, ce même FC Metz n'avait pas enrôlé un certain Michel Platini et que celui-ci s'était retrouvé à Nancy. Une sale manie.

Le milieu de terrain brésilien de Reims Diego Rigonato, sacré meilleur joueur de L2 (9 buts et 13 passes décisives).

41 BUTS POUR BOZOK ET ALIOUI

Bozok a filé à Marseille à l'été 2016. Pas à l'OM. À Consolat, où il est devenu meilleur buteur de National avec 18 buts. Nîmes l'a repéré puis engagé. Il s'y est épanoui, devenant cette fois-ci meilleur buteur de Ligue 2 avec 24 réalisations, dont trois triplés d'affilée à domicile. Une histoire folle comme le foot les adore. Avec son compère Rachid Alioui, un Marocain de 25 ans au physique de rugbyman, né à La Rochelle, formé à Guingamp, prêté à Laval et arrivé dans le Gard en 2016, Bozok a formé un duo de feu : 41 buts à eux deux, plus de 55 % des 75 inscrits pendant la saison.

Si l'on veut inventer un trio, ajoutons Bernard Blaquart l'entraîneur, un genre raté de la famille, avec un frère François, qui a été directeur technique national, et un autre, Jacques, évêque d'Orléans. Longtemps entraîneur de l'ombre, il est arrivé en 2015 de Tours pour prendre en charge le centre de formation. Puis Nîmes a eu des ennuis, une vilaine affaire de corruption, de matchs soi-disant truqués, ce qui lui a coûté 8 points de pénalité sur la ligne de départ de la saison 2015-2016. Blaquart a pris les commandes. Il a réussi à maintenir un club qui paraissait condamné d'avance. À la fin de la saison, *France Football* en a fait son entraîneur de l'année. Un an plus tard, Nîmes a frôlé la montée (6e au final). C'est la famille du football qui l'a désigné meilleur entraîneur de la saison. La consécration a fini par arriver avec cette accession qui lui permet de découvrir la Ligue 1 à 61 ans, un cas tout à fait unique pour un entraîneur français. Il a parlé « de joueurs hyper impliqués, d'un staff tellement à la hauteur. D'un mélange de joie, de fierté et de soulagement ».

Retenons ce dernier terme, « soulagement ». Nîmes est un club qui a connu quelques heures de gloire au détour des années 1950 et 1960. Deux fois il a été battu en finale de Coupe de France. Par Reims, tiens tiens, dont il fut l'un des grands rivaux d'alors, en 1958 (3-1), et par Sedan (3-1) en 1961. Trois fois il a terminé deuxième du championnat (1958, 1959, 1960). Il l'a encore été en 1972 derrière l'OM. Puis il a connu l'enfer. En 1996, il est devenu le premier club de Niveau 3 à disputer une finale de Coupe perdue contre Auxerre (2-1). Descendu de Ligue 1 en 1992, Nîmes a dû patienter vingt-six ans avant de la retrouver. Une éternité enfin comblée.

REIMS BAT TOUS LES RECORDS

Reims, c'est autre chose. On parle là d'un ancien multichampion de France (6 fois) et vainqueur de la Coupe de France (2 fois), d'un double finaliste de Coupe d'Europe des clubs champions également, du club de Raymond Kopa. Mais ces belles heures remontent à tellement loin. Et la suite fut affreuse. Mis en liquidation judiciaire, le club est reparti tout en bas de l'échelle amateur en 1991. Ce n'est qu'en 2002 qu'il a retrouvé le statut professionnel et en 2012 seulement la Ligue 1 pour quatre saisons, avant de redescendre en 2016 avec un entraîneur nommé David Guion (50 ans aujourd'hui), directeur du centre de formation appelé dans l'urgence en avril pour tenter d'éviter le pire. Il a failli y parvenir. Failli seulement. Il est retourné à sa formation tandis qu'un gros bras, Michel Der Zakarian, était chargé de l'opération

Le Franco-Turc Umut Bozok (ci-dessous) et le Marocain Rachid Alioui (ci-contre) ont inscrit à eux deux 41 buts pour Nîmes.

ALIOUI
7

remontée immédiate. Ce fut un fiasco. En début de saison dernière, cet ancien défenseur qui a évolué en Ligue 1 à Lille (56 matchs) et à Angers (26 matchs) a repris le manche. Pour une véritable promenade de santé. Reims a écrasé la concurrence. Concurrencé dans un premier temps par Le Havre puis Lorient, il a pris la tête dès la 8e journée pour s'envoler à la façon du PSG à l'échelon au-dessus. « Je n'avais jamais imaginé une saison comme ça, aussi magnifique », dira Guion bluffé par la performance de ses joueurs, parmi lesquels le Brésilien Diego Rigonato au pied gauche de soie, qui sera sacré meilleur joueur de Ligue 2. « En quinze ans de présidence, je n'ai jamais vécu ça, expliquera Jean-Pierre Caillot. Une montée comme celle-là, avec du temps pour la voir venir et l'apprécier, c'est juste exceptionnel. La relégation n'a absolument pas affaibli le club. »

Sacré champion de Ligue 2, « la cerise sur le gâteau », dixit Guion, Reims a terminé la saison avec 88 points (15 de plus que Nîmes) et 28 victoires, pulvérisant le record du Lille 1999-2000 (84 points et 25 victoires). Une sorte de chef-d'œuvre tout à fait digne d'entrer dans la légende de ce grand club.

Pour sa troisième saison à Nîmes, Bernard Blaquart a réussi à faire monter les Crocodiles en L1.

OURAGAN SUR AJACCIO

POUR PIMENTER le déroulé de la saison, la Ligue de football a décidé d'élargir le nombre de ses barragistes et des matchs permettant d'accéder à l'élite. Elle va le regretter. Le match entre le quatrième et le cinquième se déroule sans accroc. Le Havre élimine Brest (2-0). Les Havrais doivent maintenant se rendre à Ajaccio pour y affronter l'ACA, qui a terminé troisième. Ils ne parviendront jamais à pénétrer dans le stade. À une centaine de mètres de celui-ci, leur car tombe en panne après avoir subi les foudres d'un comité d'accueil excité et violent. C'est le début d'une incroyable tragi-comédie. Les Havrais, qui espèrent avoir match gagné, refusent de rejoindre le stade à pied et repartent en Normandie. Ils reviennent deux jours plus tard sur l'ordre de la Ligue. Dans une ambiance délétère et malsaine, et dans le courant de la prolongation, ils pensent avoir fait le plus dur après que le Corse Coutadeur a un peu trop véhémentement et physiquement protesté auprès de l'arbitre qui l'expulse et le sanctionne d'un penalty alors que le score est encore nul (1-1).
Mateta le transforme, mais sa joie très provocatrice déclenche un ouragan sur la pelouse et dans les tribunes. Il est expulsé à son tour en compagnie de son équipier Bain et de l'Ajaccien Sainati. À neuf contre neuf, on joue depuis six minutes dans le temps additionnel quand une superbe frappe du défenseur Mady Camara offre aux Corses une séance de tirs au but qui tourne à leur avantage (2-2, 5-3), facilitant du coup la sortie du stade des Normands, dont le président est tout de même un peu chahuté.
L'affaire fait scandale. La Ligue suspend le stade François-Coty. C'est à Montpellier, et à huis clos, que, trois jours plus tard, les Ajacciens éreintés « reçoivent » Toulouse, 18e de la Ligue 1 pour un match aller qui tourne à leur confusion (3-0). Le match retour à Toulouse confirme cette tendance lourde (1-0). Ajaccio a beau hurler à l'injustice comme l'avait fait Le Havre avant lui, il repartira pour un tour en Ligue 2.

L'ŒIL DE JEAN-LUC ARRIBART

Le spectacle s'est appauvri

Jean-Luc Arribart, le spécialiste de la L2 pour Canal +, estime que le niveau de ce championnat a baissé.

UN CRU DÉCEVANT

Ce fut une saison très moyenne, voire décevante. Très inférieure à la précédente. Le spectacle de la Ligue 2 s'est appauvri. Elle devient de plus en plus le parent pauvre de la Ligue 1. J'ai eu le sentiment de voir surtout des matchs où l'envie de ne pas perdre dominait celle de gagner. Le jeu a été globalement frileux, la faute principalement aux entraîneurs qui préfèrent assurer, défendre, en misant sur un heureux coup du sort.

UN VIVIER QUI S'EFFILOCHE

Il existe une autre explication à ce phénomène d'affaiblissement.
Traditionnellement, la L2 se nourrit d'anciens joueurs de Ligue 1 redescendus à l'échelon inférieur, de très bons joueurs de profil Ligue 2 et de nombreux jeunes formés au club ou en manque d'exposition à l'échelon supérieur et qui ont été le plus souvent prêtés pour s'aguerrir. Sauf que de nombreux joueurs de l'un ou l'autre de ces profils, mais surtout les jeunes espoirs, filent désormais très tôt, par choix financier, vers les seconde ou troisième divisions anglaises, l'Écosse, les pays du Golfe, les clubs américains ou chinois. Le réservoir se tarit et notre Ligue 2 est plus proche du National que de la Ligue 1.

REIMS A ÉTÉ EXCEPTIONNEL

Bien sûr, tout n'a pas été négatif. La saison de Reims a été exceptionnelle. Avec des statistiques remarquables et le même nombre de points pris à domicile et à l'extérieur (44), preuve que les Rémois étaient très costauds et qu'ils ont toujours joué la gagne. David Guion connaît parfaitement le club. Il a très vite trouvé une équipe type et un système de jeu cohérent. Mélange de jeunesse et d'expérience, cette équipe bien construite, prête au combat et sûre de ses forces, a rapidement pris confiance. Pour preuve de son niveau, l'ancien international Marvin Martin n'a jamais pu gagner ses galons de titulaire.

NÎMES AU DUO MAGIQUE

Nîmes aussi m'a souvent emballé avec son jeu spectaculaire, sa volonté de toujours gagner et, à l'arrivée, son statut de meilleure attaque (75 buts). Le duo offensif Bozok-Alioui a fait preuve d'une grande complicité donc d'une grande efficacité. Ce n'était pas gagné d'avance, car le Marocain était le buteur maison et il aurait pu considérer le nouveau venu Bozok comme un rival. En favorisant leur association, l'entraîneur François Blaquart a bien mené sa barque. Dans la performance des Nîmois, je n'oublie pas le rôle joué par Del Castillo, un fin technicien prêté par Lyon, et Savanier, un petit gabarit à la très grande qualité de passe.

LORIENT LA GROSSE DÉCEPTION

Je ne comprends toujours pas comment Lorient a perdu sa place de barragiste lors de la dernière journée à Quevilly-Rouen. Une contre-performance à l'image d'une saison ratée car l'équipe bretonne possédait le meilleur effectif de la Ligue 2. Encore aurait-il fallu mieux le gérer. Je sais qu'il y a eu des problèmes internes et je crois que pour ses débuts dans la carrière d'entraîneur Mickaël Landreau aura beaucoup appris.

LENS LA CATASTROPHE

À Lens, ce fut vraiment la saison du grand n'importe quoi. Le voilà le véritable cancre de la saison. Tout a été fait à l'envers, à commencer par le recrutement. L'effectif était pléthorique avec 34 joueurs utilisés. Chaque journée, on avait l'impression de découvrir un nouveau joueur. Je comprends que les supporters se soient sentis trahis. Ils méritent une équipe plus ambitieuse et plus talentueuse. Ils sont la grande force de ce club et quand j'entends dire que leur énorme soutien a pu inhiber les joueurs, je tombe à la renverse. Ceux-ci auraient dû se sublimer et ils ne l'ont jamais fait. L'actionnaire a très peu goûté cette mascarade et je le comprends.

LES BARRAGES, UNE BONNE IDÉE

Je trouve l'idée des barrages élargis excellente. Ceux-ci permettent de maintenir du suspense jusqu'au bout. Sans eux, à une dizaine de journées de la fin, on aurait déjà deviné les noms des trois promus. Certes, il y a eu des problèmes à

Ajaccio lors de la venue du Havre, mais je considère qu'ils n'étaient pas d'une extrême gravité. C'était l'habituel folklore corse avec cailloux et fumigènes. Certes on peut le déplorer, mais les Havrais auraient pu, s'ils l'avaient voulu, jouer dès leur première venue en descendant de leur car. Ils ont misé sur la sanction et quand ils se sont trouvés dans l'obligation de revenir deux jours plus tard, ils ne pouvaient pas s'attendre à un accueil amical. Ni à une issue aussi douloureuse sportivement, mais ça, c'est la grandeur du football.

DIEGO AU-DESSUS DU LOT

L'attaquant brésilien de Reims Diego possède un pied gauche merveilleux qui a pesé lourd dans la montée. J'ai déjà parlé du formidable duo nîmois Bozok-Alioui. J'ai bien aimé aussi le trio havrais composé de Ferhat, meilleur passeur, Fontaine, un milieu de terrain techniquement très juste, et Mateta, l'attaquant prêté par l'OL qui, vu son potentiel, devrait être très fort quand il parviendra à maturité. Je cite également le buteur de Clermont Ajorque, parti à Strasbourg, le gardien de Lens Vachoux qui a eu trop de travail, le gardien de Brest Larsonneur, le milieu de terrain du Paris FC Kerrouche, qui est une révélation, et l'attaquant de Châteauroux Benrahma, un joli soliste qui sera encore meilleur quand il mettra un peu plus son talent au service de l'équipe.

Mon podium

01
DIEGO RIGONATO

02
UMUT BOZOK

03
ZINEDINE FERHAT

Le Rémois Rémi Oudin inscrit le premier but de son équipe face à Nîmes lors de la 38e journée (2-2).

COUPES NATIONALES

Le but de Kylian Mbappé sera refusé par l'assistance vidéo à l'arbitrage pour une main de Marquinhos précédant l'action.

COUPE DE FRANCE – FINALE

8 MAI 2018 | STADE DE FRANCE | **PARIS SG** – LES HERBIERS : 2-0

LES HERBIERS SONT COUPÉS

La folle aventure du club de National a éclipsé le nouveau triomphe du PSG dans son épreuve fétiche et prouvé, s'il en était encore besoin, qu'en football, plus qu'ailleurs sans doute, la roche Tarpéienne n'est jamais loin du Capitole.

DANS UN TOUT AUTRE CONTEXTE on aurait applaudi des deux mains cette douzième victoire parisienne en Coupe de France, ce quatrième triomphe consécutif dans l'épreuve, un nouveau record, ce 42e match d'affilée sans défaite sur l'ensemble des deux Coupes nationales, bref, une hégémonie absolue et sensationnelle.

Mais l'histoire est ailleurs. Dans cette photo par exemple, où l'on voit le capitaine des Herbiers, Sébastien Flochon, côte à côte avec Thiago Silva au moment de la remise du trophée par le président de la République, une fraternisation ultime inventée par les Nantais et Mickaël Landreau en 2000 quand ils étaient péniblement (2-1) venus à bout de Calais, équipe de quatrième niveau.

Il a fallu un fameux concours de circonstances pour que les deux équipes se retrouvent face à face. Comme toujours, Paris, qui est fâché avec les tirages au sort, a dû « bouffer » de la Ligue 1 pour en arriver là (Rennes, Guingamp, OM, Caen). Les Herbiers, quant à eux, sont passés chaque fois entre les gouttes depuis leur entrée en lice le 8 octobre 2017 contre l'équipe de Régional 1 de Coulaines (4-1). Ils ont ensuite éliminé des formations de National 2 ou 3 (Châteaubriant, Balma, Angoulême, Romorantin, Saint-Lô) avant de réaliser leurs deux exploits sur la pelouse d'équipes de Ligue 2, Auxerre carrément rossé (3-0) et Lens (0-0, 4 tirs au but à 2). En demi-finale, à Nantes, dans un stade de la Beaujoire entièrement acquis à leur cause, ils ont écarté Chambly, une autre équipe de National (2-0). Et voilà comment ce gros bourg de Vendée est devenu célèbre dans tout le pays.

LES SELFIES DU PRÉSIDENT LANDREAU

Pourtant, la saison des Herbiers n'a pas été facile. Empêtré dans le bas du classement, le club n'a pas fait l'économie d'un changement d'entraîneur au mois de janvier quand Frédéric Reculeau a été remplacé par son adjoint, et du coup ex-meilleur ami, Stéphane Masala.

Masala est un personnage atypique et charismatique. Avec lui, le club a repris des couleurs et semble même avoir assuré son avenir sportif quand survient la finale. Il n'a perdu que deux de ses dix-huit derniers matchs. C'est peu de dire que Les Herbiers sont euphoriques. « C'est le foot du cœur contre le foot business », clame la maire Véronique Besse. Le budget des Parisiens est 250 fois supérieur à celui des Vendéens. Un bénévole du club résume la situation :

Les coéquipiers de Sébastien Flochon ont offert une belle résistance aux Parisiens.

« On sait qu'on a 0,000 % de chance, mais on s'en fout ; la Coupe, on l'a déjà gagnée. »

Plus de 20 000 supporters s'apprêtent à envahir le Stade de France au moment où les joueurs y viennent en repérage la veille du match. On voit le président Mickaël Landreau prendre des selfies avec Rabiot et Mbappé, ce qui dit tout de l'incongruité de la situation. Le gardien Matthieu Pichot est lucide : « On s'autorise à rêver, mais je pense vraiment qu'on n'a quasiment aucune chance. » Le défenseur Adrien Pagerie ne l'est pas moins : « Notre saison de rêve, ce serait le maintien. »

En grand communicant, Masala enchaîne les petites phrases qui font mouche : « On ne sera pas ridicules même si on prend une valise. On rentrera aux Herbiers avec nos valises... Ça veut dire quoi prendre du plaisir ? Ça veut dire batailler... J'espère que les grands joueurs du PSG vont nous donner la leçon. On verra si la montagne est trop grande... Le résultat ne nous intéresse pas. Si par moments on pose des problèmes à Paris, notre victoire sera là. »

LES COMPLIMENTS DE RABIOT

Dans cette affaire, le PSG, auquel certains promettent déjà le record de la rouste en finale (5-0 de Saint-Étienne contre Nantes →

Stéphane Masala, l'entraîneur des Herbiers, un personnage atypique.

Le Camblysien Romain Montiel à la lutte avec le défenseur des Herbiers Adrien Pagerie, durant le demi-finale de Coupe de France.

GLOIRE AUSSI À CHAMBLY

IL EXISTE dans ce petit club de l'Oise de National une tradition de la Coupe. Personne n'est vraiment étonné quand Chambly élimine Châteauroux (Ligue 2, 1-1, 4-3 aux tirs au but) puis, en huitièmes, Granville, le tombeur de Bordeaux (1-0), une victoire à l'issue de laquelle l'entraîneur Bruno Luzi déclare : « J'espère qu'on ne tombera pas sur Les Herbiers pour la 17e fois de la saison. » Pas encore. Il faut d'abord passer par la case Strasbourg (Ligue 1). À Beauvais, sur un terrain en piteux état et par un froid glacial, Doucouré blackboule les Alsaciens (83e, 1-0). Les joueurs et le staff sont en train de faire la fête dans leur vestiaire quand ils apprennent la terrible nouvelle : le fondateur du club Walter Luzi, père du président Fulvio et de l'entraîneur Bruno, vient de décéder. En demi-finale, l'envie d'honorer sa mémoire ne suffira pas. Chambly s'inclinera (2-0) contre ces Herbiers si peu désirés.

→ en 1970), a tout à perdre et bien peu à gagner. Comme prévu, l'ambiance, magnifique et joyeuse, est bien supérieure au spectacle du terrain. Il faut beaucoup de maladresses à une équipe parisienne ultra-dominatrice, et aussi un peu de malchance avec trois tirs sur le poteau avant l'ouverture du score sur une frappe lointaine de Lo Celso (26e), pour ne pas faire gonfler le score. Les Vendéens ont fait le choix du courage et de l'abnégation, d'une défaite *a minima*, plutôt que d'une joyeuse fessée. Après que la vidéo a annulé, pour un bras de Marquinhos, un but de Mbappé que les Parisiens avaient déjà fêté, Cavani double la mise sur un penalty qu'il a lui-même obtenu (74e, 2-0). On en restera là. Les Herbiers ont eu un soupçon d'occasions à la première minute et une autre plus réelle en fin de match, née d'une sortie intempestive de Trapp.

Sur la pelouse, que Neymar a rejointe pour le tour d'honneur, on ne voit que des heureux. Les « petits » finiront même dans le vestiaire des « grands », où ils se verront remettre de nombreux cadeaux. « Je leur ai dit que même des équipes de Ligue 2 ne jouaient pas comme eux », déclare Rabiot.

« Je suis très fier de mes joueurs, lance Masala. J'ai pris un pied énorme à les regarder. »

« On ne voulait pas passer pour des truffes, déclare le défenseur Guillaume Dequaire, mais notre gardien ne pouvait pas être Jésus à chaque match. »

Les Vendéens sont presque au paradis. Mais grandeur et décadence sont les deux mamelles de ce sport cruel. Trois jours plus tard, dans un féroce enchaînement du calendrier, c'est l'enfer qui les attend. Leur défaite à Béziers (4-1) conjuguée à une incroyable accumulation d'autres résultats qui leur sont défavorables les expédient en National 2.

Le lendemain, en Vendée, 5 000 supporters fêtent malgré tout le retour de leurs héros.

Edinson Cavani inscrit le deuxième but de la rencontre sur pénalty à la 74e minute.

PARIS

Les deux capitaines Sébastien Flochon et Thiago Silva brandissent ensemble le trophée.

MAI 68 SE PEINT EN VERT

C'est dans une ambiance déjà insurrectionnelle qu'en mai 1968, contre Bordeaux, Saint-Étienne a remporté la Coupe de France grâce à deux buts de son vétéran Rachid Mekhloufi au terme d'un match de très grande qualité au cours duquel s'illustra un certain Aimé Jacquet.

EN CE 12 MAI 1968, les équipes de Saint-Étienne et de Bordeaux pénètrent sur la pelouse du stade de Colombes pour y disputer la finale de la 51e Coupe de France. La destruction partielle du Parc des Princes a rendu l'événement à son cadre d'origine.
Tout serait normal en somme, sauf peut-être des sifflets à l'encontre de la fanfare de la Garde républicaine, si trente-six heures plus tôt, dans la nuit du 10 au 11, le Quartier latin n'avait pas été l'épicentre de violents et dévastateurs affrontements entre manifestants et CRS. La nuit des barricades a enflammé la capitale. Pour l'instant, il ne s'agit que d'un mouvement estudiantin parti de Nanterre, sous la houlette du dingue de foot Dany Cohn-Bendit, et de la Sorbonne. La « convergence des luttes » n'est pas encore devenue réalité. La France n'est pas à l'arrêt. Dans quelques jours, elle sera entièrement bloquée par la grève générale. Le football sera partie

prenante de ce grand soubresaut d'une société française en pleine mutation et en quête d'un vent nouveau de liberté. La Fédération française sera occupée cinq jours durant par des footballeurs amateurs d'obédience communiste prônant le retour à un jeu chatoyant. « Le football aux footballeurs », lira-t-on sur la banderole exhibée sur la façade de l'immeuble de l'avenue d'Iéna. Les professionnels s'engouffreront dans cette brèche. Un an plus tard, la charte du footballeur professionnel, puis le contrat à temps, qui autorise les joueurs à prendre en main leur destinée en changeant de club librement, verront le jour. Nous n'en sommes pas encore là quand Jacques Chaban-Delmas, qui préside cette finale en tant que président de l'Assemblée nationale, se fait présenter les joueurs. Le président de la République Charles de Gaulle n'est pas très foot et il est occupé ; le Premier ministre Georges Pompidou est en voyage officiel en Afghanistan et le ministre de la Jeunesse et des Sports, François Missoffe, a d'autres chats à fouetter.

JACQUET SURVOLE LES DÉBATS

Les Verts se présentent en grands favoris de cet affrontement pacifique. Dirigés depuis le début de la saison par le mythique Albert Batteux, ancien entraîneur du grand Reims et de l'équipe de France, troisième du Mondial 1958, ils sont en quête de leur premier doublé car le titre de champion leur est déjà promis. Afin de lui rendre hommage pour

Roger Rocher, le président stéphanois (ci-dessus). Rachid Mekhloufi pose avec la Coupe de France (à gauche).

Aimé Jacquet, à 25 ans, milieu de terrain de devoir.

l'ensemble de sa carrière, Batteux a titularisé le meneur de jeu algérien Rachid Mekhloufi, qui va sur ses 32 ans, plutôt que sa perle malienne Salif Keita, reléguée au rang de douzième homme. Mekhloufi a déjà foulé cette pelouse douze ans plus tôt, en 1956, sous le maillot bleu, lors d'un succès sur la Belgique (6-3). L'Algérie était encore française. Saint-Étienne, c'est aussi Carnus, Bosquier, Herbin, Hervé Revelli, Bereta, tous internationaux. Au milieu de terrain, dominant tout le monde du haut de son mètre quatre-vingt-cinq, règne en maître ce jour-là ce grand échalas d'Aimé Jacquet, pas le plus doué de tous mais pas non plus le plus paresseux. « Nous l'avons dit et nous ne le répéterons jamais assez, Jacquet fait un grand match », dit le soir Thierry Roland dans le long résumé de la finale diffusé sur la première chaîne de l'ORTF.
Mekhloufi n'est pas en reste. Servi par Couécou, le Bordelais Wojciak a rapidement ouvert le score (5e). Le leader du jeu des Verts égalise avant la mi-temps (30e). C'est un vrai bon match que les deux équipes offrent aux 33 959 spectateurs présents. Bordeaux tient à la perfection son rôle de challenger. Une décision arbitrale contestable va le condamner. Penalty ou pas lorsque Hervé Revelli, coincé entre Abossolo et Chorda, s'écroule dans la surface de réparation ? Penalty, décide M. Barde. « Revelli avait perdu le ballon lorsqu'il est tombé », râlera Chorda. « Nous pensons nous qu'il est très justifié mais nous comprenons très bien que les Girondins puissent le contester », dira très diplomatiquement Batteux.

UN DOUBLÉ POUR MEKHLOUFI

Quoi qu'il en soit, Mekhloufi le transforme, après que Revelli, frappeur habituel, s'est défaussé. Une réussite pour rien. M. Barde le fait retirer. Mekhloufi repasse le plat (78e, 2-1). Saint-Étienne remporte sa deuxième Coupe de France après celle de 1962 contre Nancy (1-0), dont le capitaine Robert Herbin est le seul « rescapé ». Par un clin d'œil dont l'histoire est friande, c'est le maire de Bordeaux, autre fonction de Jacques Chaban Delmas, qui lui remet le trophée. Le soir, conduits par leur maire Lucien Neuwirth (entré dans l'histoire comme le porteur de la loi de décembre 1967 autorisant les femmes à prendre la pilule contraceptive) et par le président à la pipe Roger Rocher, tous les Verts sont présents autour de Thierry Roland, Joseph Choupin et Stéphane Collaro lors d'un « Sports Dimanche » qui fait la part belle à l'événement. Interrogé sur sa performance personnelle, Jacquet répond : « Nous sommes onze à avoir gagné cette Coupe. J'ai eu un peu peur après le premier but. C'est le plus beau jour de ma carrière. Un jour exceptionnel. »
Dans la foulée de ce succès, Saint-Étienne bouclera donc le septième doublé de l'histoire du football français.

31 MARS 2018 | MATMUT ATLANTIQUE BORDEAUX | **PARIS SG**-MONACO : 3-0

UN QUINTÉ SIGNÉ MBAPPÉ

Son échec européen obligeait le PSG à faire le plein dans l'Hexagone. C'est sans trembler qu'il a conclu le premier volet de son triptyque face à un grand rival monégasque largement battu en finale pour la seconde année consécutive.

NI LE BONHEUR NI LA FIERTÉ ne peuvent véritablement être gradués. Après leur victoire contre Monaco, qui leur permet, exploit considérable, de remporter leur cinquième Coupe de la Ligue consécutive, les Parisiens semblent aussi heureux que des enfants découvrant leurs cadeaux de Noël. Et sans doute le sont-ils, chacun étant évidemment libre de penser que ce trophée est une bien maigre consolation après la piteuse élimination européenne contre le Real qui a jeté sur tout le club un voile de tristesse et généré un gros coup de blues.

Paris n'a plus goût à rien ? Bien sûr que non. Dans son enchaînement de matchs et de compétitions, le football de haut niveau laisse assez peu de temps à l'auto-apitoiement. Sans Neymar, en rééducation au Brésil, les Parisiens se sont donc lancés dans de nouvelles conquêtes nationales. Ils savent que conserver cette Coupe de la Ligue ne sera pas chose aisée. S'il est affaibli sportivement, le Monaco qui s'avance n'a mentalement rien à voir avec celui qu'ils ont rossé l'année précédente (4-1). Le défenseur Kamil Glik l'explique parfaitement : « L'an passé, on était encore en course en Ligue des champions et en tête du championnat. On avait d'autres objectifs en tête. » Ce trophée, Monaco le veut absolument. Il rêve d'être celui qui mettra un terme à l'écrasante suprématie parisienne dans les Coupes nationales.

Certes, Paris est un peu chamboulé par des perspectives d'avenir qui ne sont plus secrètes. Di Maria a annoncé « de grands changements pour la saison prochaine ». Meunier en a rajouté : « Beaucoup de choses vont changer au PSG, dont le coach. » Mais Emery fait bonne figure : « Je pense à profiter de chaque instant présent », dit-il, et ses joueurs demeurent des guerriers.

Avec un impressionnant quatuor offensif – Draxler, Mbappé, Cavani, Di Maria –, Paris se lance à corps perdu dans le combat. S'il faut plus de trois minutes à l'assistance vidéo pour confirmer le penalty accordé à Mbappé pour une faute de Glik, il ne faut qu'un tir puissant de Cavani pour le transformer (8e). Et c'est encore Mbappé qui sert délicieusement Di Maria pour le second but (21e).

EMERY FAIT SON TESTAMENT

Remonter deux buts à ce Paris est un défi fou. Et quand les Monégasques pensent avoir fait la moitié du chemin après un but de Falcao à bout portant, la vidéo les ramène à une dure réalité pour un hors-jeu à peine perceptible (37e). En seconde période, le PSG se met en mode gestion. Il n'est plus guère menacé jusqu'au coup de grâce porté par Cavani bien servi par l'éblouissant Mbappé à l'entrée de la surface de réparation (85e, 3-0). C'est la cinquième fois consécutive toutes compétitions confondues que Paris domine Monaco.

Le jeune attaquant parisien, Kylian Mbappé, s'en donne à cœur joie en finale de la Coupe de la Ligue face à Monaco, son ancien club.

Tandis que Falcao estime de façon très excessive que « pour le football français ce qu'a fait l'arbitre est une honte », le coach Jardim est plus réaliste : « La vidéo a été plus sévère avec nous qu'avec Paris, mais Paris est plus fort que n'importe qui, pas seulement plus fort que nous. »

Mbappé (19 ans seulement) laisse parler son cœur : « L'âge, on s'en fout. L'important, c'est d'avoir le niveau. Ce soir j'avais le niveau, mais ce qu'il faut, c'est de l'avoir à tous les matchs. » Et Emery profite de ce moment de répit pour faire une sorte de testament verbal : « Paris est un nouveau club. Il se porte bien. L'équipe progresse en France. Elle grandira ensuite en Europe. Le club est sur le bon chemin, mais c'est un long chemin. C'est très difficile de rester patient et de garder de la constance. La défaite contre le Real est une grosse défaite, mais hormis cela, je suis très content de ce que l'équipe a produit cette saison. »

Une histoire déjà sensationnelle car ce soir-là, à Bordeaux, Paris a remporté son quarantième succès consécutif dans les Coupes nationales, dont trente-quatre matchs disputés contre des équipes de Ligue 1, et ce, sans jamais passer par la moindre prolongation. La quinte flush est royale.

Thiago Silva, heureux capitaine, voit lui aussi au-delà du triomphe du jour : « On commence à créer l'histoire du club », déclare-t-il.

Et encore deux buts pour Cavani !

Le but de Falcao est refusé par l'arbitrage vidéo.

LA VIDÉO CHANGE TOUT

La Coupe de la Ligue a été choisie comme terrain d'expérience pour l'assistance vidéo en matière d'arbitrage, mais seulement à partir des quarts de finale. Du coup, l'entraîneur de l'OM Rudi Garcia peut se lamenter après l'élimination de ses joueurs à Rennes en huitièmes (2-2, 4-3 aux tirs au but) : « Nous sommes éliminés d'un match qu'on a gagné », dit-il. Un but valable a été refusé à Mitroglou. Quelques minutes plus tôt, l'arbitre, alerté par la sonnerie de la *goal-line technology* (GLT), avait accordé un but au Rennais André alors que le ballon n'avait largement pas franchi la ligne, avant de le refuser après cinq minutes de palabres, à l'évidence après un visionnage du ralenti de l'action par le quatrième arbitre. En quarts de finale, la GLT défaille de nouveau, mais l'arbitrage vidéo permet d'accorder un but à Rabiot lors du succès du PSG à Amiens (2-0). En demi-finale, les Rennais et leurs supporters fêtent follement l'ouverture du score de Khazri contre le PSG avant de déchanter, l'arbitrage vidéo sanctionnant logiquement une main du buteur. Et dans la même rencontre, c'est encore un visionnage vidéo qui prive Mbappé d'un but avant de provoquer son expulsion pour un tacle rugueux sur Sarr. En finale, la vidéo désespérera les Monégasques sanctionnés logiquement d'un penalty et privés de façon un peu plus douteuse d'un but inscrit par Falcao. Le monde du foot est en train de changer et la France aura été à la pointe de cet élan de justice et de modernité.

Fly Emirates
Fly Emirates
Fly Emirates

PARIONS sport
Fly Emirates
PARIONS sport
Fly Emirates
Triangle intérim
PARIONS sport
Fly

COUPES D'EUROPE

Le Real de Gareth Bale se qualifie pour les demi-finales de la Ligue des champions face à la Juve de Mandžukić (3-0 ; 1-3).

FEDCOM
17

MONACO TOMBE DU ROCHER

Terriblement affaiblie par un mercato incohérent, l'équipe de la Principauté a traversé en zombie une Ligue des champions soudain devenue beaucoup trop grande et trop prestigieuse pour elle.

POURTANT, c'est en champion de France que les Monégasques, grande révélation et demi-finalistes de la saison précédente, s'étaient présentés sur la ligne de départ. Mais l'été a été rude en Principauté. C'est une véritable saignée que le club a connue, une ponction (départs notamment de Mbappé, Mendy, Bakayoko, Bernardo Silva) comme aucun autre vainqueur de grand championnat n'en connaîtra jamais.

Le tirage au sort de la phase de poules est tellement clément qu'il fait presque oublier cette cruelle réalité. Le défenseur Glik a beau affirmer : « Chaque match sera délicat », la présence de son club dans le premier chapeau a offert avec Porto, Besiktas et Leipzig un plateau a priori très équilibré en même temps qu'un bel espoir d'aller de l'avant.

C'est en Allemagne que les joueurs de Jardim entament ce grand six qui doit les propulser vers les huitièmes de finale, le minimum que l'on attend d'eux. Sans son milieu Lemar, blessé, ni son gardien Subasic, Monaco est plutôt dominé dans un petit match qui voit Forsberg ouvrir le score pour Leipzig (32e) et l'espoir belge Tielemans égaliser dans la foulée (34e, 1-1). Un joli sauvetage du gardien suisse Benaglio devant le jeune transfuge du PSG Augustin (82e) permet aux Monégasques de tenir ce résultat encourageant. S'il est satisfait, Jardim n'est pas dupe : « On a fait une bonne analyse du jeu de notre adversaire, mais il ne faut pas faire de comparaison avec l'équipe de l'an dernier. »

L'entraîneur portugais a bien raison d'être prudent. Si le Porto de l'ex-coach de Nantes Sergio Conceiçao a dérapé à domicile contre Besiktas (3-1), il ne fait qu'une bouchée de Monaco qui évolue pourtant chez lui. Trois buts d'Aboubakar (31e et 69e) et de Layun (89e, 3-0) rendent la potion amère. En dehors d'une frappe de Falcao sur la barre (71e), Monaco ne s'est créé aucune véritable occasion de but. « Porto a été meilleur que nous dans l'organisation et dans les duels », constate Jardim dépité.

LOUIS-II, STADE DE L'ANGOISSE

Au moment d'accueillir Besiktas, Monaco sait qu'il n'a déjà vraiment plus le choix. Et si Falcao ouvre le score (30e), son équipe, dominée dans le combat physique, craque de nouveau sous les assauts turcs matérialisés par deux buts de Tosun (34e et 54e, 2-1). L'entraîneur turc Senol Günes parle d'une « victoire totalement méritée grâce à notre très bon travail collectif ».

Le collectif, c'est un peu le talon d'Achille d'une formation chamboulée. L'attaquant Lopes le reconnaît quand il dit : « Nous manquons encore d'automatismes. » Jardim est fataliste : « L'équipe a essayé de donner le maximum. Nous sommes dans une période où elle n'est pas performante. C'est le foot. » Comme par réflexe, il ajoute : « Ce sera difficile, mais il reste 9 points à prendre. »

C'est sans Falcao ni le défenseur international Sidibé, blessés,

Le milieu de terrain monégasque Youri Tielemans au duel avec Kevin Kampl du RB Leipzig.

Aboubakar, l'attaquant du FC Porto réalise un doublé face aux Monégasques (3-0).

Glik transformera son pénalty mais n'évitera pas la défaite de son équipe lors du match retour face à Porto (5-2).

que Monaco se rend en Turquie. « On y va pour gagner, déclare le défenseur Raggi, parce que si on ne gagne pas, on est dehors. »

Privé de Lemar, blessé dès la 25e minute, Monaco ne gagne pas mais au moins stoppe-t-il l'hémorragie et conserve-t-il un infime espoir d'aller plus loin. Lopes a ouvert le score juste avant la mi-temps et Tosun, encore lui, a égalisé sur penalty (54e, 1-1). « Je suis triste pour le résultat et content de la performance de l'équipe », déclare Jardim. « On méritait de gagner, râle Raggi. On n'a vu qu'une équipe, Monaco. Si on avait joué tous les matchs comme ça... Monaco est capable de faire des miracles. »

« Miracle » est le mot qui convient. Pour espérer aller plus haut, le champion de France doit remporter ses deux derniers matchs et compter ensuite sur un concours de circonstances favorables. Contre Leipzig, au stade Louis-II, l'espoir ne dure guère. Au bout de dix minutes, les Allemands mènent déjà 2-0. Jemerson a piteusement marqué contre son camp (6e) et l'international Werner a doublé la mise (9e). Cette première mi-temps est un désastre absolu. Face à une défense à l'agonie, Werner remet ça (31e), et si Falcao réduit l'écart (43e), Keita tue dans l'œuf cet infime espoir (45e, 4-1). Sept mois seulement après avoir impressionné et régalé l'Europe, Monaco est expulsé de l'épreuve reine à grands coups de pied aux fesses.

JARDIM APPELLE AU SECOURS

Le vice-président Vasilyev est dans les cordes : « Je n'ai pas aimé notre début de match et notre état d'esprit, mais je suis sûr que cette équipe a de la qualité. » Glik est lucide : « Ce n'est pas un alibi, mais c'est normal quand tu perds cinq ou six joueurs importants durant l'intersaison que ce ne soit pas facile de retrouver le même niveau. » Voué à la dernière place, Monaco ne pourra même pas se consoler avec la Ligue Europa réservée aux troisièmes de poules.

« Une chose est claire, reconnaît Jardim dépité, nous n'étions pas au niveau de cette compétition. Nous devrons analyser pourquoi et prendre l'été prochain les bonnes décisions en termes de recrutement. »

Pour boucler cette terrible boucle, c'est une équipe mixte peuplée de nombreux jeunes joueurs que Jardim aligne à Porto pour un résultat déprimant et sans surprise (5-2), malgré deux buts de Glik (61e sur penalty) et Falcao (77e). Quand ça ne veut pas...

« Une chose est claire, reconnaît Jardim dépité, nous n'étions pas au niveau de cette compétition. Nous devrons analyser pourquoi et prendre l'été prochain les bonnes décisions en termes de recrutement. »

Au pied du Rocher, c'est une grosse pierre qu'il ajoute dans un jardin déjà bien encombré.

Ci-contre, Radamel Falcao a inscrit 3 buts avec Monaco en Ligue des Champions cette saison.

NEYMAR JR
10
VERRATTI
6

LE COUP ÉTAIT PRESQUE PARFAIT

Passage obligé avant un évident huitième de finale pour un club de ce calibre, la phase de poules a été un véritable feu d'artifice pour les Parisiens, jusqu'au dernier match contre le Bayern qui ne les a pas privés de leur première place mais a semé quelques doutes.

PARIS n'est pas champion de France. Il est privé de premier chapeau et se retrouve dans la même poule que le Bayern Munich. Raconté par le biais de ce raccourci, le tirage au sort de la Ligue des champions peut faire peur. À tort. Si le Celtic et Anderlecht sont des noms ronflants, ils représentent l'ancien monde du jeu destiné désormais à prendre des raclées face aux puissants.

Le seul suspense réside dans l'obtention ou non de la première place de ce match à quatre, une place dont on veut encore croire qu'elle offre quelques avantages. En tout cas, le tirage a fait au moins un heureux, l'entraîneur du Bayern Carlo Ancelotti, qui déclare : « C'est une belle histoire pour moi de tomber sur mon ancien club. » Le président parisien Nasser Al-Khelaïfi ne dissimule pas son ambition : « On va tout faire pour la gagner. » C'est exactement pour cela que le Brésilien Neymar a été recruté.

L'automne n'est pas pour les gros bras la saison des angoisses. À Glasgow, Paris montre ses muscles. « Paris a une équipe incroyable », a dit l'entraîneur du Celtic Brendan Rodgers avant l'entame. Après coup, il n'a pas changé d'avis. Neymar (19ᵉ), Mbappé (34ᵉ), Cavani (40ᵉ sur penalty), Lustig (83ᵉ, contre son camp) et Cavani de nouveau (85ᵉ, 5-0) ont été les artificiers d'un large et indiscutable succès. « On a été supérieurs dans tous les compartiments du jeu », résume Rabiot. L'entraîneur Unai Emery se veut prudent : « Les moments difficiles vont venir », tempère-t-il.

Sur les deux rencontres face au Celtic Glasgow, Neymar inscrit 3 buts.

ANCELOTTI PAIE LES POTS CASSÉS

La venue du Bayern au Parc des Princes pourrait en être un. Sauf qu'en ce début de saison le club allemand est en difficulté. Après six journées, il n'est que troisième de son championnat. Au bout d'un match bizarre qu'il dispute sans Ribéry (qui fait la gueule sur le banc) ni Robben ni Coman (qui entrera en seconde période) et qu'il domine le plus souvent, le Bayern prend une raclée. Dani Alves ouvre très vite le score (2ᵉ) d'une frappe qui file entre les jambes d'Ulreich, le remplaçant de Manuel Neuer gravement blessé au pied. Cavani creuse l'écart d'une superbe frappe enroulée (31ᵉ) et Neymar reprend un ballon mal repoussé par Ulreich sur une frappe de Mbappé (63ᵉ, 3-0).

« Je n'ai pas de regrets, je crois que l'on pouvait gagner cette rencontre », estime Ancelotti, très critiqué en interne pour ses choix et qui sera viré quarante-huit heures plus tard. « C'est juste le début de l'histoire, commente Mbappé. On s'est adaptés au jeu de notre adversaire. » Emery rappelle le credo de la saison : « L'objectif du club et de tous les joueurs, c'est la Ligue des champions. »

À Bruxelles, contre Anderlecht, Paris ne fait pas un super match. Parfois ballotté par un rival courageux et entreprenant, il s'impose pourtant largement. Mbappé (3ᵉ), Cavani (42ᵉ), Neymar (66ᵉ) et Di Maria (88ᵉ, 4-0), qui fait le ronchon après son but parce

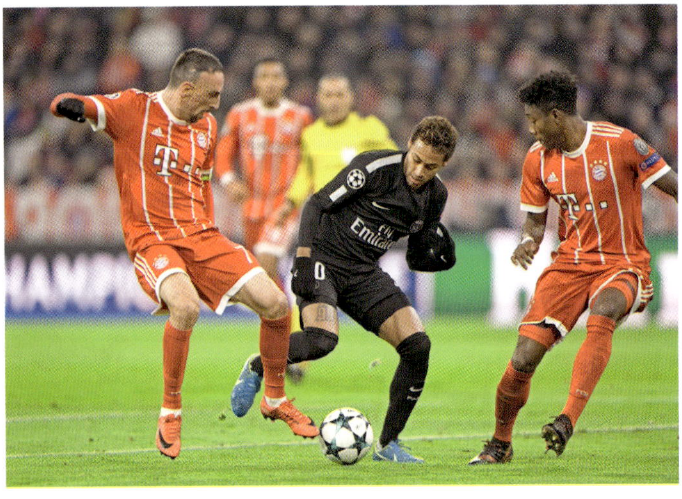

Ci-contre, pour ce duel Bayern-PSG entre Neymar et Ribéry, seul le Brésilien marquera lors du match aller.

Ci-dessus, Edinson Cavani a su se montrer présent en marquant contre chaque équipe du groupe B.

Emery : « Nous avons besoin de progresser, d'améliorer les détails. La maîtrise n'a pas été à la hauteur de nos espérances. »

qu'il est entré tardivement en jeu, font parler la force des individualités de ce PSG-là. Emery la joue profil bas : « Nous avons besoin de progresser, d'améliorer les détails. La maîtrise n'a pas été à la hauteur de nos espérances. »

UNE GRANDE PREMIÈRE POUR KURZAWA

Le match retour au Parc des Princes est une copie quasi conforme et le grand soir de Kurzawa. C'est pourtant Verratti, une fois n'est pas coutume, qui ouvre le score (30e) avant le traditionnel but de Neymar (45e + 4). En seconde période, dans un incroyable enchaînement, l'arrière gauche parisien réussit un hat-trick (52e, 72e, 78e, 5-0). C'est la première fois depuis la création de la Ligue des champions dans son format moderne, en 1992-1993, qu'un arrière latéral réussit un tel exploit. « On peut encore progresser et faire mieux, estime Emery. L'objectif est de finir premier du groupe. »

Aussi insensé qu'il y paraît, Paris va faire mieux contre le Celtic qui se fait atomiser au Parc des Princes. Ce sont pourtant les Écossais qui ouvrent d'emblée le score par l'intermédiaire de leur attaquant français Moussa Dembélé (1re). Mauvaise idée. Ils vont prendre le boomerang en pleine poire. Neymar (9e, 22e), Cavani (28e, 79e), Mbappé (35e), Verratti encore lui (75e) et Alves (80e, 7-1) sont les impitoyables bourreaux du soir. Avec 24 buts inscrits en cinq matchs seulement, Paris a déjà battu le record du nombre de réalisations en phase de poules détenu par Dortmund avec 21 buts.

Thiago Silva reste modeste : « Il faut continuer comme ça parce que jusque-là nous n'avons encore rien gagné. » Rodgers est tout ébloui : « Nous ne pouvons qu'être admiratifs devant une équipe comme celle-là. » Mais Emery n'écoute pas le chant des sirènes : « On peut améliorer les détails. Le Bayern est capable d'une *remontada* à l'Allianz Arena. » Pour cela, il devra battre Paris par au moins quatre buts d'écart.

LE BAYERN SÈME LE DOUTE

Avec son emblématique entraîneur Jupp Heynckes extirpé de sa retraite et de retour aux affaires à 72 ans, le Bayern n'est pas du genre à se laisser faire. Il trône désormais sur la Bundesliga, comptant déjà 6 points d'avance sur Leipzig. Et Paris vient tout juste de subir sa première défaite de la saison à Strasbourg (2-1). « Ce sera un gros test, prédit Emery, car le niveau du Bayern sera plus élevé qu'à l'aller. Mais aujourd'hui le PSG est meilleur que par le passé. »

Hélas, sur le terrain, il ne le montre pas. Sa très pauvre première période laisse planer la perspective d'une catastrophe qui le priverait de la première place. Lewandowski (8e) et Tolisso (37e) ponctuent la supériorité allemande. Enfin de retour, Ribéry est capitaine. Et Coman, flamboyant, torture Alves. Le but de Mbappé (50e) éteint les craintes. Celui de Tolisso (69e, 3-1), inscrit alors que le banc parisien tarde à remplacer Thiago Silva blessé et inopérant, prouve que Paris a encore beaucoup de mal contre aussi puissant que lui.

Edinson Cavani a su se montrer présent en marquant contre chaque équipe du groupe B.

Kylian Mbappé face à Matz Sels, le gardien d'Anderlecht.

Layvin Kurzawa a inscrit un triplé contre Anderlecht. Un exploit.

Rabiot est en colère : « Nous avons été trop individualistes. On n'a pas assez joué en équipe. Pour l'instant on n'y arrive pas. » Emery est philosophe : « Peut-être que c'est le genre de match qui sera utile dans trois ou quatre mois. Je ne suis pas inquiet pour Neymar. Je sais qu'il va progresser dans cette équipe. D'exceptionnel, notre bilan est passé à très bien. »

Paris a sauvé sa première place. La déception passée, il pense avoir fait l'essentiel. En huitièmes de finale, il disputera enfin le match retour à domicile. Pourquoi s'inquiéter ?

HUITIÈMES DE FINALE

14 FÉVRIER – 6 MARS / **REAL MADRID**–PARIS SAINT-GERMAIN (3-1 ; 2-1)

PARIS SE FAIT TOUT PETIT

L'occasion était belle de montrer à l'Europe entière qu'il appartenait enfin au monde des géants. Le PSG l'a une nouvelle fois laissé passer dans les grandes largeurs contre le Real Madrid de l'inusable et brillant Cristiano Ronaldo.

UN AN PLUS TÔT, la sanction d'une seconde place en phase de poules avait eu pour nom Barça. Cette fois-ci, la récompense de la première place s'appelle Real Madrid. C'est un fait, le PSG est fâché avec les tirages au sort. Mais puisque Neymar est son nouveau prophète, contre mauvaise fortune, il fait bon cœur. « Nous devons être prêts à affronter toutes les équipes et nous le serons », claironne le président Al-Khelaïfi soutenu par son entraîneur Unai Emery : « Si tu veux faire quelque chose d'important en Ligue des champions, tu dois jouer contre le Real. Nous sommes au niveau. »

Le Real l'est-il vraiment, lui qui traverse l'hiver dans la souffrance ? À l'aube du double affrontement, il se fait éliminer de la Coupe d'Espagne par le modeste Leganés. Zinedine Zidane est en plein vent contraire. Certes, avant de recevoir Paris, son équipe gagne largement (5-2) contre la Real Sociedad, mais elle n'est alors que quatrième de la Liga, à 17 points du Barça, un océan infranchissable. Pourtant, Zizou, qui en a vu d'autres, ne se prend pas la tête : « On fait tout un pataquès du moindre truc négatif. Il y a des choses positives et moi, je me raccroche à ça. » Sur les réseaux sociaux, son capitaine Sergio Ramos lance un appel au peuple : « Un battement de cœur, une couleur, un objectif. Ensemble, nous réussirons le possible et l'impossible. Allez Madrid ! »

Posé, sûr de ce qu'il pense être sa nouvelle force, Paris avance sans trembler vers l'obstacle qui lui fait face. « Mon équipe est mieux préparée que contre Barcelone », clame Emery, ce qui est bien la moindre des choses quand on se souvient de l'affreuse *remontada* de l'année précédente.

Marcello prend le meilleur sur Verratti et Kimpebe.

Pour le match aller, le coach parisien laisse Thiago Motta à la maison et place sa nouvelle recrue Lassana Diarra sur le banc. Il réserve le même sort à Thiago Silva suppléé par Kimpembe et positionne le jeune Argentin Lo Celso en sentinelle devant la défense. Une somme de choix qui va totalement se retourner contre lui, ainsi va parfois la cruelle réalité du terrain.

EMERY EN PLEIN DÉNI

Certes, le PSG entre allègrement dans la partie. Si Ronaldo échoue trois fois sur Areola (27ᵉ, 28ᵉ, 37ᵉ), le gaucher Rabiot est plus habile au moment de reprendre du pied droit un ballon mal repoussé par Nacho sur un centre de Mbappé (33ᵉ). Paris a presque fait le plus dur quand, juste avant le repos, Lo Celso, qui le lendemain récoltera un 2 sur 10 dans *L'Équipe*, accroche Kroos et concède un penalty transformé par Ronaldo (45ᵉ).

Avec un Neymar transparent au mieux, maladroit au pire – il perdra 24 ballons ! –, la suite ressemble beaucoup trop au passé. L'inexpérimenté arbitre italien Rocchi oublie de siffler un penalty sur une main de Ramos (53ᵉ), puis avertit Rabiot pour une faute inexistante sur Modric. Emery fait alors de nouveau des siennes en remplaçant son avant-centre Cavani par le défenseur Meunier, un choix bien peu ambitieux et surtout malencontreux, même si l'apport offensif d'Alves, monté d'un cran, n'est pas négligeable. Une mauvaise relance de Kimpembe, un centre d'Asensio que Meunier dévie sur Areola qui repousse sur Ronaldo, une reprise qui fait mouche (83ᵉ), voilà Paris piqué comme un taureau de corrida. C'est encore du côté de Meunier que se développe le une-deux Asensio-Marcelo qui permet à l'omniprésent défenseur brésilien de planter une nouvelle et douloureuse banderille dans l'échine parisienne (86ᵉ, 3-1).

Entré en habits de gala dans la partie, Paris en ressort en loques. Bien sûr, il n'est pas encore estoqué. Mais il n'a pas tenu

14 FÉVRIER – 6 MARS / **REAL MADRID**–PARIS SAINT-GERMAIN (3-1 ; 2-1)

L'Espagnol Unai Emery, le coach parisien, n'a pas gagné son match contre le Français Zinédine Zidane, entraîneur du Real Madrid.

Marco Verratti : « Il nous manque la dernière passe qui fait la différence. »

la distance après une première mi-temps plutôt aboutie. Emery se plaint de l'arbitre et parle d'un « bon match avec un mauvais résultat », avant de se noyer dans le déni : « Lo Celso a fait un grand match, Kimpembe aussi et quand Meunier est entré nous avons mieux maîtrisé à droite. » À ce moment-là, il est plus proche du divan d'un psychanalyste que du banc de touche. « Il faut être optimiste et positif, ajoute-t-il. On va faire souffrir le Real. » Les promesses n'engagent que ceux qui les gobent.

Plus franc du collier, Rabiot ne cache pas sa colère : « On dit toujours les mêmes choses et on se fait toujours avoir de la même manière. C'est facile de marquer huit buts à Dijon en Ligue 1, mais c'est dans ces matchs-là qu'il faut être décisif. Quand on part avec un handicap comme celui-là, ça complique le retour. » « Il nous manque la dernière passe qui fait la différence », juge Verratti. Une pierre dans le jardin de Neymar.

NEYMAR, CE N'EST PAS LE PIED

Dans le camp d'en face, Ramos jubile : « Il ne faut jamais croire que le Real est mort, même quand il ne va pas bien. Le résultat me paraît juste, mais ce sera très compliqué à Paris. » Zidane abonde dans le sens de son capitaine : « C'est une victoire totalement méritée. Une belle histoire d'équipe. Il faut être euphorique, heureux, sans oublier qu'au retour il faudra faire un énorme match. »

Pendant ce temps, les épouses des remplaçants Thiago Silva et Angel Di Maria se déchaînent sur les réseaux sociaux. Mme Di Maria est très inspirée et caustique : « Tes efforts, ton travail, tes buts, tes passes décisives, ton meilleur moment = le banc. Mais ce sont les femmes qui ne connaissent pas le football. » Ambiance…

L'entre-deux-matchs est marqué par la blessure de Neymar lors d'un match de Ligue 1 contre l'OM et la cacophonie qui s'ensuit entre ceux, dont Emery, qui veulent faire croire qu'il pourra disputer la revanche et ceux, dont son père et le médecin de l'équipe du Brésil, qui font déjà savoir que c'est totalement inenvisageable. Le cador du PSG aura déjà été opéré d'un pied, chez lui, à Rio, quand ses camarades se lanceront sans lui dans leur grand défi. Puisque chaque détail compte, le directeur sportif Arturo Henrique en appelle à « un arbitrage d'un niveau exceptionnel car les deux équipes sont d'un niveau exceptionnel ». Sous le slogan « Ensemble on va le faire », le club décrète la mobilisation générale des supporters, dont les plus ardents seront regroupés dans la fameuse tribune Boulogne.

Tandis que Dani Alves clame : « Le PSG va changer son histoire », les anciens montent au créneau. « Le match aller donne beaucoup d'espoirs, dit Antoine Kombouaré. 2-0 c'est faisable, pour ne pas dire très faisable. » Vincent Guérin transforme audacieusement un mal en un bien : « Le collectif est rendu encore plus cohérent par l'absence de Neymar. »

Curieusement, Thomas Meunier pense la même chose : « Sans Neymar, il y aura plus de combinaisons et moins d'exploits individuels. » « Les gens nous cassent les pieds avec ce match et ils ont raison, ajoute le défenseur belge. La C1, c'est l'objectif du PSG. »

VERRATTI SYMBOLE DE LA DÉCONFITURE

Au coup d'envoi, dans un Parc bouillonnant, les deux Thiago sont présents. Côté Real, Zidane ne prend aucun risque avec ses stars convalescentes Kroos et Modric qu'il laisse sur le banc où elles voisinent avec Gareth Bale et Isco. Zizou a choisi la carte « jeunes ». Asensio et Vazquez évoluent sur les côtés dans un positionnement tactique innovant et décisif.

En effet, la déception vient moins de l'élimination que de la piètre prestation d'une équipe parisienne, étouffée, dominée, jamais en mesure de refaire la moindre parcelle de son handicap. C'est miracle si Areola parvient à garder sa cage inviolée devant Ramos (18e) et Benzema (43e). Il faut attendre la fin de la première mi-temps pour voir Paris se montrer dangereux par Mbappé qui la joue seul, et sans réussite, après avoir oublié Cavani (43e).

L'éternel Ronaldo met fin au maigre suspense. Sur un ballon

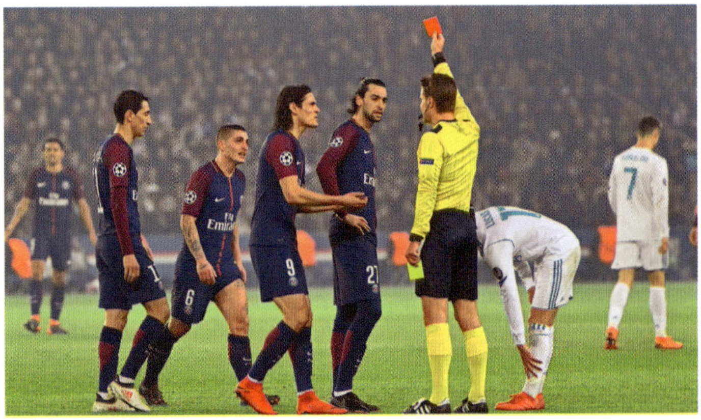

perdu à l'origine par Alves, il conclut joliment de la tête un centre de Vazquez (51e). La suite est convenue. Verratti se fait expulser (66e). Cavani entretient un faux espoir quand il égalise du tibia en contrant un renvoi de Casemiro (71e), lequel se rachète en offrant la victoire au Real sur une mauvaise relance de Rabiot (80e, 2-1). C'est une fin de série pour Paris qui restait sur 51 matchs consécutifs sans défaite à domicile.

L'écart entre les deux formations a été monumental. Le PSG n'a jamais failli parvenir à ses fins. « Tout ça pour ça », titrera *L'Équipe* le lendemain matin.

Emery, qui sait désormais qu'il devra laisser sa place à la fin de la saison, ne fuit pas la réalité : « Le Real a démontré qu'il était meilleur que nous. Sa qualification est justifiée. Être éliminé par le Real n'est pas une déception. Être éliminé en huitièmes de finale en est une. »

LA CHARGE AU VITRIOL DE SACCHI

Le président Al-Khelaïfi peine à masquer sa colère : « On est déçus de l'élimination et du comportement de certains joueurs. On n'est pas contents du tout. Ce n'est pas le moment de parler de changements. Ça ne remet pas en cause notre stratégie. On veut continuer notre projet en misant sur Neymar et Mbappé. »

Lequel Mbappé a encore largement l'âge de croire en un avenir meilleur : « On est déçus, mais on a appris. Ce n'est pas maintenant qu'on le constatera mais l'année prochaine. Si on arrive de nouveau en huitièmes de finale, on verra si on fait les mêmes erreurs. Là, on a vu la différence entre des grands joueurs et des champions. Il faut assumer et se remettre au travail. » « Se remettre au travail », c'est le bla-bla lénifiant privilégié par la plupart des joueurs. Pour s'y remettre, il aurait déjà fallu s'y mettre.

À quelques mètres de là, Zidane se réjouit de la production des siens, évoquant « un match parfait, pleinement maîtrisé tactiquement et une qualification méritée ». Zizou est courtois. Le coup de pied de l'âne pour Paris vient de l'irrévérencieux Italien Arrigo Sacchi, ancien entraîneur du grand Milan AC. « Le Real a affronté un adversaire très faible. Le PSG n'est qu'un groupe de joueurs. Les idées, ça ne s'achète pas. Je pensais voir une équipe jouer avec le couteau entre les dents. J'ai juste vu le Real jouer avec une cigarette aux lèvres. Quand tu vois Verratti et son attitude, ça veut dire qu'il n'y a pas de club derrière. Neymar, ce n'est pas un projet. »

La charge est sauvage. Au club parisien de la méditer avant de repartir dans son grand combat. Le train de l'Europe a ceci de merveilleux qu'il repasse tous les ans, prêt à tout chambouler d'une saison à l'autre. En football plus encore qu'ailleurs, demain est toujours un autre jour.

La joie de Ronaldo qui vient de mettre fin aux espoirs parisiens (51e).

LIGUE DES CHAMPIONS – FINALE

26 MAI 2018 | STADE OLYMPIQUE DE KIEV | **REAL MADRID**-LIVERPOOL : 3-1

TOUT EN HAUT, ZIDANE

Un but sensationnel de Gareth Bale a offert au Real une formidable troisième victoire consécutive en Ligue des champions. Mais le plus extraordinaire était encore à venir avec la démission de son poste d'entraîneur quelques jours plus tard de Zinédine Zidane, inventeur en chef du considérable exploit.

CE N'EST PAS le samedi 26 mai à 23 heures à Kiev, en Ukraine, sur un podium festif, que la 63e finale de la Ligue des champions s'est achevée, par un troisième succès consécutif du Real, mais cinq jours plus tard, le 31 mai à 13 heures, dans une inattendue et stupéfiante déflagration, quand Zinedine Zidane a fait savoir qu'il mettait fin à sa mission. Personne ne s'y attendait, lui excepté, personne ne l'imaginait, et il n'avait pas encore fini de parler, d'essayer d'expliquer calmement, posément, tranquillement, à la Zizou, ce qui pour le plus grand nombre était inexplicable, que l'on avait déjà le droit de se dire qu'érigé à un tel niveau, le bon sens et la sagesse confinent au génie.

Zidane est donc un génie qui n'a été dupe de rien. Ni de la saison nationale médiocre des siens, avec un Real très vite encalminé très loin de son grand rival barcelonais et une élimination navrante en Coupe du roi contre Leganés, ni d'une phase de poules poussive en Ligue des champions terminée à la deuxième place derrière Tottenham. Au cœur de l'hiver, il a subi avec sang-froid, mais évidemment un grand déplaisir, la pression médiatique qui lui promettait un proche pilori.

Et il n'a pas été loin de penser que sa bonne étoile était sur le point d'aller se faire voir ailleurs. Il sait que la présence du Real en finale est sinon une sorte de miracle au moins une addition de pile ou face toujours heureuse. Si, à haute dose, la chance peut être considérée comme un talent, alors, disons-le tout net, le Real Madrid et son entraîneur en sont pétris.

Il faut se souvenir du match aller de huitièmes de finale contre Paris, mal maîtrisé et assorti d'un arbitrage douteux. Le match retour, un modèle d'intelligence tactique et de maîtrise technique, l'avait gommé. Il faut se souvenir du match retour insensé de quart de finale contre la Juventus balayée chez elle (3-0) une semaine plus tôt et en passe de pousser le tenant à la prolongation quand un penalty du bout du monde l'avait condamnée dans le temps additionnel (3-1). Il faut se souvenir de la monstrueuse erreur du gardien du Bayern Ulreich en demi-finale retour à Madrid, au moment où les Allemands étaient sur le point de faire craquer le tenant. Il faut se souvenir de quelques coups de pouce sur quelques mains douteuses. Impeccable à l'extérieur, le Real ne maîtrisait plus grand-chose chez lui à part l'art du funambulisme et de l'arbitrage à domicile. Il faut se souvenir d'un autre gardien allemand, de Liverpool celui-là, devenu Karius le minus l'espace d'un soir.

« POUR MOI, POUR TOUS, IL FAUT CHANGER »

Zidane a vu, a vécu tout ça et il n'est pas naïf. Il a compris que cette équipe-là est arrivée au bout de sa route et que le boomerang va lui revenir en pleine figure s'il demeure à sa tête. Partir sur un triomphe est un luxe sensationnel qu'il décide de s'offrir. Trois victoires d'affilée en Ligue des champions, en vingt-neuf mois d'exercice, ce n'est pas un travail d'Hercule. Ce sont les douze à la fois. Une réussite insensée, historique, gravée dans le marbre pour l'éternité et qu'il a décidé de protéger.

Il le dit avec ses mots à lui : « C'est le bon moment pour partir. Cette équipe a besoin d'un changement, d'un autre discours, d'une autre méthode de travail. Aujourd'hui, pour moi, pour tous, il faut changer. »

Douze ans plus tôt, Il a raté sa sortie en tant que joueur pour un vilain coup de boule alors que la planète foot s'apprêtait à se prosterner une dernière fois à ses pieds. Il a basculé dans la honte et l'opprobre quand une ultime apothéose l'attendait. Partir du Real au sommet de sa gloire dans son nouveau métier est aussi une façon de conjurer un sort funeste qui le guette forcément au détour d'une future défaite, d'une future campagne de presse, d'une future décision présidentielle douloureuse qui surviendra

L'extraordinaire bicyclette de Gareth Bale (64e), entré trois minutes plus tôt.

un jour ou l'autre parce que ce sport-là est ainsi fait qui brûle si bien ses héros des bancs.

Les histoires d'amour finissent mal en général ? Pas celle-ci qui est particulière et que, par sa décision, il met en situation de rebondir un jour quand son Real, après avoir sacrifié un technicien, aura de nouveau besoin d'un sauveur et que cette fois-là, contrairement à la précédente, lorsqu'il était novice, il sera indiscutable, espéré, rêvé. Cet avenir est presque déjà écrit. Tout comme celui qui le conduit vers un destin en bleu.

Mais pour l'instant, le passé est encore tout proche, brûlant d'une réussite insolente. Trois Ligues des champions d'affilée, c'est arrivé pour des joueurs et même mieux (cinq, par exemple, pour les Madrilènes Di Stefano, Lesmes, Marquitos, Gento, Rial et Zarraga entre 1956 et 1960) et des clubs (le Real bien sûr avec ses cinq succès initiaux, l'Ajax 1971-1973 et le Bayern Munich 1974-1976). Deux entraîneurs l'ont gagnée eux aussi à trois reprises, Bob Paisley avec Liverpool (1977, 1978 et 1981) et Carlo Ancelotti avec l'AC Milan (2003, 2007) et le Real (2014). Mais trois fois d'affilée, dans un fol et inimaginable enchaînement compte tenu de ce qu'est devenue l'adversité à l'échelle européenne, c'est monumental et ce jouet-là, Zidane a décidé de le rendre incassable.

Il lui a fallu beaucoup d'imagination pour s'ouvrir la route de Kiev, et ce jour-là, pour partir à la conquête de la treizième C1 de l'histoire du Real, il a juste réinventé l'équipe victorieuse un an plus tôt de la Juventus (4-1), sans le Gallois Gareth Bale qui ronge son frein sur la touche en attendant son tour. Un conservatisme qui est aussi la force d'un club qui ne révolutionne pas son effectif chaque année.

UN BUT VENU D'UNE AUTRE GALAXIE

Sur sa route se dresse Liverpool, cinq fois vainqueur de l'épreuve, son inventif et bouillant entraîneur allemand Jürgen Klopp et son pharaon Mohamed Salah, 25 ans, inattendue révélation de la saison, meilleur buteur de Premier League avec 32 buts (record du championnat anglais) et sacré meilleur joueur de la compétition.

« Ils sont collectivement très forts, déclare Klopp. Essayons d'évoluer à un niveau auquel personne ne nous attend. » Il faudra au moins ça. Mais on l'a dit, on le répète, la pièce tombe toujours du bon côté pour le Real. La partie a commencé, dans un certain équilibre, depuis 25 minutes quand Sergio Ramos, le capitaine espagnol, entraîne Salah dans un pas de danse et dans une chute dont l'Égyptien ressort avec une épaule vrillée et des larmes plein les yeux. D'une certaine façon, le Real a fait le plus dur. « Le tournant du match », dira Klopp après coup.

Le Real a la mainmise sur la rencontre, mais il lui faut attendre une monumentale bévue de Karius, dont la relance à la main percute le pied de Benzema et file dans le but (51e), pour que la différence se fasse. C'est le 56e but du Français en C1. Le Real attire la réussite comme le miel les ours. L'égalisation de Mané d'une reprise à bout portant (55e) peut encore laisser croire le contraire. Mais voilà que Zidane sort Isco, son meneur de jeu, pour faire entrer Bale (61e). Et voilà que trois minutes plus tard, sur un centre de Marcelo, Bale effectue une sensationnelle, vertigineuse et aérienne reprise acrobatique de l'extérieur du pied gauche qui méduse Karius (64e) et époustoufle Zidane sur le bord du terrain. Ronaldo en avait réussi une tout aussi spectaculaire à Turin en quarts de finale, mais là, c'est la finale, autre chose de plus grandiose.

Il reste à Mané à tirer sur le poteau (70e) puis à Bale à devenir le héros du jour en frappant de 25 mètres pour contraindre Karius à une horrible faute de main (83e, 3-1). Le portier de nuit tragique quittera la pelouse en larmes. De honte plus que de tristesse.

Ronaldo a peu compté dans cette ultime levée ? Qu'importe. Il rejoint les Madrilènes d'antan avec un cinquième succès dans l'épreuve à une marche du maître de tous, l'Espagnol Gento (6 victoires). Et surtout, il tente d'attirer une lumière qui manque trop à son ego en tenant un discours ambigu sur son avenir qui jette un froid : « C'était bien de jouer dans ce club. Dans ces moments-là, l'avenir de n'importe quel joueur n'est pas important. Mais je ne dis pas que je vais forcément partir. Vous verrez. » Comprend qui peut, mais on n'imagine pas du tout alors qu'en matière de départ, on n'a encore rien vu.

BENZEMA REJOINT KOPA

Bale est aux anges. Un ange qui rappelle tout de même qu'il « était très déçu de ne pas débuter la rencontre », avant de déclarer : « Vu l'importance de la rencontre, c'est le plus beau but de ma carrière. Je n'avais jamais marqué sur une bicyclette. »

Côté français, c'est le troisième succès de Benzema dans l'épreuve. Il rejoint son prédécesseur sous le maillot blanc, le grand Raymond Kopa (1957-59). Pour Varane, il ne s'agit que du second. Blessé, il n'a pas disputé la finale 2016. « C'est magnifique, lance-t-il. Il n'y a plus de mot. C'est un groupe incroyable. Ça peut aider d'avoir des extraterrestres qui marquent des buts pareils. » Et des gardiens adverses qui semblent avoir été envoûtés.

Et puis, il y a Zinédine Zidane, unique porteur d'un secret qui doit être très lourd à porter et qui ne laisse rien paraître : « C'est un grand accomplissement, déclare-t-il avec sa sérénité coutumière. J'aime ce que je fais. J'ai toujours adoré le football comme joueur, je l'adore encore comme entraîneur. C'est une continuité. Ce que je vis avec les joueurs est incroyable. C'est tellement difficile de gagner. L'équipe a eu des hauts et des bas et il n'y a pas de mot pour décrire ce qu'elle a réalisé. Son secret ? Beaucoup de travail et beaucoup de talent. C'est une équipe qui a toujours faim de victoires. »

Le lendemain, des centaines de milliers de personnes fêtent leur héros lors d'une parade emballante et 80 000 autres les attendent pour les adorer au stade Bernabéu.

Zidane y est célébré comme un empereur. Il descendra lui-même de son trône. Comme un grand. En toute majesté.

L'ŒIL D'ALAIN GIRESSE

Zidane n'a pas abusé de son statut

Le coach du Real a su habilement tirer le meilleur de ses joueurs.

Ce que Zinédine Zidane a réalisé avec le Real avant de tirer majestueusement sa révérence est exceptionnel. Parce qu'il a créé une alchimie avec ses joueurs. Certaines équipes semblent gagner grâce à leurs joueurs, d'autres grâce à leur entraîneur. Au Real, c'est un tout. Zizou a su se fondre dans un groupe de grands pros et de grands talents tout en gardant la main, notamment sur les compositions d'équipes qu'il effectue sans états d'âme.

Il s'appuie sur son vécu. Mais on sent qu'il n'est pas arrivé en disant : « Je suis champion du monde, vainqueur de la Ligue des champions et Ballon d'or, donc je vais tout vous expliquer. » Il a créé de vraies relations professionnelles et si les joueurs le tutoient, on sent qu'ils le respectent énormément. Ils savent quels ont été son palmarès et son statut, mais ils apprécient qu'il n'en abuse pas. Ils se sont naturellement rendu compte de sa compétence. Quand il décide de jouer en 4-4-2 au Parc des Princes contre le PSG et que l'équipe s'impose facilement, il crée un lien de confiance très fort. Mais le jour J, pour la finale, les joueurs-cadres étaient sur le terrain. Et quand Bale est entré en jeu alors qu'il a souvent été remplaçant, il a su faire la différence. Zizou a eu la mainmise sur son groupe jusqu'au bout, une situation qui a été facilitée par la nature de ce groupe extrêmement ambitieux. Sans doute aurait-ce été plus compliqué avec d'autres joueurs. Ronaldo, par exemple, est le premier à vouloir gagner des titres. Il veut marquer l'histoire du foot, être toujours le meilleur. Mais il sait aussi profiter de son environnement. On oubliera qu'il n'a pas été très bon lors de la finale pour se souvenir de la victoire et de son extraordinaire palmarès.

COMME DES TIGRESSES

Non seulement les Lyonnaises ont remporté leur cinquième Ligue des champions, mais elles se sont surtout imposées pour la troisième fois d'affilée, au bout d'une finale haletante et très longtemps indécise.

LA « PUNCHLINE » est de Jean-Michel Aulas, leur heureux président : « On a l'impression d'être un Real Madrid féminin qui chaque année remet en jeu sa suprématie. » Pas question, bien sûr, de comparer la densité de la C1 masculine et celle de sa petite sœur. Mais il y a tout de même un peu de ça. Plus rien n'est évident à l'heure où les plus grands clubs ont compris l'intérêt qu'il peut y avoir à mettre sur pied une équipe féminine haut de gamme, où pour parvenir en finale il a fallu éliminer certes des équipes fantômes, dont les noms se sont perdus, en seizièmes de finale (5-0, 9-0) et en huitièmes de finale (7-0 et 9-0), ce qui ne grandit pas la compétition, mais aussi le Barça en quarts (2-1 et 1-0) et Manchester City en demies (0-0 et 1-0).

En finale, l'OL, qui a déjà remporté quatre fois le trophée (2011, 2012, 2016 et 2017), retrouve pour la troisième fois à ce niveau les Allemandes de Wolfsburg. Depuis le début de saison, l'ancien international Reynald Pedros a pris en main l'équipe et rien n'a changé. L'OL est dans sa routine conquérante aussi bien sur le plan national qu'international et demeure LE grand club du football féminin. Championne d'Europe en 2011 et 2012, et désormais directrice du centre de formation, Sonia Bompastor explique : « Toutes les joueuses de la planète ont envie de jouer ici. » Et Patrice Lair, ex-entraîneur du cru alors en charge du PSG, en rajoute : « C'est le même rouleau compresseur que le Real. En 2011, on avait du talent, de la technique, mais pas cette puissance, cette maturité. Lyon n'a jamais été aussi fort. On a l'impression que rien ne peut lui arriver. »

UNE EXPULSION QUI CHANGE TOUT

Il faut se méfier des impressions. Bien sûr, dans l'Hexagone, Lyon n'a pas vraiment de concurrent. Il s'en est fallu d'un penalty raté contre le PSG et d'un match nul (0-0) à quelques jours de cette finale européenne, déjà très présente dans les têtes, pour que l'OL réussisse un carton plein. Avec 21 victoires et 1 nul, 104 buts marqués et 5 encaissés, les joueuses de Pedros ont fait mieux qu'un an plus tôt (21 victoires, 1 défaite, 103 buts marqués, 6 encaissés). Elles empochent leur 12e titre consécutif. Le PSG (2e) a fini à 8 points, Montpellier (3e) à 13, le Paris FC (4e) à... 34 points.

Les filles de Wolfsburg sont faites d'un autre bois. Elles disputent leur quatrième finale. En 2013 et 2014, elles se sont imposées à l'OL qui les a battues en 2016. Cet obstacle-là est considérable. Alexandra Popp, star de la formation allemande, a prévenu : « C'est du 50/50. C'est un détail qui fera la différence. » Elle ne croit pas si bien dire.

Devant 14 000 spectateurs seulement, à Kiev, en Ukraine, la rencontre est restée longtemps sans envergure. C'est souvent le cas quand deux poids lourds se méfient l'un de l'autre et se neutralisent. Lyon s'est créé la plus belle occasion du temps réglementaire. Plus qu'une occasion d'ailleurs. Les ralentis sont parlants, le coup de tête de la capitaine de l'équipe de France Amandine Henry avait bel et bien franchi la ligne avant d'être repoussé par une tête adverse (69e). Mais les arbitres ne l'ont pas vu et il n'y a pas d'assistance vidéo.

L'OL se retrouve donc embarqué dans une prolongation qu'il entame de la pire des façons quand le tir du gauche de 20 mètres de Harder, légèrement dévié par la capitaine Wendie Renard, trompe Sarah Bouhaddi (93e). Trois minutes plus tard, pour une faute grossière sur Cascarino, Popp reçoit un second carton jaune synonyme d'expulsion (96e). Le voilà le détail. Une minute auparavant (95e), Pedros a fait entrer la musculeuse néerlandaise Shanice van de Sanden, une excellente amie de Memphis Depay. Un coaching plus que brillant. Après l'égalisation de Henry d'une reprise de volée du droit (98e), c'est elle qui va offrir les passes décisives de l'inattendue avalanche qui survient. Elle sert d'abord Le Sommer au point de penalty (99e), puis Ada Hegerberg, qui creuse l'écart d'une volée écrasée du droit (103e). La Norvégienne vient d'inscrire son 52e but officiel de la saison.

LE BONHEUR FOU D'ABILY

Pour finir, Van de Sanden délivre une merveille de centre en retrait à Camille Abily qui transforme l'offrande (116e, 4-1 après prolongation). C'est une sortie en or massif pour la doyenne (33 ans), entrée en jeu deux minutes plus tôt, et qui a décidé de mettre un terme à sa carrière au bout de 207 buts inscrits sous le maillot lyonnais et de 183 sélections (37 buts). « Son but, c'est le meilleur moment de la soirée », dira Wendie Renard.

Et le président Aulas ajoutera : « Si j'avais dû écrire la fin du match, j'aurais mis un but de Camille. C'est magique. »

Deux jours avant que le Real Madrid ne les imite, les Lyonnaises ont donc conquis un troisième titre d'affilée et c'est grandiose. « On a mérité notre victoire. On a joué les unes pour les autres, déclare Henry. Ça fait plaisir d'entrer dans l'histoire. » « On s'est fait peur, reconnaît la défenseure Griedge Mbock. Mais on savait qu'on avait les capacités pour aller chercher la victoire même après avoir pris ce but. On a montré qu'on était les patronnes. »

Quelques jours plus tard, pour réussir leur troisième triplé consécutif, les patronnes doivent encore conquérir la Coupe de France. À Strasbourg, de violents orages provoquent l'interruption de la partie durant plus d'une heure alors que le PSG mène 1-0, but de Katoto (14e). Quand le match reprend, contre l'avis du président Aulas, qui juge le délai trop long et le terrain trop inondé, les Lyonnaises finissent par égaliser par Le Sommer (90e+4). Un but refusé par une arbitre souffrant à l'évidence de graves troubles de la vision car aucune faute ou simili faute n'a été commise.

C'est sur cette fausse note que s'achève la saison de tous les records. Nul n'est parfait.

NICE – PHASE DE POULES

SEIZIÈMES DE FINALE | 15 FÉVRIER, 22 FÉVRIER | NICE-**LOKOMOTIV MOSCOU** (2-3, 0-1)

DES AIGLONS AUX AILES FRAGILES

Les Niçois ont fait de leur mieux pour prolonger une aventure européenne pas toujours bien maîtrisée. Au moins, cette fois-ci, ont-ils franchi le cap des phases de poules avant de flancher à Moscou.

LA TROISIÈME PLACE DU CHAMPIONNAT est un leurre pour une équipe comme Nice, insuffisamment armée pour une course d'obstacles qui peut la conduire en Ligue des champions, en Ligue Europa ou dans les oubliettes de l'histoire si d'aventure elle ne parvient pas à éliminer l'Ajax Amsterdam au troisième tour préliminaire.

C'est par un véritable trou de souris que passent les Aiglons face au club hollandais dont le nom est désormais bien plus grand que la force. Le match nul à domicile (1-1) était mal payé. Le match nul à l'extérieur (2-2) est un cadeau. Marcel a mis le bleu de chauffe pour égaliser (79e). « C'était limite limite », reconnaît l'entraîneur niçois Lucien Favre.

Pour conquérir la C1, il faut maintenant culbuter Naples. « J'aurais préféré une autre équipe », a dit Favre après le tirage au sort. On le comprend. La mission est impossible. La courte défaite à San Paolo (2-0), sans Balotelli ni la nouvelle recrue Sneijder, tient du miracle quand on sait que les Aiglons ont fini le match à neuf après les expulsions de Koziello (79e) et Plea (80e). « Il y a eu des bonnes choses », bégayent en boucle les Niçois qui ont bien appris cet élément de langage.

Avec Balotelli et Sjneider, très médiocres au demeurant, le match retour est un copier-coller, expulsions en moins. Naples est beaucoup trop fort. Callejon (48e) et Insigne (89e, 2-0) matérialisent cette supériorité.

« Quand on a tiré Naples, j'ai compris que ce serait très difficile tactiquement, techniquement et physiquement, explique Favre. Tout le monde voit qu'on n'est pas au niveau de la saison dernière. »

Plea sera l'auteur de deux doublés lors de la phase de poules : contre le Zulte Waregem puis le Vitesse Arnhem.

LA LAZIO, C'EST AUTRE CHOSE

Nice sera beaucoup plus à sa place en Ligue Europa avec à la clé un tirage au sort plutôt indulgent. Si la Lazio Rome est clairement au-dessus du lot, les Hollandais de Vitesse Arnhem et les Belges de Zulte Waregem sont à la portée des Aiglons.

Pour preuve, cette première et éclatante victoire en terre belge (5-1) qui laisse supposer que cette fois-ci, les Niçois, contrairement à la saison précédente, ne termineront pas derniers de leur poule. Plea par deux fois, Dante, Saint-Maximin et Balotelli sont les buteurs du soir. « Il y a beaucoup à corriger ; on peut faire mieux, le score est trompeur », analyse l'exigeant Favre.

Contre Vitesse, Plea s'offre un nouveau doublé avant un but somptueux du vif Saint-Maximin au bout d'un raid de 70 mètres (3-0). La machine est lancée. « C'était bien, déclare Favre avec concision. On a bien joué le contre quand il fallait le faire. »

Le déplacement à Rome s'annonce plus périlleux. Il survient dans une période où les Niçois sont à la peine en Ligue 1. L'ouverture du score de Balotelli (4e) est un bonheur. La mésentente entre Dante et Cardinale, qui offre immédiatement l'égalisation, à Caicedo (5e) est un malheur. Milinkovic-Savic plie l'affaire en seconde période (65e et 89e, 3-1). « En ce moment, on paie tout cash, soupire Favre. Le moindre petit détail. C'est dur pour tout le monde. »

Pas aussi dur cependant que l'issue du match retour. Au courage les Niçois sont sur le point d'arracher un match nul quand, dans le temps additionnel, le défenseur Le Marchand marque contre son camp (90e + 2, 1-0). Favre peut tenir exactement le même discours qu'après le match aller.

Après une course de 70 mètres, Saint-Maximim inscrit le 3e but de son équipe contre le Vitesse Arnhem et scelle la victoire de Nice.

Heureusement, le reste de l'adversité est de bonne composition. En battant de nouveau Zulte (3-1) grâce à deux buts de Balotelli et un autre de Tameze, Nice accède aux seizièmes de finale en cinq matchs seulement. « Ça fait un bol d'air. C'est quelque chose d'historique pour le club », se réjouit Le Marchand.

MOCHE COUP À MOSCOU

La défaite à Arnhem (1-0), dans un match sans enjeu, n'empêche pas les Aiglons de finir l'année en rêvant. Au moment d'accueillir en seizièmes de finale un Lokomotiv Moscou à peine sorti d'une longue trêve hivernale, Nice ne fait pas le fier. Il reste sur trois

Favre reste lucide : « On est passés et c'est un grand soulagement pour tout le monde. L'année dernière, on avait tiré des équipes pas faciles. Zulte et Vitesse, ce n'est pas pareil. La Lazio, c'était autre chose. »

L'entraîneur de Nice Lucien Favre communique ses consignes à Mario Balotelli.

défaites en Ligue 1 contre Metz, Toulouse et Dijon. Les deux buts initiaux de Balotelli (4e et 28e sur penalty) sont un don du ciel que les Niçois ont l'occasion de faire fructifier. Mais Plea rate deux énormes occasions de « tuer » le match et, juste avant le repos, Sarr commet une faute stupide qui permet à Manuel Fernandes de réduire le score sur penalty (45e). La suite est un tourment absolu. Coly se fait expulser et sur le coup franc qui s'ensuit Fernandes égalise (67e) avant de donner la victoire aux siens sur une erreur de Tameze (77e, 3-2).

Pléa : « On a tous envie de le faire. L'équipe est à fond. »

Favre est accablé : « C'est un match qu'on devait plier à la mi-temps. On a fait trop d'erreurs qui nous ont coûté cher. » L'attaquant Lees-Melou est perplexe : « Je ne comprends pas comment on a pu passer d'une première mi-temps aboutie à une seconde où on a peur et où on recule. »

Pléa a beau clamer : « On a tous envie de le faire, l'équipe est à fond », le match retour est à l'image de tout ce qui a précédé.

Balotelli frappe deux fois sur les poteaux avant le but de Denisov (30e, 1-0) qui scelle le sort des Niçois. « On n'a pas démérité, souligne Favre. Tout était possible, mais on ne marque pas. On a des regrets sur l'ensemble des deux matchs. Ça tient à rien du tout. »

Mais parfois, en football, « rien du tout » est un océan.

Face au Lokomotiv Moscou, Balotelli, à défaut de la lucarne, butera sur deux poteaux.

BORDEAUX INDIGNE DE L'EUROPE

TOUT ÇA POUR ÇA. Toute une saison à lutter pour un tel gâchis. Au troisième tour préliminaire de la Ligue Europa, Bordeaux ne doit faire qu'une bouchée des modestes Hongrois de Videoton. La courte victoire à domicile (2-1), grâce à deux buts de Sankharé, ne dit rien de la suite. « Dès qu'on accélérait, c'était dur pour eux », déclare l'entraîneur girondin Jocelyn Gourvennec. Le président Stéphane Martin est plus méfiant : « On a pris ce but à domicile qui peut coûter cher. Ça promet un scénario tendu. C'est un match piège. »

Bien au-delà de ce qu'il imagine.

Le match retour est un calvaire. Inscrit par le Cap-Verdien Lanique Stopira (de son vrai nom Dos Santos Tavares, mais son père était un admirateur de l'ancien attaquant international de Toulouse Yannick Stopyra) au bout de la première période (45e+5, 1-0), l'unique but du match précède l'expulsion de Sabaly (46e). Celle du Hongrois Vargas (69e) ne change rien à cette triste affaire. Bordeaux est incapable de redresser la barre. La désillusion est immense. « Tout le monde est touché. C'est une énorme déception, une très mauvaise surprise, un match indigne », soupire le président Martin.

Pour Gourvennec, c'est surtout le début d'une longue descente aux enfers.

LYON – PHASE DE POULES

SEIZIÈMES DE FINALE / 15 FÉVRIER ; 22 FÉVRIER / **OL**-VILLARREAL (3-1 ; 1-0)

HUITIÈMES DE FINALE / 8 MARS ; 15 MARS / **CSKA MOSCOU**-OL (0-1 ; 3-2)

TOUT D'UNE BÉRÉZINA

À l'image d'une saison faite de hauts et de bas, le parcours de l'OL dans une compétition à sa mesure n'a pas été à la hauteur des espoirs d'un club venu se fracasser à domicile sur une équipe russe qui semblait tout à fait à sa portée.

POUR SA 21E PARTICIPATION consécutive à une compétition continentale, et un an après avoir atteint les demi-finales de l'épreuve, l'OL rêve d'un peu plus, d'un peu mieux. Le fait que la finale 2018 soit programmée dans son Groupama Stadium n'est évidemment pas étranger à cette ambition démultipliée. « Il faut que ce soit le début d'une histoire, il ne faut pas se cacher », déclare le président Aulas. « Nous sommes très motivés et excités », abonde le coach Bruno Génésio.

Dans une poule relevée où l'on n'imagine pas que les Anglais d'Everton de Wayne Rooney ne seront que des faire-valoir, Lyon se voit offrir une entrée a priori en douceur sur les terres chypriotes de l'Apollon Limassol. Patatras ! Au bout d'une affreuse fin de match des Lyonnais soudain débordés, Sardinero (90e + 3, 1-1) répond au penalty de Depay (53e). Le président n'apprécie pas : « On a fait preuve de suffisance, regrette-t-il. Il faut que Bruno regarde pourquoi on est assez faibles techniquement sur certains matchs alors qu'on a de bons joueurs. » On appelle cela « mettre la pression sur son entraîneur ».

Lyon souffre en championnat au moment de recevoir les Italiens de l'Atalanta Bergame. « On sait tous qu'on a des objectifs très élevés », rappelle Génésio avant le coup d'envoi. « Nous n'avons pas la faculté à résister quand les adversaires nous mettent une pression supplémentaire », soupire-t-il après le coup de sifflet final. Traoré a ouvert le score (45e). Mais une fois encore l'OL n'a pas su tenir la distance. Gomez a égalisé (57e, 1-1).

Les supporters du CSKA Moscou ont déployé une banderole à l'effigie de Bonaparte. Un message de mauvais augure pour les joueurs lyonnais...

Du coup, le déplacement à Everton s'annonce décisif. Battus à Bergame (3-0) puis tenus en échec par Limassol (2-2), les Anglais ne sont pas au mieux. Comme attendu, l'affrontement est physique. Le penalty initial transformé par Fekir (6e) est un butin que les Lyonnais défendent au corps-à-corps. Le capitaine gallois d'Everton, Williams, est électrique. Il est à l'origine et au cœur d'une bagarre hallucinante qui mêle joueurs et spectateurs derrière le but d'Anthony Lopes, lequel reçoit une claque d'un père de famille tenant un enfant dans ses bras. Traoré a droit à un coup de poing. Le calme revenu, les Lyonnais tanguent et concèdent l'égalisation à Williams d'une tête rageuse (69e). Quand tout indique qu'ils vont craquer, Cornet s'envole sur la droite du terrain et centre pour Traoré qui marque d'une talonnade « à la Madjer » (75e, 2-1). Ainsi va le football. Lopes est cinglant : « Leur plan était de nous presser haut tout de suite, mais on a vu aussi qu'ils n'étaient pas très bien organisés. »

L'OL LAISSE FILER LA PREMIÈRE PLACE

Lyon a fait le plus dur. Le match retour est une formalité. Privé de Rooney, Everton fait pâle figure et s'effondre en fin de match sous les coups de boutoir de Traoré (68e), d'Aouar (76e) et de Depay (88e, 3-0). « C'est une force d'avoir autant de bons joueurs capables d'entrer et de peser sur les matchs », se réjouit Génésio.

La revanche contre Limassol est une formalité (4-0). Diakhaby, Fekir, Diaz et Maolida sont les buteurs du soir. Avec 11 points, l'OL et l'Atalanta sont d'ores et déjà qualifiés. Lyon se rendra à Bergame pour disputer la première place du groupe qu'un succès lui offrirait. Génésio ne saute pourtant pas au plafond. « L'objectif est atteint et je ne veux pas faire la fine bouche, mais on doit faire mieux. Ce n'était ni complètement satisfaisant ni complètement abouti. »

LIGUE EUROPA – CLUBS FRANÇAIS

LYON – PHASE DE POULES

SEIZIÈMES DE FINALE / 15 FÉVRIER ; 22 FÉVRIER / **OL**-VILLARREAL (3-1 ; 1-0)

HUITIÈMES DE FINALE / 8 MARS ; 15 MARS / **CSKA MOSCOU**-OL (0-1 ; 3-2)

C'est avec sa meilleure équipe possible que Lyon débarque en Italie pour un piètre résultat. Petagna inscrit très vite ce qui sera l'unique but du match (10e, 1-0). Génésio parle d'un « match bizarre très fermé » et avoue sa « déception de ne pas finir premier de la poule ». Le prix à payer s'appelle Villarreal, le fameux sous-marin jaune espagnol, qui n'est pas le premier venu même s'il n'a plus la splendeur de ses grandes années. Il vient en outre de perdre au mercato d'hiver son attaquant le plus prolifique, le Congolais Cédric Bakambu, parti chercher fortune en Chine.

LA DESTRUCTION DU SOUS-MARIN JAUNE

Le président Aulas se veut réaliste : « C'est très hypothétique de gagner cette Coupe d'Europe, mais il est bon de rêver. » L'OL est toujours à la peine en Ligue 1 et avant le match aller, Génésio explique : « Il y a un besoin de remise en question un peu plus important en ce moment. »

Au Groupama Stadium, après une première période équilibrée, Lyon casse la baraque dès la reprise. Dombélé d'une tête à bout portant (46e) et Fekir d'une solide frappe du gauche (49e) assomment l'armada adverse qui se rebelle grâce à Fornals (63e), mais cède de nouveau quand Depay, entré en jeu dix minutes plus tôt, marque d'une magnifique reprise sans contrôle un de ces buts dont il a le secret (82e, 3-1).

« C'est un bon résultat, déclare Génésio, mais les chances de qualification demeurent les mêmes qu'avant le match aller. C'est du 50-50. Il faudra marquer pour se qualifier. » C'est évidemment faux, mais le coach privilégie la prudence. Beaucoup plus que lorsqu'il parle de son buteur hollandais : « Memphis est un joueur atypique, bourré de talent, encore une fois décisif. C'est à nous de continuer à accepter ses petits défauts. »

« L'équipe est convaincue qu'elle peut retourner la situation », affirme l'entraîneur espagnol Calleja avant le match retour. Mais sur le terrain elle ne le prouve pas. Solide et solidaire, l'OL n'est jamais vraiment menacé jusqu'à l'expulsion de Jaume Costa (79e) qui lève tout autant les ultimes doutes que le but de Traoré (85e, 1-0) sur une offrande de Fekir. « Nabil a été généreux, reconnaît le Burkinabé. Ce n'était vraiment pas difficile de la mettre au fond. » Génésio a aimé « le socle, la base indispensable pour avoir des résultats au très haut niveau ».

L'OL est en huitièmes de finale. Il va maintenant affronter le CSKA Moscou, 5e d'un championnat qui n'en a pas encore fini avec sa longue trêve hivernale. Pour ne pas changer les mauvaises habitudes, Lyon est encore dans une mauvaise série en Ligue 1 (cinq matchs consécutifs sans victoire) au moment où il débarque à Moscou sans Fekir, blessé au genou. « On est confiants même si nous sommes dans une période difficile », déclare Génésio.

LA GROSSE COLÈRE DE DEPAY

Sur une pelouse pourrie et par un froid glacial (-7 °C), les Lyonnais ne font pas attention à la banderole brandie par des supporters moscovites sur laquelle il est écrit : « Ici vous attend la Bérézina ». Face à un adversaire à la défense affaiblie par de nombreuses

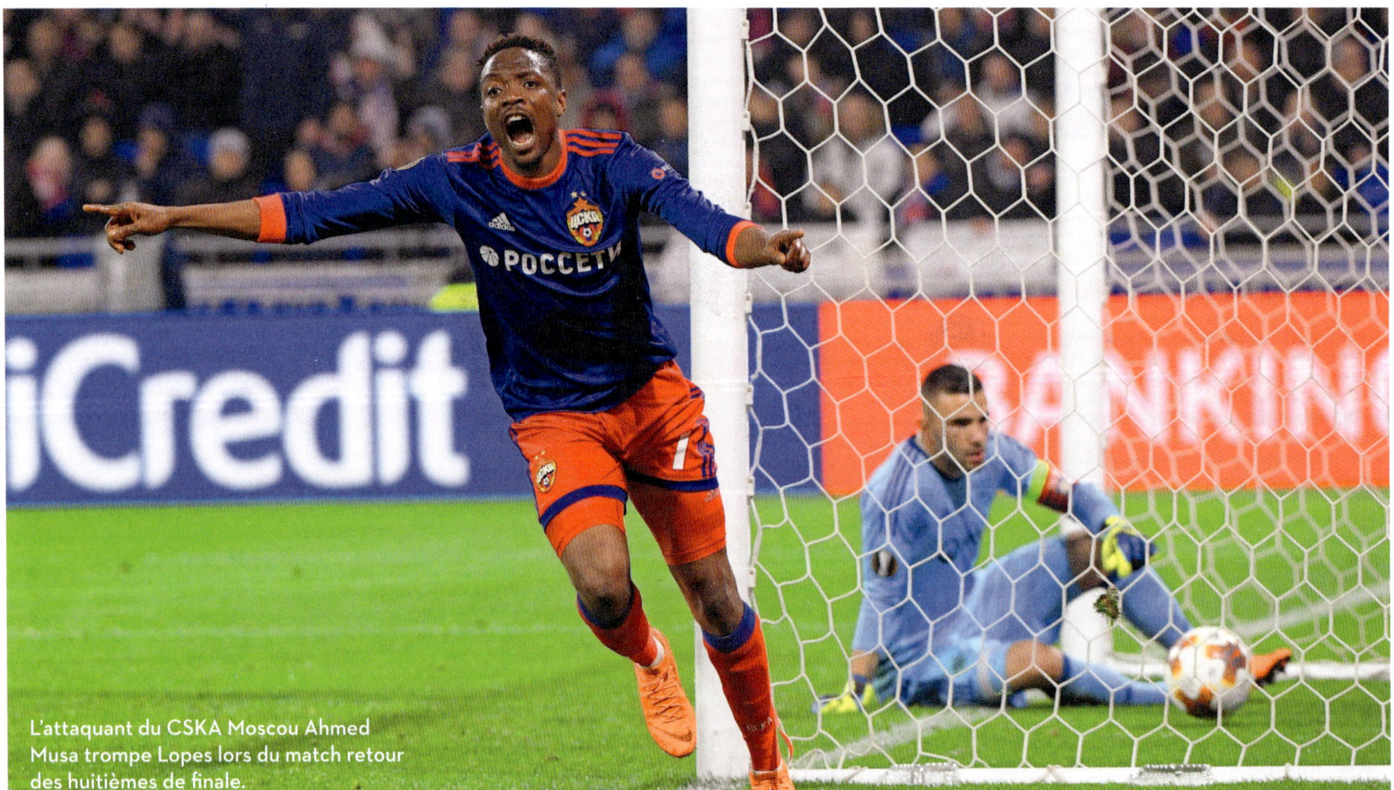

L'attaquant du CSKA Moscou Ahmed Musa trompe Lopes lors du match retour des huitièmes de finale.

Memphis Depay est l'auteur du 3e but de son équipe lors du match aller des seizièmes de finale contre Villarreal.

absences, ils maîtrisent plutôt bien jusqu'au but inscrit de la tête par Marcelo sur un corner de Depay (68e, 1-0). Certes, il faut un superbe arrêt de Lopes sur une tête de Chalov pour préserver le score, mais les Lyonnais ont eu quatre occasions très nettes de faire le break et ils les ont toutes laissé passer.

« On n'est pas habitués à ce climat, explique Aouar. On n'a pas toujours été beaux, mais il faut savoir s'adapter aux conditions. » Lopes est confiant : « On a été très costauds. On veut être dans les boules pour les quarts. » Génésio est plus prudent : « Je suis satisfait du sérieux et de l'investissement athlétique même si je pense qu'on aurait dû creuser un peu plus l'écart. Je ne suis ni optimiste ni alarmiste. Je suis mesuré. »

Le match retour survient dans un contexte particulier, trois jours avant un déplacement à Marseille crucial pour la conquête d'une place en Ligue des champions. « Le danger serait de penser au match de Marseille », prévient Génésio. Y pensent-ils ? N'y pensent-ils pas ? Toujours est-il que les Lyonnais, toujours privés de Fekir et avec Aouar, Traoré et Morel sur le banc, n'entrent pas comme il faut dans le défi proposé par une équipe russe très joueuse. Certes, ils se créent au moins cinq occasions, par Cornet et Diaz, d'ouvrir le score, mais ils cèdent sur une belle frappe de Golovin (39e). Et si Cornet parvient à égaliser (58e), dans la continuité Musa (60e) et Wernbloom (65e) portent deux coups de poignard mortels à une formation hébétée. Le but de Diaz (71e, 3-2) n'y change rien. Sur cette pelouse qu'il rêvait de fouler à l'occasion de la finale, Lyon a failli totalement. La déception est immense. Depay est en colère : « Il est évident qu'on prend trop de buts, enrage-t-il. En seconde période, on a complètement arrêté de jouer au football. » Génésio est au trente-sixième dessous : « C'est un sentiment de honte qui nous anime tous, vis-à-vis du club, de l'institution, des supporters. Il y a des fois où je peux excuser certains déficits par la jeunesse de l'effectif, mais là, non. Il aurait dû y avoir de l'enthousiasme, de l'envie, de l'agressivité. C'est un gros coup dur. J'ai aussi mes responsabilités et je dois les assumer. »

Ce qu'il aurait fait si l'OL n'avait pas effectué un spectaculaire rétablissement en Ligue 1.

GEUBBELS TOUT PRÈS DU RECORD

LORS DU DERNIER MATCH de poules disputé à Bergame contre l'Atalanta, Bruno Génésio fait entrer sur le terrain dans le courant de la seconde période le grand espoir du club Williams Geubbels, 16 ans et 113 jours ce soir-là, et second plus jeune joueur à avoir disputé un match européen au XXIe siècle après Stefano Okaka, qui n'avait que 16 ans et 51 jours quand il avait évolué en Ligue Europa en 2005 sous le maillot de la Roma.

L'ART DE MONTER DANS UN QUART

C'est un véritable parcours du combattant, ponctué de quatorze matchs, qu'ont effectué les Olympiens, poussifs en phase de poules puis revigorés par des matchs à élimination directe qui font totalement partie de leur ADN. Braga et Bilbao ont pu le constater.

LA QUALIFICATION DE L'OM pour la C3 par le biais de sa 5e place en Ligue 1 est une illusion. Il lui faut d'abord passer des tours préliminaires estivaux qui regorgent de pièges dans une période où le mercato n'est pas terminé et la préparation physique inachevée.

Contre Ostende, les Olympiens se reposent sur leur nouvel avant-centre, Valère Germain. Auteur d'un hat-trick, l'ex-Monégasque marque son territoire d'emblée, compensant les errements d'une défense encore hésitante (4-2). « Germain a été chirurgical », se réjouit son entraîneur Rudi Garcia. Le match nul en Belgique (0-0) ne le satisfait pas moins : « Il était temps de montrer qu'on était capables de ne pas prendre de but. »

Lors du barrage aller contre Domzale, à Ljubljana en Slovénie, c'est Sanson qui fait parler sa force en répondant au but de Vetrih (63e, 1-1). Garcia est pourtant grognon : « On a été surclassés physiquement en première période. » Au match retour, Domzale est surclassé dans tous les domaines. Quarante-sept mille spectateurs assistent à la large victoire marseillaise (3-0, un doublé de Germain, un but de Thauvin). Garcia est enfin satisfait : « J'ai trouvé l'équipe très bien. Bien mieux que ce qu'on dit habituellement. » L'OM participera véritablement à la Ligue Europa et non sans ambition après avoir appris que ses adversaires en phase de poules seront Konyaspor (Turquie), Salzbourg (Autriche) et Guimaraes (Portugal). On ne le sait pas encore, mais cette poule va pondre de très jolis œufs.

La venue des Turcs, qui ont glané un point en tout et pour tout lors de l'édition précédente, se déroule dans une atmosphère un peu lourde. L'OM tangue après une raclée à Monaco (6-1) suivie d'un dérapage à domicile contre Rennes (3-1). « Peu importe ce que je pense des critiques, martèle Garcia. Il faut que l'on rentre dans ce match en mode guerrier. On a besoin de joueurs qui n'ont pas rétréci au lavage quand ils pénètrent sur notre pelouse. »

N'JIE PROVOQUE UN MIRACLE

Les guerriers ne sont pas de repos ce soir-là, mais pas loin. C'est le plus vaillant d'entre eux, le défenseur Adil Rami, qui les sauve (48e, 1-0).

« Une victoire, c'est la bonne réponse, lance Garcia. Nous sommes plus forts quand nous sommes soutenus. » Il n'y avait pourtant que 8 400 spectateurs au Vélodrome.

L'OM n'enchaîne pas. Dans la ville de Mozart, il ne joue pas très juste et s'incline sur un but de Daburr (73e, 1-0). Arrivé blessé de Benfica, le Grec Mitroglou a disputé ses dix premières minutes sous le maillot blanc. L'heure est aux états d'âme. « Je suis déçu, dit Garcia. Nous avons fait une belle première mi-temps, mais la seconde a été médiocre. Dans ces cas-là, il faut revenir avec un point. » Et Sanson ne cache pas sa frustration personnelle : « Milieu gauche, ce n'est pas mon poste. Pour dépanner OK, mais on verra sur le long terme. »

On a compris que pour l'instant rien n'est facile pour cet OM dans une compétition plus touffue qu'il y paraît et assez peu spectaculaire dans cette phase de tous les calculs.

À peine 13 000 spectateurs assistent au Vélodrome à la difficile victoire sur Guimaraes. Martins a ouvert le score (17e), Ocampos a égalisé d'une reprise acrobatique (28e) et Maxime Lopez a inscrit le but victorieux sur une passe d'Ocampos (76e,

Valère Germain ouvre le score face à Braga à la 4e minute.

2-1). Garcia ne fait pas la fine bouche : « Il y a beaucoup de satisfactions dans ce groupe. Les joueurs s'entendent bien. Ils sont les uns derrière les autres. »

Ils sont surtout déstabilisés lors du match retour après le fracassant dérapage de Patrice Évra. Au bout d'un long pensum, Hurtado offre la victoire aux Portugais (80e, 1-0). Garcia est furibard : « Guimaraes a de l'enthousiasme, mais c'est encore une moins bonne équipe que Salzbourg. Ce n'est pas acceptable de s'incliner ici. » Au passage, merci pour Salzbourg.

En Turquie, deux semaines plus tard, il faut un véritable miracle pour maintenir l'OM en vie après une médiocre performance. La messe semble dite quand Amavi concède un penalty et se fait expulser avant la transformation de Skubic (82e). L'entrée en jeu de N'Jie est décisive. C'est lui qui centre au bout du bout du match et pousse Moke à marquer contre son camp sous l'effet d'une inutile panique (90e + 3, 1-1).

GERMAIN RELIE L'ÉTÉ À L'HIVER

Garcia est soulagé : « On ne peut pas parler de miracle car les miracles arrivent par hasard. Les gars y ont cru jusqu'au bout. Il va falloir s'améliorer. On est sûrs de ne pas finir premiers, mais on est encore en vie. » L'OM compte désormais quatre points de retard sur Salzbourg déjà qualifié, deux d'avance sur Konyaspor et trois sur Guimaraes.

« Un résultat nul pourrait nous suffire, mais il faut finir avec plus de panache », déclare Garcia avant l'ultime levée à domicile contre des Autrichiens démobilisés. Avec Payet, Thauvin et Germain sur le banc, l'OM livre une très faible prestation qui s'achève par un match nul des familles (0-0) qui arrange tout le monde, sauf les 23 000 spectateurs.

Qu'importe le flacon ! Fût-ce dans la douleur, l'OM a atteint son objectif. Il franchira le Nouvel An au chaud avec la perspective d'un seizième de finale, un type d'affrontement direct par aller et retour qui convient sans doute mieux à son caractère.

Quatrième du championnat portugais, Braga a un peu plus d'allure que Guimaraes, mais il n'a rien d'un ogre européen. « On tombe toujours sur des formations très équilibrées, analyse Garcia. On est loin d'avoir survolé la phase de poules. Maintenant, on va essayer d'aller le plus loin possible. »

Au cœur de l'hiver, lors du match aller au Vélodrome, Germain a des réminiscences de l'été. Il inscrit les deux premiers buts de l'OM (4e, 69e). Et quand Thauvin le remplace, c'est pour creuser l'écart (74e, 3-0). L'OM s'est montré archi-dominateur. Le gardien portugais Matheus a évité le désastre à son équipe. Garcia est heureux : « On a vu du beau jeu à une touche de balle, des combinaisons, du mouvement, du pressing. »

GARCIA PLÉBISCITE LA VIDÉO

Même l'entraîneur adverse Abel Ferreira est impressionné : « C'est la meilleure équipe marseillaise de ces dix dernières années. Elle est bien supérieure à Porto ou à Benfica. Il faudrait une soirée épique pour retourner la situation. »

De soirée épique à Braga il n'y aura pas. Sans Mandada, Payet ni Thauvin et à trois jours d'un affrontement contre le PSG, l'OM fait le dos rond après le but de Ricardo Horta (31e, 1-0). Garcia parle d'un « match très intense avec la qualification au bout ». Tout est dit.

Avec l'Athletic Bilbao en point de mire, Marseille sait qu'il va lui falloir monter d'un étage en huitièmes de finale. Le club basque n'est alors que quatorzième de la Liga, mais c'est un habitué des joutes continentales. Rami ne tremble pas pour autant. Il est tombé amoureux de cette C3 : « Je préfère gagner une Coupe d'Europe que terminer deuxième de la Ligue 1 », déclare-t-il. « On a envie d'aller au bout », confirme Mandanda.

Le match aller, au Vélodrome, ne dénature pas cette ambition. Quarante-quatre secondes suffisent à Thauvin pour ouvrir le score et Payet double la mise d'une superbe reprise en demi-volée (14e). Germain sort ensuite perdant de deux face-à-face avec le gardien adverse avant que Rami ne soit sanctionné d'un penalty extrêmement sévère. Quand le ballon a touché son bras, celui-ci était collé au corps. Après avoir indiqué un corner, l'arbitre de champ a modifié sa décision à la demande de son collègue de surface. La « panenka » d'Aduriz fait mouche (45e). Heureusement, Ocampos recrée l'écart sur un centre de Payet (57e, 3-1).

Garcia est à cran : « La grande différence avec Braga, c'est que ce n'était pas les mêmes arbitres. Le penalty était inexistant. Vivement la vidéo. J'espère que ces deux buts d'avance suffiront. »

QUAND RAMI FAIT UN RÊVE

L'entraîneur de Bilbao José Angel Ziganda a son opinion sur la question : « Si nous marquons rapidement nous pouvons réussir la *remontada*. Je suis sûr que mon équipe va se qualifier. » Croire

Dimitri Payet est pris en chasse par le milieu défensif de Bilbao Mikel San José.

est une chose, pouvoir en est une autre. Solide, l'OM ne laisse aucun espoir à son rival. Payet ouvre le score sur penalty (38e) et Ocampos enfonce le clou d'une belle frappe enroulée au second poteau (52e). Bilbao doit maintenant marquer cinq buts pour aller de l'avant. Il n'en inscrira qu'un seul par Williams (74e, 2-1).

L'OM retrouve un grand huit européen. Garcia est comblé : « Nous avons fait un match sérieux, cohérent et maîtrisé de bout en bout. » Lopez parle d'un « super match dans la maîtrise ». Et l'enthousiaste Rami est sur son nuage : « Il ne faut pas avoir honte de rêver. Je rêve donc de gagner la Ligue Europa avec l'OM. »

Avec lui, c'est toute une ville qui désormais se prend à rêver.

ÉVRA AU BOUT DE SA FOLIE

C'EST UNE SCÈNE surréaliste et affligeante qui se déroule lors de l'échauffement d'avant-match à Guimaraes, où l'OM est en visite. Depuis plusieurs semaines, une frange des supporters du club phocéen bat froid le défenseur international Patrice Évra

qu'elle estime mauvais sur le terrain et trop provocateur sur les réseaux sociaux. Évra est un homme de conflit par excellence. Lorsqu'il ne les subit pas, il les crée. Ce soir-là, sans doute meurtri d'avoir appris qu'il allait une nouvelle fois être remplaçant, il ne supporte pas les insultes venues du bord de touche. « Dégage de l'OM, t'es nul », lui lance notamment un fan que le service d'ordre bien peu efficace a laissé approcher. En réponse, il reçoit un coup de pied dans la figure digne d'un karatéka. Éric Cantona, dont le « kung-fu » à l'encontre d'un supporter de Crystal Palace en 1995 est entré dans la légende, a désormais un successeur.

Les images font très vite le tour du monde. Expulsé par l'arbitre avant même le coup d'envoi, Évra assiste, l'air apaisé, à la rencontre confortablement installé en tribune. « Une telle réaction n'est pas admissible, il doit tenir ses nerfs », dira Rudi Garcia. « Moi, j'aime où il y a de la merde, on ne me changera pas, c'est comme ça », avait déclaré le joueur deux mois plus tôt dans le journal *La Provence*. Il aime surtout la répandre et l'étaler. Quelques jours plus tard, il quittera l'OM après une rupture à l'amiable avant, lors du mercato d'hiver, de signer dans le club londonien de West Ham, où il finira la saison.

L'OM SE TAPE DEUX RED BULL

Grâce à la magie du stade Vélodrome et à des performances haut de gamme, l'OM a repoussé ses limites. Les deux clubs étendards de la fameuse boisson énergétique ne sont pas parvenus à l'empêcher d'atteindre la finale, sa première depuis quatorze ans.

MONTÉ DANS LE PETIT GRAND HUIT EUROPÉEN, Marseille n'est pas rassasié. En quarts de finale, le sort lui a réservé les Allemands de Leipzig, dont on se souvient qu'ils avaient exécuté Monaco au stade Louis-II (4-1) en C1 avant d'être reversés en Ligue Europa et de s'imposer notamment à Naples (3-1).

Privé de Rami, Rolando, Mandanda et Thauvin, tous blessés, l'OM ne crâne pas au moment d'entrer sur la pelouse de la Red Bull Arena avec une charnière défensive composée de l'expérimenté Luiz Gustavo, qui a reculé d'un cran, et du gamin Boubacar Camara (18 ans). Les malheurs olympiens ne passent pas inaperçus côté allemand. « Je ne vais pas dire qu'ils sont en panique, mais ils savent qu'on est une bonne équipe, déclare le défenseur central français de Leipzig, Konaté. On est au courant que ce sera plus facile pour nous car ce sont des cadres qui leur manquent. »

« Luiz Gustavo pourrait jouer partout, répond Rudi Garcia. Il n'y a pas de risque particulier à l'aligner en défense. » Ce soir-là, L'OM présente une défense à cinq éléments. Dans un match extrêmement équilibré et sans grande envergure, tout se joue en une minute, la dernière de la première période. Après une simulation de l'attaquant du cru Augustin, un jeune joueur prêté par le PSG, Sarr lance un contre qui propulse Ocampos vers le but adverse. L'Argentin tire sur le gardien. Un contre du contre repart illico dans l'autre sens. Forberg alerte Werner, dont le tir passe sous le ventre de Pelé qui supplée Mandanda. Ce sera le seul tir cadré de Leipzig (45e, 1-0). Sarr avait frappé peu auparavant sur la barre et l'OM se créera ensuite quelques belles et vaines occasions.

Sanson exprime « beaucoup de frustration » et ajoute : « On sait qu'on n'a pas besoin de faire appel à nos supporters. Ils répondront présents. » Pour Sarr, « il fallait rester en vie. Tout est possible chez nous ». Garcia est mi-chèvre mi-chou : « On aurait pu faire un tout autre résultat au vu du contenu. On a été à la hauteur. Au Vélodrome avec nos supporters, on peut renverser des montagnes. » Il est encore en dessous de la vérité.

LE CHEF-D'ŒUVRE DU VÉLODROME

Si Thauvin est de retour sur le terrain et Rami sur le banc après avoir été annoncé forfait, Mandanda et Rolando sont toujours forfait pour le match retour. C'est un stade en fusion, plein de plus de 61 000 spectateurs, qui attend les deux formations pour pousser l'une et freiner l'autre. « À nos joueurs de se sublimer pour aller chercher la qualification. Je suis venu ici parce que la Coupe d'Europe est dans l'ADN de l'OM », a déclaré Garcia, qui a bon sur toute la ligne.

Tout commence par un grand coup de froid quand Bruma, servi par Augustin, ouvre le score (2e). Heureusement, Ilsanker marque contre son camp au bout d'une partie de billard (6e). Le Vélodrome

Rolando inscrit le seul but des Marseillais lors du match retour en demi-finale contre Salzbourg.

reprend des couleurs. Le bruit est infernal et l'explosion monumentale quand, après un centre de Payet et deux tentatives de Thauvin repoussées par le gardien allemand, Sarr reprend victorieusement (9e), pour son premier but de la saison.

C'est parti pour un scénario de folie. Quand Payet expédie un missile du gauche en lucarne, l'arbitre refuse le but pour une faute initiale de Mitroglou (16e). Quand Sarr se démet l'épaule, c'est Rami qui effectue un retour inattendu (28e). Quand Payet dépose aux six mètres un coup franc latéral pour une reprise à bout portant de Thauvin (38e), c'est l'OM qui tient sa qualification. Quand Keita effectue un grand numéro avant de servir Augustin qui réduit le score (55e), c'est de nouveau Leipzig qui tient le bon bout.

Depuis le coup d'envoi du match aller, Pelé n'a toujours pas arrêté le moindre tir allemand. Mais Lopez et Sanson effectuent un formidable travail au milieu et Payet inverse de nouveau la tendance sur un but exceptionnel, une frappe en lucarne après un double passement de jambes (60e).

L'émotion est à son comble. Un seul but allemand dans ce match magnifique, ouvert à tous les vents, et l'OM n'aura que ses yeux pour pleurer. On joue le temps additionnel. Tout le monde retient son souffle quand Pelé bloque miraculeusement entre ses jambes un tir de Poulsen (90e + 2), son premier arrêt en deux matchs. Leipzig arrache encore un corner. Son gardien Gulacsi monte pour cette action de la dernière chance. La balle est repoussée sur la droite. Sakai s'en empare et, de plus de trente mètres, marque dans le but vide son premier but sous le maillot marseillais, le jour de ses 28 ans (90e + 5, 5-2).

C'est un tremblement de terre qui secoue le Vélodrome et sa pelouse. Lopez est quasiment en pleurs. Les effusions sont interminables, l'exploit considérable. L'OM tient la demi-finale de ses rêves. « On fait ce métier-là pour ça, déclare Garcia. Pour gagner 5-2, il faut que tout le monde soit au top. C'est une fierté de voir le Vélodrome comme il était ce soir, en feu tout au long du match. On se rend compte combien ce stade peut être spécial, comment ce public peut être spécial. »

UN ARBITRE BIEN INTENTIONNÉ

Le lendemain, Lopez n'a toujours pas récupéré de ses émotions : « Je suis encore sous le choc, dit-il. Ce fut une soirée exceptionnelle et un match exceptionnel dans une ambiance exceptionnelle. Le dernier but, c'était tellement fort que j'étais à deux doigts de pleurer. » Luiz Gustavo, qui en a pourtant vu d'autres, évoque « la meilleure ambiance de (sa) carrière ». Présent au stade, le grand ancien Marcel Desailly est secoué : « Des fois je suis un peu blasé du foot, mais quand je viens ici, c'est toujours un truc de fou. »

Redescendu sur terre, l'OM ne change pas de planète. Le club autrichien de Salzbourg appartient lui aussi à la multinationale Red Bull. Il s'agit de retrouvailles puisque les deux clubs se sont déjà affrontés en phase de poules (1-0 à Salzbourg, 0-0 au Vélodrome) sans exciter les foules.

Garcia est prudent. « On espère qu'on aura plus d'expérience qu'eux. Pour moi, ils sont favoris mais nous sommes un outsider décidé à rejoindre la finale. » Salzbourg vient d'éliminer la Real Sociedad, Dortmund et la Lazio Rome, excusez du peu. Son équipe, très jeune, qui sert de réservoir à Leipzig, écrase son championnat national. « Nous voulons jouer l'attaque, clame l'entraîneur Marco Rose. Nous ne changerons rien, même devant 60 000 spectateurs. »

Puisque l'OM doit d'abord jouer chez lui, ils sont cette fois-ci plus de 62 000 dans ce stade de toutes les rages amoureuses. Sans Sakai blessé au genou en Ligue 1, l'OM attise encore un peu plus les braises quand Thauvin reprend au second poteau un coup franc latéral de Payet (15e). « Je la touche de la tête et de la main aussi je crois », avouera l'heureux buteur. Marseille contrôle la première période, mais peine dès la reprise. Quand Lopez, déjà averti, bouscule Lainer dans la surface de réparation sans que Mister Collum, l'arbitre écossais, ne siffle l'évident penalty (53e), on se dit que la chance a choisi son camp. Pour preuve, le second but inscrit par Njie sur un service de Payet (63e), trois minutes seulement après son entrée en jeu. Il reste à Pelé à bien faire son boulot et à regarder une frappe de Gulbrandsen frapper l'un de ses poteaux.

Avec deux buts d'avance, Marseille peut voir venir.

UN HÉROS NOMMÉ ROLANDO

Rami est lucide : « On ne peut pas gagner sans souffrance. On sent une alchimie positive, mais la finale est encore loin. » « On a eu une grande réussite, ajoute Sanson. Salzbourg est une très bonne équipe. » « Il faut de la réussite, confirme Garcia. J'ai aimé le cœur qu'on a mis. On ira en Autriche pour marquer et pour gagner. »

Côté autrichien, la pilule passe mal. « On a l'impression qu'ils sont sept ou huit arbitres à courir un peu partout, galèje le gardien Walke. On doit les saluer, être polis et au final aucun d'entre eux n'est capable de voir une faute flagrante. » Marco Rose ne jette pourtant pas l'éponge : « On est tristes car on méritait mieux. L'ambiance était incroyable. Elle apporte beaucoup à l'OM. Mais on ne baisse pas les bras. »

Le match retour s'annonce chaud. Ancien entraîneur de l'OM devenu consultant, Rolland Courbis alerte : « J'étais inquiet avant le match aller et je le suis toujours. » « C'est peut-être sur le plan

physique que se fera la différence, et dans ce domaine nous sommes plus forts ; à l'aller, ce fut flagrant », cherche à se rassurer le défenseur Lainer.

Quant à Garcia, il veut élargir le cercle des soutiens de l'OM : « Beaucoup de supporters en France se reconnaissent dans cette équipe grâce au caractère et à la générosité qu'elle montre. »

Elle n'a pas vraiment besoin de mettre en avant ces deux qualités pour maîtriser la première période d'un match alors soporifique et disputé dans une ambiance neutre. Le début de la seconde mi-temps n'est pas loin de sourire aux Marseillais. Ocampos (46e) puis Germain (49e) sont au bord d'inscrire ce but qui serait un inestimable trésor. Mais c'est Haidara qui trompe Pelé après avoir transpercé l'arrière-garde marseillaise (53e). Là, ce n'est plus du tout la même soupe. Et encore moins quand Sarr marque contre son camp en détournant une frappe de Schlager qui filait à côté (65e). L'OM est au bord de l'asphyxie. Pelé sauve la mise devant Hwang (71e). Chaque percée autrichienne est un supplice. Et quand, sur un centre de Thauvin, la main de Caleta-Car n'incite pas l'arbitre russe Karasev à siffler l'incontestable penalty (87e), on se dit que l'OM va devoir payer la note du match aller.

La prolongation est étouffante. Pelé repousse somptueusement sur sa ligne une tête de Caleta-Car (99e). On se dirige vers la série de tirs au but quand un tir de Zambo Anguissa est détourné. Corner indique l'arbitre alors que c'est bel et bien Ocampos qui a contré la frappe. Petites causes grands effets. Au bout du centre de Payet, Rolando, entré un quart d'heure plus tôt, trouve l'ouverture du plat du pied (116e, 2-1). Salzbourg est K.-O. et scandalisé. L'OM est en finale, sa première depuis quatorze ans.

« JE SUIS MORT, J'AI TOUT DONNÉ »

Les 1 500 supporters agglutinés en virage explosent de joie en même temps que les joueurs et les 22 000 spectateurs venus assister à l'événement sur un écran géant au Vélodrome. Très vite, c'est toute une ville qui est saisie de folie et qui se réjouit d'aller disputer la finale à Lyon, chez celui qui est devenu l'ennemi juré, Jean-Michel Aulas.

Dans le vestiaire olympien, l'euphorie est totale. Les plus jeunes joueurs dansent comme des dingues tandis que l'ancien Luiz Gustavo souffle à l'oreille d'un autre ancien Adil Rami : « Je n'en peux plus, mon frère. »

« Pendant la prolongation, sur le banc, c'était invivable, raconte Germain remplacé par Njie à la 84e minute. Mais maintenant on vit quelque chose de fou. » « Je suis fatigué, mort, j'ai tout donné, souffle Thauvin. Mais on va faire le maximum pour ramener la Coupe. » Comme le souligne Garcia : « Aller en finale, ce n'est pas une fin en soi. Cela ne donne pas de titre. »

Comme si au bout d'un si long et palpitant parcours, de tant de matchs disputés (18), de tant d'adversaires éliminés, de tant de passion générée et partagée, tout restait encore à faire.

GRIEZMANN ÉTEINT L'OM

En inscrivant deux buts, l'attaquant international n'a pas fait de cadeau au club français de son cœur. Et pour la quatrième fois, Marseille, trop vite privé de son capitaine Dimitri Payet, est sorti perdant d'une finale européenne. L'Atlético était tout simplement trop fort.

C'est un moment de grâce et d'espoir. Un moment gigantesque. Si les Coupes d'Europe, depuis leur création en 1955, ont proposé 164 finales, c'est la quatorzième fois seulement qu'un club français s'y invite et deux fois seulement, pour l'OM en 1993, à jamais le premier, contre le grand Milan AC en Ligue des champions, et pour le PSG en 1996 contre le Rapid Vienne dans la défunte Coupe des coupes, la balance a penché du bon côté.

L'Europe et la France, c'est surtout une histoire d'amour pleine de d'abandons, de ruptures, de déceptions, de frustrations. Mais voilà qu'au bout de son parcours marathon commencé dix mois plus tôt, l'OM est de retour à ce niveau pour la première depuis sa défaite dans la même épreuve contre Valence en 2004 (2-0).

C'est avec beaucoup d'incertitude, pour ne pas dire d'inquiétude par rapport à sa situation en Ligue 1, que l'OM se présente au pied de son Graal. Seulement quatrième à une longueur de la ligne d'arrivée, il est dans la situation de quelqu'un qui risque de tout perdre après avoir rêvé de tout conquérir.

Atlético Madrid ! Le simple nom fait frissonner. À l'opposé absolu du flamboyant Real Madrid, son voisin et ennemi, l'équipe façonnée par l'Argentin Diego Simeone a tout pour déplaire et pour faire peur. Deux fois finaliste de la C1 en 2014 et 2016, l'Atlético est un grand d'Europe. Son jeu est construit sur du béton armé, une défense hermétique, le contre à tout-va, mais aussi une solidarité à toute épreuve, un esprit de corps formidable et inégalable. Au milieu de cette obscurité tactique brille l'astre Griezmann. Un pur délice. Un diamant.

LA FAUSSE PROPHÉTIE DE BOLI

Natif de Mâcon, l'attaquant international sera quasiment chez lui au Groupama Stadium de Lyon. Un stade « national », qui ferait parfaitement l'affaire des Marseillais si un conflit intense entre les deux clubs, et surtout leurs deux présidents, ne répandait pas l'inquiétude pour le grand jour. Un dispositif exceptionnel de sécurité a été mis en place.

Le président de l'OM Jacques-Henri Eyraud fait de son mieux pour apaiser les tensions avec son alter ego Jean-Michel Aulas, pendant que sa troupe prépare le grand affrontement.

> **« Cela faisait longtemps que la Bonne Mère n'avait pas reçu autant de demandes à caractère sportif. »**

Blessé à une cuisse, le meneur de jeu Dimitri Payet a fait l'impasse cinq jours plus tôt sur un important Guingamp-OM, avancé de vingt-quatre heures pour la circonstance, afin de se réserver pour le choc en majuscules. « Ce n'est pas quelque chose d'anodin, dit-il en évoquant cette blessure trois jours avant la rencontre. Il va falloir faire très attention d'ici à mercredi, mais je suis très optimiste. »

Touché à l'épaule, le défenseur Bouna Sarr va mieux lui aussi. Mais tous les Marseillais ont conscience que l'affaire ne sera pas simple. « Il va falloir se préparer mentalement à souffrir encore », prévient Rami qui, comme Luiz Gustavo avec le Bayern en C1 en 2013 et Rolando avec Benfica en C3 en 2011, a déjà conquis un trophée européen, une C3, avec Séville en 2016.

LA BEVUE DE ZAMBO ANGUISSA

Près de 15 000 supporters marseillais enflamment l'enceinte lyonnaise, parmi lesquels le curé de la paroisse du quartier Saint-Barnabé. Cela faisait longtemps que la Bonne Mère n'avait pas reçu autant de demandes à caractère sportif. À l'heure du coup d'envoi, plus de 20 000 personnes se pressent également au stade Vélodrome pour vivre le match sur un écran géant. Marseille retient son souffle.

Et encore plus quand, dès la 4e minute, propulsé par Payet, Valère Germain (dont le papa Bruno a disputé sous ce même maillot la finale perdue 1991 de C1 contre l'Étoile rouge de Belgrade) se présente seul devant le gardien Oblak. Las, son tir précipité s'envole dans les gradins. L'OM est bien entré dans la rencontre. Il fait jeu égal quand il ne domine pas, mais l'Atlético n'aime rien tant que d'être pressé, dans l'attente d'une bévue adverse. Et celle-ci survient trop vite, lorsque le milieu Zambo Anguissa rate un contrôle sur un court dégagement de Mandanda. La balle fuse sur Gabi qui, peut-être même sans le faire exprès, propulse Griezmann vers le gardien olympien qu'il trompe aisément d'une pichenette du gauche (21e).

Le repic de ce malheur survient dix minutes plus tard quand Payet doit jeter l'éponge. La cuisse du capitaine marseillais n'a pas tenu. C'est un crève-cœur. Il quitte le terrain en larmes sous les accolades de ses équipiers et de Griezmann qui a bien compris que pour son camarade, c'est également la Coupe du monde qui est en train de s'envoler. « Je pense que pour ce genre de match, c'est le genre de risque à prendre », dira froidement Garcia après coup. Son joueur ne le démentira pas.

L'OM ne s'en remettra pas. Dès le début de la seconde période, c'est encore Griezmann, servi par Koke, qui enfonce le clou finement d'un tir croisé du gauche (49e). Deux occasions, deux buts. De l'Atlético pur jus. Les ultimes illusions de l'OM s'envolent dans un ciel lyonnais zébré de pluie. Supérieurs techniquement, les Espagnols ont la mainmise sur le match.

Mitroglou, qui a remplacé Germain, expédie bien un coup de tête sur le poteau (81e), mais puisque ce n'est pas un soir pour sourire, Koke accable l'OM sur un nouveau service de Gabi (89e, 3-0). Cela fait déjà quelques minutes que le Vélodrome déconfit a commencé à se vider. La fête est finie. L'Atlético remporte sa troisième Ligue Europa en huit ans et l'OM sort de sa cinquième finale avec toujours un seul but inscrit, celui magique de Basile Boli.

RAMI : « LA MARCHE ÉTAIT TROP HAUTE »

« On a laissé passer notre chance en première période, regrette Garcia. Contre l'Atlético, il ne faut pas être mené au score. En seconde mi-temps, ils ont haussé leur niveau et ç'a été difficile pour nous. Le score est trop sévère, mais la meilleure équipe a gagné. On n'a pas à rougir. »

« On aurait pu faire mieux, regrette Mandanda. Sur notre première erreur, ils nous tuent. Il n'y a pas à chercher de coupable. On perd tous ensemble. C'est une sortie de balle que l'on fait régulièrement et là, on l'a payée. Mais si on nous avait parlé de ce parcours européen en début de saison, on ne l'aurait pas cru. »

« Le premier but a fait mal, confirme Rami. La marche était trop haute, mais on n'a pas démérité. Je suis sûr que dans trois, quatre ou cinq ans l'OM aura une équipe qui fera mal en Ligue des champions. »

Quant au héros du soir, Antoine Griezmann, il rend hommage à ce club qu'il avoue adorer : « Je suis fier de la saison de Marseille, de ce qu'ils ont réalisé. Ce qu'a fait Rudi Garcia avec cette équipe, c'est énorme. » Grizou est un chic type. Il se penche ensuite sur son propre cas : « Ça faisait deux finales que je perdais, en 2016 avec l'Atlético en C1 et avec les Bleus. Je suis parti de chez moi à 14 ans pour gagner des titres. Nous y sommes arrivés en jouant notre jeu, en étant costauds derrière, en défendant bien, en faisant mal à l'adversaire dès qu'on l'a pu. »

Une fois ce constat chirurgical effectué, il refuse de parler de son avenir, laissant le soin à Diego Simeone de le faire : « S'il reste avec nous, on continuera à grandir et il le sait. Mais s'il s'en va, je le remercierai pour tout ce qu'il a fait. »

Pour Griezmann, il y aura certainement très vite d'autres finales. Mais pour l'OM ?

L'Atlético Madrid remporte la 3e Ligue Europa de son histoire !

16 MAI 2018 / GROUPAMA STADIUM / **ATLÉTICO MADRID** – OLYMPIQUE DE MARSEILLE : 3-0

Efficace dans les grands événements, Antoine Griezmann a marqué un doublé lors de cette finale.

L'ENFER D'UN ANGE

Meilleur joueur français de son époque, inspirateur du jeu à la nantaise, sélectionneur porté par Platini puis trahi par les siens, entraîneur globe-trotter pris dans les secousses du continent africain, cet amoureux parfois transi de la vie s'est éteint à l'âge de 70 ans.

Milieu de terrain inspiré, il portera 58 fois le maillot de l'équipe de France.

Il avait d'abord été un joueur magnifique, surgi dans ces années 1960 qui furent celles des grands bouleversements de la société, d'un appel d'air vers la liberté dans tous les secteurs et Henri Michel était un homme libre.
Il a 19 ans en 1966 quand il arrive à Nantes, en provenance d'Aix-en-Provence, et tout de suite sa beauté, son allure, son élégance, sa technique et sa modernité sautent aux yeux. C'est l'époque où les cheveux s'allongent en même temps que la longueur des passes sur le terrain, et à ce jeu il est totalement dans son élément. Très vite, il devient ce milieu de terrain rayonnant, patron d'une équipe qui érige la manière en philosophie. Ici le beau et le bon sont inséparables. Michel est le Beckenbauer français sauf qu'il ne joue ni dans un grand club européen, à une époque où l'on fait sa carrière chez soi, ni dans une équipe nationale performante.

Henri Michel, vainqueur de la Coupe de France avec Nantes en 1979.

Ses conquêtes ont toutes la couleur jaune. Il est le porte-étendard du fameux « jeu à la nantaise » qui fait tourner les têtes des adversaires. Trois fois il est sacré champion de France (1973, 1977, 1980). Si à Nantes tout part de lui et tout revient vers lui, il n'en va pas de même en sélection, où les leaderships sont plus compliqués à conquérir.
Les Bleus, qui l'accueilleront à 58 reprises, sont alors au creux de la vague sans qu'il parvienne à les relancer. Sans doute parce que, sous le maillot tricolore, il est beaucoup moins bien entouré qu'à Nantes et que, preuve en est ce brassard qu'il porte à l'occasion et se fait chiper régulièrement, il n'a pas tout à fait la personnalité pour devenir celui qui peut tout régenter, tout changer.

GUADALAJARA COMME SOMMET

Ce joueur-là, il le voit débarquer en 1976. Il s'appelle Michel Platini et il a déjà tout, y compris dans son caractère affirmé, du sauveur de la nation. Michel Hidalgo, qui vient de prendre en charge la sélection, convoque pour la première fois le gamin de Nancy pour l'associer au monument de Nantes à l'occasion d'un match amical contre la Tchécoslovaquie. Lorsque les Bleus obtiennent un coup franc bien placé, Henri Michel s'empare du ballon, lui tireur émérite de coups de pied arrêtés. Mais Platini le lui réclame : « Passe-moi la balle et je la mets au fond. » Aussitôt dit aussitôt fait. Le témoin est transmis. Malgré une participation active au Mondial argentin de 1978 que la France quitte dès le premier tour, sa carrière internationale va désormais s'écrire en filigrane. Elle s'interrompra en 1980 à Chypre, au poste d'arrière central, sur un succès flamboyant (7-0).
Reconverti défenseur chatoyant, Henri Michel n'est plus très loin du bout de sa route de joueur, qui survient en 1982 après beaucoup de très bons et loyaux services (640 matchs en jaune toutes compétitions confondues) qui lui feront dire : « C'est vrai, j'aurais pu quitter Nantes mais sans avoir la certitude de trouver l'équivalent. J'ai toujours craint de ne pas pouvoir m'exprimer ailleurs →

Entraîneur de l'équipe de France de 1984 à 1986, il dirigea Michel Platini.

aussi bien qu'ici. Je n'ai pas la mentalité d'un mercenaire sinon je serais parti. Mais aurais-je été aussi heureux. »
« Il est celui qui symbolise le mieux le club, le numéro 1 dans la durée et la qualité », dira après sa mort une autre icône nantaise du XXe siècle, Maxime Bossis. Et son ancien entraîneur Jean-Claude Suaudeau déclarera sans nuance : « Il a sa place à côté de Platini et Zidane. Il n'a pas été reconnu à sa juste valeur. »
Voici venu le temps de la reconversion. Michel Hidalgo l'appelle à ses côtés chez les Bleus. En attendant d'en faire son évident successeur, il lui confie l'équipe de France olympique qu'il construit de toutes pièces et qualifie pour la phase finale à Los Angeles après avoir éliminé la Belgique, l'Espagne et l'Allemagne. Avec cette sélection, une sorte d'équipe de France B, il décroche l'or le 11 août 1984 en finale des JO de Los Angeles contre le Brésil (2-0). Quelques semaines plus tôt, Hidalgo s'est retiré, titre de champion d'Europe en poche, au terme de ce qui avait été le grand triomphe de Platini (9 buts en 5 matchs).
Un Platini qui vient d'emmener les Bleus sur les hauteurs et les y maintient jusqu'au jour de gloire de Guadalajara quand la France élimine le Brésil (1-1, 4 tirs au but à 3) en quarts de finale du Mondial mexicain, une victoire hélas sans lendemain.
Pour Henri Michel aussi, ce jour de gloire est le dernier de cette seconde carrière qui va désormais s'écrire en lettres tremblées.

UN COMPLOT À LA BORGIA

Une fois Platini parti, en 1987, s'ouvre une pénible phase de transition. Les résultats flanchent. Cantona fait ses gammes, qui traite le sélectionneur d'« incompétent » et de « sac à merde » parce qu'il l'a omis d'une liste. Une tache indélébile. On trouve désormais tous les défauts à ce sélectionneur qui finira encore une fois à Chypre, sur un piètre match nul (1-1), à l'automne 1989, victime d'un complot ourdi par Claude Bez, président de Bordeaux, avec le soutien de toutes les instances et de toutes les coteries de l'ombre, pour installer à sa place Michel Platini. L'issue était inéluctable. Elle n'avait pas besoin de ce scénario à la Borgia.
Il rebondira un an plus tard au PSG à l'appel de président Borelli, mais sans grand résultat, avant le rachat du club par Canal+ qui lui coûtera sa place.
Plus jamais un club français ne fera appel à lui. Sans doute aussi parce qu'en bon épicurien, il prolonge souvent ces soirées où l'on parle pour boire et où l'on boit pour parler, et que ça se sait. Sa traversée du désert est annoncée. Elle s'achève lorsque le Cameroun fait appel à lui en 1994. C'est le début de nouvelles aventures, essentiellement sur le continent africain. Trois fois il retourne en phase finale d'un Mondial avec le Cameroun (1994), le Maroc (1998) et la Côte d'Ivoire (2006) mais sans jamais y briller.
Ballotté, il passe et repasse en une longue errance par de nombreux clubs pour des séjours souvent courts et sans relief aux Émirats arabes unis, en Grèce, en Tunisie, en Égypte, en Afrique du Sud, en Guinée-Équatoriale et pour finir au Kenya en 2012 pour quelques mois à la tête de la sélection.
Son glorieux passé faisait depuis longtemps une ombre monumentale à ce présent compliqué, cette vie de galérien, loin des siens et de ce qu'il avait imaginé.

ÇHAMPIONNATS ÉTRANGERS

Le Barça de Lionel Messi termine champion d'Espagne devant le Real de Sergio Ramos.

Premier League
Premier League
Premier League
Premier League

AVEC LE CENT DE GUARDIOLA

Dans la compétition considérée à juste titre comme la plus dense et la plus compliquée à gagner, Manchester City s'est littéralement promené pour remporter le cinquième titre de son histoire. Une bonne chose de faite pour son coach Pep Guardiola, désormais sacré dans trois grands championnats.

Que s'est-il passé dans la tête de Guardiola, entraîneur de Manchester City depuis un an déjà, lorsqu'il a appris, peu avant l'été 2017, que le terrible José Mourinho débarquait à Manchester United ? Lorsqu'il a compris que le grand combat entre les deux équipes de la ville allait se transformer en un gigantesque bras de fer avec le multititré Portugais à la personnalité de feu et de flamme ?

On ne le saura jamais vraiment parce que dans ces cas-là on recourt au langage diplomatique. Mais on n'en pense pas moins en se disant que l'on fera les comptes à la fin. La fin ? Une excellente seconde place pour United dans cette League ouverte à toutes les puissances financières. Mais à 19 longueurs de City, champion haut la main avec ses 100 points, et unique équipe des cinq grands championnats à avoir atteint ce total. Parce que City ne lâche jamais rien, même quand, à la dernière journée, alors que le titre est acquis depuis belle lurette, il va s'imposer sur le terrain de Southampton qui se bat pour ne pas descendre. Parce que City est une machine à gagner (deux défaites seulement en 38 rencontres) et à marquer (106 buts). Parce que City ressemble à celui qui en a la charge sportive.

3 fois champion d'Espagne avec Barcelone, 3 fois champion d'Allemagne avec le Bayern et désormais champion d'Angleterre avec Manchester City, Guardiola rafle tout sur son passage.

CITY, UNE INVENTION DU XXIE SIÈCLE

Guardiola est un amoureux du jeu, du beau jeu. Sans doute l'est-il beaucoup moins des joueurs qui pour lui ne sont que les instruments de ses désirs et de ses obsessions, s'il faut en croire le grand ancien Yaya Touré qui l'a très bien expliqué dans *France Football* au bout d'une saison où il n'a joué qu'un rôle de figurant. Guardiola n'a d'affect que pour le ballon et pour sa circulation qu'il exige fluide. Et quand il aurait pu donner du temps de jeu au défenseur français Benjamin Mendy, de retour d'une grave blessure au genou, et en quête d'une sélection pour le Mondial, il ne l'a pas fait.

Mais c'est ainsi qu'après avoir été sacré en Espagne avec le Barça, pas trop compliqué, en Allemagne avec le Bayern, encore moins compliqué, il l'a été en Angleterre avec City et là, c'est une autre paire de manches car la Premier League n'est jamais jouée d'avance, elle qui concentre les ambitions les plus folles et les oppose dans de féroces et spectaculaires combats suivis par la planète entière.

Devenir champion dans ce pays de passion totale est le contraire d'une évidence. Pourtant, City s'est promené loin devant la concurrence et c'est un exploit. On oublie trop vite que ce club d'essence ouvrière ne fait pas partie depuis longtemps des grands du royaume. City tout-puissant, c'est une invention du XXIe siècle et d'un multimilliardaire en provenance d'Abu Dhabi qui s'en est porté acquéreur en 2008, alors que le club végétait en milieu de classement.

Depuis, City a remporté trois fois le titre de champion (2012, 2014 et 2018) pour porter son total général à cinq titres, très très très loin, de son voisin United (20 titres), très très loin de Liverpool (18 titres), très loin d'Arsenal (13 titres), loin d'Everton (9 titres). Cinq titres donc à son palmarès, même Sunderland a fait mieux (6 titres), mais aussi sept titres de champion de seconde division, preuve que ce club, qui prit souvent l'ascenseur, vient d'un autre monde beaucoup moins clinquant.

UN GOLF AU MOMENT DU SACRE

Il s'est construit dans sa dimension actuelle depuis quelques années seulement sans jamais avoir eu accès au Top 10 des meilleurs joueurs mondiaux, et son coup le plus sensationnel fut bien sûr la « capture » du coach catalan. Son meilleur buteur de l'exercice ? L'Argentin Sergio Agüero, 21 buts mais pas toujours titulaire, quand le prodige égyptien de Liverpool Mohamed Salah en a inscrit 32 et le serial buteur de Tottenham Harry Kane 30. Sa plus grande star, exception faite de son emblématique entraîneur qui prend toute la lumière ? Pas facile à identifier. Peut-être le régulateur belge Kevin De Bruyne, à moins que ce ne soit le surdoué et efficace Brésilien Gabriel Jesus, l'attaquant allemand Leroy Sané, l'inoxydable (33 ans) milieu de terrain brésilien Fernandinho ou le subtil Allemand d'origine turque Ilkay Gündogan. Plus sans doute que la caution anglaise Raheem Sterling.

Il n'aura fallu que 33 matchs à cet agrégat talentueux pour faire main basse sur le trophée, magnifique façon de faire au moins partiellement oublier l'élimination sèche et vexante par Liverpool (double défaite 3-0 et 2-1) de la Ligue des champions, cette coupe aux grandes oreilles qui est désormais l'objectif ultime et majeur des Citizens.

Mais par le biais des matchs décalés, ce n'est pas en jouant que City a été sacré. L'affaire fut en effet officielle à l'issue d'une défaite un peu humiliante de United sur le terrain de la lanterne rouge West Bromwich (1-0).

Vous imaginez que Guardiola était vissé devant son écran de télé pour voir ça ? Pas du tout. Tandis que Mourinho enrageait, lui jouait tranquillement au golf. *So British !*

Grâce à ses 21 buts inscrits en Premier League lors de cette saison, Kun Agüero a contribué à la première place de son équipe, devant son rival Manchester United.

COUPES SOMBRES AU BAYERN

C'est sans surprise, mais sans avoir fait non plus l'économie d'une révolution de palais à l'automne, que le Bayern Munich a de nouveau décroché haut la main le titre de champion d'Allemagne. Mais ses échecs en Coupes ont terni sa saison.

C'EST TOUJOURS LA MÊME, et un peu lassante histoire, pour qui ne fait pas partie de ses supporters et même parfois pour ces derniers. Dès la 29e journée, le Bayern Munich a été sacré champion pour la sixième fois consécutive, la 28e de son histoire, et c'est avec 21 points d'avance sur Schalke 04, son plus « proche » rival, qu'il a achevé la saison.

Mais par-delà ces chiffres impressionnants, il reste la réalité d'un parcours un peu cahoteux ponctué d'une défaite en finale de Coupe d'Allemagne contre Francfort (3-1). Ce soir-là, après que Gacinovic eut inscrit dans le temps additionnel le dernier but de la rencontre dans un but déserté par Ulreich, remplaçant pas toujours fiable et solide du grand absent de la saison, Manuel Neuer, Jupp Heynckes, traits tirés et visage hébété, fit vraiment son âge (73 ans), tandis que son remplaçant déjà désigné, le Croate Niko Kovac, entraîneur de Francfort, gambadait, paradait et embrassait à tout-va, les larmes aux yeux, chamboulé par cet inattendu coup de force qui dégageait son horizon.

Heynckes, les dirigeants du club étaient allés le rechercher à l'automne après avoir liquidé d'abord l'Italien Carlo Ancelotti, coupable d'un médiocre début de championnat, d'une défaite douloureuse à Paris (3-0) en Ligue des champions et en rupture totale avec ses principaux cadres, puis son éphémère remplaçant, et ex-adjoint, le Français Willy Sagnol.

DORTMUND AUX OUBLIETTES

C'est en juin 2013 que l'ancien champion du monde 1974 avait raccroché « définitivement », après avoir offert aux siens un triplé historique Ligue des champions, Bundesliga, Coupe d'Allemagne. Et c'est dans l'espoir de réinventer un pareil scénario qu'il avait été tiré de sa retraite. Le Bayern ne rêve jamais en grand mais en immense.

Alors, bien sûr, un simple titre de champion qui sonnait comme une simple obligation ne pouvait satisfaire personne à Munich. Même si Heynckes avait ramené la paix sociale dans le vestiaire en rendant notamment du temps de jeu aux deux grands anciens Robben et Ribéry quand ils n'étaient pas blessés. Même si un mois lui avait suffi pour transformer 4 points de retard sur Dortmund début octobre en 6 points d'avance un mois plus tard.

La suite ne fut qu'une promenade de santé agrémentée de quelques succès écrasants, tandis que la concurrence s'étiolait et se déchirait loin derrière. « C'est tout de même hallucinant de réaliser un tel parcours après notre début de saison laborieux, estima Corentin Tolisso, arrivé de Lyon à l'été 2017. Le coach a remis beaucoup d'ordre dans l'équipe. On a gagné certains matchs sur un gros score et d'autres avec quelques difficultés, mais nous avons un état d'esprit qui nous permet de réaliser des grandes choses. » Un état d'esprit résumé par Arjen Robben avec un soupçon d'exagération :

« Si nous menons 7-0 et qu'il reste une demi-heure à jouer, nous n'allons pas commencer à baisser de pied. »

RIBÉRY INVENTE LE CINQ MAJEUR

Pour Franck Ribéry, prolongé d'un an en cours de saison alors qu'il avait atteint l'âge canonique de 35 ans, il s'agissait d'un huitième titre national. Il lui permettait d'inventer un cinq majeur en rejoignant dans l'histoire du club les légendaires Oliver Kahn, Bastian Schweinsteiger, Mehmet Scholl et Philipp Lahm, seuls jusqu'alors à avoir été sacrés à huit reprises.

Et pour Kingsley Coman (22 ans), successeur désigné de Ribéry, ralenti lui aussi par des blessures après avoir conquis ses galons de titulaire, et prolongé jusqu'en 2023, ce troisième titre personnel sonnait comme la garantie d'un avenir radieux.

Mais le présent de ce nouveau titre était somme toute banal, surtout après la triste élimination en demi-finale de la Ligue des champions sur la pelouse du Real Madrid, due en grande partie à une énorme boulette d'Ulreich, malgré une partition très haut de gamme (2-2). Ces coupes égarées en route étaient comme des épines enfoncées dans les chaussures à crampons des Bavarois, des regrets éternels.

C'est le lot des grandes équipes auxquelles on demande toujours tout et qui finissent par décevoir lorsqu'elles n'obtiennent que ce qui ferait l'immense bonheur et la fierté de l'immense majorité des autres clubs au prestige et au palmarès moins affirmés.

Franck Ribéry et la relève Kingsley Coman.

POUR LA GLOIRE D'INIESTA

Le 25e titre de champion d'Espagne de Barcelone doit évidemment beaucoup à Lionel Messi, buteur et passeur émérite. Mais il vient surtout ponctuer victorieusement et magnifiquement la carrière unique et magique de son capitaine emblématique, Andrés Iniesta.

UNE SEMAINE AUPARAVANT, il avait été un acteur majeur, et l'un des artificiers, de l'éblouissante victoire du Barça contre Séville (5-0) en finale de la Coupe du Roi. La rencontre s'était jouée à Madrid dans le stade de l'Atlético et en présence du souverain, lequel, tout comme l'hymne national, avait été copieusement sifflé par les supporters catalans.

Mais lorsqu'il avait été remplacé avant de revenir recevoir, en bon capitaine, le trophée des mains de Felipe VI, c'est un tonnerre unanime d'applaudissements qui s'était abattu sur lui. Sa tournée d'adieux au pays était tout simplement triomphale.

À La Corogne, il revivait la scène à l'identique, mais au moment d'entrer sur la pelouse cette fois-ci, à la 87e minute seulement, pour cause de petite blessure. Le Barça menait alors 4-2 dans ce match comptant pour la 35e journée et malgré une rencontre de retard, il écrasait suffisamment la compétition pour être déjà sacré. Nous étions le 29 avril 2018 et il fallait remonter au 8 avril de l'année précédente pour trouver trace d'une défaite des Catalans en Liga (2-0 à Malaga). La série s'étirait depuis déjà 41 matchs. Elle allait atteindre la barre des 43 avant de s'éteindre un peu bêtement à Levante, en l'absence de Messi, dans un combat d'arrière-garde lors de l'avant-dernière journée (5-4). Ce fut bien là le seul bémol d'une saison nationale époustouflante, embellie en décembre par un succès de prestige sur la pelouse d'un Real Madrid (3-0) rabougri au cœur de l'hiver et qui ne parvint jamais à contester, sur ce terrain-là en tout cas, la supériorité de son meilleur ennemi.

32 TROPHÉES SOUS LE MÊME MAILLOT

Un 25e titre de champion, le 7e en dix ans, une 30e Coupe du Roi, un 8e doublé, la fête aurait été totale sans la ROMAntada, cette ahurissante et saumâtre défaite (3-0) concédée à Rome en match retour des quarts de finale de la Ligue des champions après un succès au match aller (4-1) qui semblait avoir plié l'affaire.

C'était là un trophée qu'Iniesta n'aurait pas, une ultime douceur qui échappait à celui qui était arrivé au club à l'âge de 12 ans pour y remporter le faramineux total de 32 titres (dont 9 championnats, 6 Coupes d'Espagne et 4 Ligues des champions), auxquels il faut ajouter 5 titres internationaux (dont une Coupe du monde ; et on se demande encore comment elle ne déboucha pas sur le Ballon d'or de *France Football*) pour atteindre le chiffre de 37, à une longueur du Brésilien du PSG, et lui-même ancien barcelonais, Dani Alves.

Comme un symbole, le numéro 8 d'Iniesta est aussi le nombre de championnats d'Espagne qu'il a remporté avec le Barça.

À 34 ans, Iniesta avait fait le choix de partir sur les traces de Marco Polo, en Chine, pour se couvrir un peu plus d'or, à défaut de se lancer dans de nouvelles conquêtes footballistiques. Tout le monde l'avait regretté mais personne ne le lui avait reproché. Ce joueur emblématique, sorte d'ADN d'un club porté sur le beau et le chatoyant, venait de fêter ses 34 ans et le déclin le guettait au point d'avoir incité son entraîneur Ernesto Valverde à le ménager, à l'asseoir un peu trop souvent sur le banc ou à l'y rappeler bien avant l'heure, un sort qu'il ne souhaitait pas prolonger plus longtemps.

Bien sûr, Iniesta avait joué sa partition dans l'écrasante domination du Barça sur la Liga, mais moins que par le passé et sans doute l'issue aurait-elle été la même s'il s'en était allé un an plus tôt. Séparé depuis trois ans de son siamois Xavi, rattrapé lui aussi par l'âge, Iniesta était entré dans son déclin.

MESSI BAT TOUS LES RECORDS

Que se serait-il arrivé en revanche si Messi n'avait pas été là ? Tout autre chose assurément, surtout après le départ de Neymar que le jeune Français Ousmane Dembélé, trop longtemps blessé, n'avait pas vraiment pu remplacer. Si Iniesta est l'esprit du Barça, Messi est son bras armé, son ange exterminateur.

Désormais trentenaire, « la Pulga » (la Puce), n'a rien perdu de son génie, de sa légèreté, de sa créativité, de son inventivité, de son efficacité. Avec 34 buts au compteur (sur les 99 inscrits par le Barça), 8 de plus que son éternel rival du Real Cristiano Ronaldo, sans oublier 12 passes décisives et un nouveau titre de Soulier d'or européen (meilleur buteur des cinq grands championnats), le petit Argentin demeure l'indispensable chef d'un orchestre qui sans lui serait beaucoup moins performant. Messi, c'est un total de 383 buts en 418 matchs de Liga (record d'Espagne en cours), une formidable assurance-vie pour une institution qui sans lui serait toujours « plus qu'un club », mais sans doute un peu moins triomphante.

Devant le Camp Nou, en face de la statue d'Iniesta qu'il faudra bien ériger un jour, celle de Messi ne déparera pas.

Jeep
1

LES DERNIERS COMBATS DE BUFFON

Peut-être parce qu'il ne fut pas le plus facile à conquérir, ce septième titre consécutif a eu une saveur particulière pour le gardien quadragénaire et ses équipiers. Qu'il va finalement quitter pour rejoindre le PSG.

ILS SONT CINQ à avoir remporté les sept titres d'affilée de la Juventus, record en cours. Ils s'appellent Marchisio, Barzagli, Chiellini, Lichtsteiner et Buffon. Arrêt sur image sur ce dernier, gardien emblématique du grand club turinois. En cette 38e et dernière levée, alors que ce nouveau titre est déjà acquis depuis la journée précédente et un match nul contre la Roma (0-0), le grand Gianluigi, « Gigi » pour les intimes, neuf titres de champion pour lui, record d'Italie, ne retient pas ses larmes lorsqu'il est remplacé par le dénommé Pinsoglio dans le courant de la seconde période du match contre Hellas Vérone pour bénéficier d'un hommage monstre, aux nombreuses paupières elles aussi humides, au bout de 633 rencontres disputées sous le mythique maillot noir et blanc. Cette histoire-là est terminée. L'heure d'une inattendue et ultime aventure parisienne va sonner.

Arrivé en 2001 à Turin en provenance de Parme, où il a débuté en Serie A à l'âge de 17 ans, Buffon est devenu au fil des ans le symbole resplendissant de cette Juve qui domine la péninsule, et même un peu plus depuis qu'il s'est fait expulser quelques semaines plus tôt sur le terrain du Real Madrid au bout d'un quart de finale retour de Ligue des champions éblouissant et bouleversant que les « Zèbres » pensaient avoir retourné en leur faveur lorsque l'arbitre les sanctionna d'un penalty. Sa rage avait alors été celle d'un adolescent de plus de 40 ans et son retour forcé et anticipé aux vestiaires une marche funèbre qui avait glacé tous ceux qui aiment le foot et ses légendes. Une marche plus glorieuse en somme que celle qui avait suivi la déroute pathétique de l'équipe nationale, la Squadra Azzurra, sortie quelques mois auparavant de la Coupe du monde, monumental accroc qui avait privé le géant quadragénaire d'une dernière représentation planétaire tant espérée.

Le portier de la Juve fait ses adieux aux supporters après 17 saisons passées au club.

LA CHALEUR CONTRE LA FROIDURE

Le titre italien, le 34e du club, record absolu, officiellement attribué quatre jours après le gain d'une 13e Coupe d'Italie, autre record du genre, au bout d'une éblouissante démonstration (4-0) contre le Milan AC, fut d'autant plus une consolation de cette *remontada* avortée contre le Real qu'il ne fut pas le plus simple à obtenir.

Tout au long de la saison, coaché par le très apprécié et imaginatif Maurizio Sarri, Naples avait été un adversaire coriace et dominateur avec son jeu chatoyant et chaleureux que les observateurs opposèrent sans cesse à celui estimé à juste titre plus terne, froid et calculateur des Piémontais. Un jugement qui eut le don de mettre en rage

Les tifosi de la Juve ont déployé une banderole XXL en hommage à leur gardien légendaire.

Le 6 juillet 2018, l'ancien gardien de la Squadra Azzura a signé pour un an avec le PSG, plus une année supplémentaire en option.

le désormais quintuple champion Max Allegri, entraîneur de cette machine de guerre renforcée en début de saison par Blaise Matuidi débarqué du PSG pour seulement 20 millions d'euros, un véritable cadeau et une perte inestimable pour le club parisien.

Mais la Juve, longtemps réduite au rôle de dauphin du Napoli, ne lâche jamais rien. « Nous nous battons toujours comme des chiens », aime à rappeler l'impitoyable défenseur central Giorgio Chiellini. Le 3 mars, pour le compte de la 27e journée, elle est sur le point de concéder le match nul sur le terrain de la Lazio Rome quand, dans le temps additionnel et dans un ultime effort, Paulo Dybala s'arrache pour inscrire un but sensationnel (90e + 3, 1-0). Grand artisan du sixième titre l'année précédente, l'Argentin a souvent fait banquette avec ce commentaire sans concession de son vice-président Pavel Nedved à la clé : « Dybala est irrégulier. C'est normal à 24 ans, mais je lui conseille de faire plein de sacrifices dans sa vie privée et de mener une vie d'athlète. » Mais il était là au moment clé.

KOULIBALY RETARDE LE SACRE

Devant leurs téléviseurs, les Napolitains, qui ne jouent que le lendemain et qui font encore la course en tête avec 2 points d'avance au matin de ce Lazio-Juve, se sont vus beaux. Sonnés par le succès tardif des multi-champions en titre, ils s'inclinent sur leur pelouse contre la Roma (4-2), offrant la première place à une équipe de la Juve qui ne la lâchera plus. Pas même huit jours plus tard, quand, évoluant pourtant à onze contre dix, elle est menée à cinq minutes de la fin par l'Inter Milan avant de s'extraire de ce traquenard sur deux buts spectaculaires de Cuadrado (87e) et d'Higuain (89e, 3-2), un nouveau coup de massue pour les Napolitains.

Et quand ceux-ci viennent s'imposer « façon Juve » à l'Allianz Stadium le 22 avril, lors de la 34e journée, grâce à une tête extrême de leur défenseur sénégalais Koulibaly (90e, 1-0), il est déjà trop tard. La Juve conserve encore un point d'avance qu'elle fera fructifier lors des quatre dernières journées. On n'arrache pas son os à ce genre de chien.

Avec 95 points, le second meilleur total de son septuplé, et 4 points d'avance sur un formidable Naples bien au-dessus de ses standards habituels – mais qui en fin de saison liquidera pourtant Sarri pour le remplacer par Carlo Ancelotti –, la Juventus venait de prouver, s'il en était encore besoin, qu'en Italie il y a bien elle et les autres.

Gianluigi Buffon s'offre un dernier plaisir avec la Juventus : septième titre de champion d'Italie consécutif !

TOPS

01

ZINÉDINE ZIDANE
FORMIDABLE

Une place tout en haut du podium pour Zizou devenu, en vingt-neuf mois mois à la tête du Real, le premier entraîneur à enlever trois C1 consécutives et capable dans le même temps d'annoncer son départ pour ne pas prendre le boomerang en pleine tête. Zidane est un extraterrestre.

02

LIONEL MESSI
IRREMPLAÇABLE

Faux pas à Rome mis à part – mais quel faux pas ! – en C1, il a plané sur une saison régulière marquée par ses fulgurances et conquis les deux trophées nationaux en marquant au passage 34 buts en Liga qui lui ont valu un nouveau Soulier d'or, synonyme de meilleur buteur européen de la saison, tous championnats confondus.

03

MOHAMED SALAH
INESTIMABLE

Que se serait-il passé si la grande révélation de la saison n'avait pas dû quitter la finale de la C1 après vingt-cinq minutes ? On ne le saura jamais, mais ce que l'on sait, c'est que l'avant centre égyptien de Liverpool est devenu à 25 ans une top star et le meilleur buteur sur une saison de l'histoire de la Premier League (32 buts).

04

SERGIO RAMOS
INDISPENSABLE

Lorsqu'il est absent et qu'il fait tant défaut, on comprend encore mieux le rôle considérable qu'il joue au cœur de la défense du Real. C'est dire à quel point ce grand capitaine est l'artificier des conquêtes européennes répétées de son club. On avait rarement vu un tel remonteur de pendules.

05

ANTOINE GRIEZMANN
INDOMPTABLE

Ce monstre de volonté, de finesse et d'efficacité a une nouvelle fois été le symbole de l'Atlético du rude Diego Simeone. Après avoir surmonté une période un peu creuse, il est redevenu durant la seconde moitié de saison ce serial buteur à la technique de velours capable de gagner presque à lui seul une finale de C3.

FLOPS

01

GIAMPIERO VENTURA
LAMENTABLE

Ancien joueur amateur et entraîneur sans palmarès, il s'est vu confier l'équipe d'Italie en 2016 alors qu'il avait déjà 68 ans. Un choix suicidaire. Avec lui, pour la première fois, la Squadra Azzurra ne s'est pas qualifiée pour une phase finale de Mondial. Impossible de faire pire.

02

LAYVIN KURZAWA
PITOYABLE

Arrivé de Monaco au PSG en 2015 pour tout casser sur le flanc gauche de la défense, il a égaré en route toutes ses qualités ainsi que sa place de titulaire en club et en sélection. Un naufrage absolu lié en grande partie à des problèmes comportementaux récurrents.

03

HAMBOURG SV
DÉPLORABLE

Hambourg a usé trois entraîneurs (Markus Gisdol, Bernd Hollerbach et Christian Titz – en photo ci-contre –) durant la saison sans pouvoir éviter une 17e place et une chute fatale en Bundesliga 2. Le HSV était la seule équipe à n'être jamais descendue à l'échelon inférieur depuis la création de la Bundesliga en 1963.

04

ANTHONY MARTIAL
COUPABLE

Les années passent et le problème reste le même. Il n'a pas progressé, il n'est pas parvenu à gagner ses galons de titulaire à Manchester sous la coupe de José Mourinho et, forcément, il n'a pas intégré la liste des 23 Bleus pour le Mondial. Un parcours erratique et terriblement décevant.

05

WAYNE ROONEY
REGRETTABLE

De retour dans son club formateur, Everton, qu'il avait quitté à 18 ans, le meilleur buteur de l'histoire de Manchester United et de l'équipe d'Angleterre n'a jamais flambé, et n'a surtout pas empêché une élimination peu glorieuse en phase de poules de C3 et une place de huitième en Premier League non qualificative pour une compétition européenne.

TEMPS ADDITIONNEL

CLAP DE FIN POUR WENGER

Après avoir passé 22 ans à Arsenal, l'Alsacien quitte son poste. Une longévité inégalée et l'un des onze faits marquants de la saison.

01

L'ALLEMAGNE UN AN AVANT

Le 2 juillet 2017, à Saint-Pétersbourg, l'Allemagne, championne du monde en titre, remporte la 10e Coupe des confédérations en battant en finale le Chili (1-0, but de Stindl) après avoir éliminé le Cameroun (3-1) en demi-finales.

02

LES BLEUES RATENT LEUR QUART

Après un premier tour poussif au cours duquel elle bat l'Islande (1-0) et fait match nul contre l'Autriche (1-1) et la Suisse (1-1), l'équipe de France féminine est éliminée par l'Angleterre (1-0) en quarts de finale de l'Euro féminin. La compétition sera remportée par les Pays-Bas victorieux du Danemark (4-2) en finale.

03

LE REAL A TOUJOURS FAIM

Deux titres de plus pour le Real Madrid. Au mois d'août, à Skopje (Macédoine), il remporte la Supercoupe d'Europe en battant Manchester United (2-1, buts de Casemiro et Isco). En décembre, aux Emirats Arabes Unis, il enlève la Coupe du monde des clubs en battant en finale l'équipe brésilienne de Gremio Porto Alegre (1-0, but de Ronaldo).

04

DEMBÉLÉ FAIT TOUT PÉTER

C'est en échange de 145 millions d'euros que le jeune attaquant français Ousmane Dembélé (20 ans) quitte Dortmund pour Barcelone à l'été 2017, deuxième plus gros transfert de tous les temps derrière celui de Neymar (222 millions). Un montant qui sera dépassé quelques jours plus tard lors du passage de Mbappé de Monaco à Paris pour 180 millions.

05

RECORD DE FRANCE POUR BENZEMA

En inscrivant deux buts contre l'Apoël Nicosie le 21 novembre 2017 en match de poule de Ligue des champions, Karim Benzema devient seul meilleur buteur français de tous les temps dans la compétition devant Thierry Henry (51 buts) et David Trezeguet (29 buts). Il finira la saison a 56 buts, au 4e rang de ce classement (à égalité avec le Hollandais Van Nistelrooy).

06

KANE SERIAL BUTEUR

Avec 56 buts toutes compétitions confondues, l'attaquant anglais de Tottenham Harry Kane est sacré meilleur buteur de l'année civile 2017 devant Messi (54 buts), Lewandowski, Ronaldo et Cavani (53 buts chacun). C'est la première fois depuis 2009 (Luis Suarez) que la première place de ce classement échappe à Ronaldo ou Messi.

07

RONALDO ADORE L'OR

Le Portugais du Real Madrid est sacré Ballon d'Or de France Football 2017 devant Lionel Messi, Neymar, Buffon et Modric. C'est la cinquième fois que cette récompense lui échoit. Il égale ainsi le record de l'Argentin de Barcelone.

08

VAN DIJK DÉFENSEUR RECORD

Au mercato d'hiver, le Hollandais Virgil Van Dijk (26 ans) devient le défenseur le plus cher du monde. Liverpool débourse 84 millions d'euros pour le faire venir de Southampton. Durant ce même Mercato, le Brésilien Philippe Coutinho est transféré de Liverpool à Barcelone pour 160 millions d'Euros, troisième plus gros transfert de tous les temps derrière Neymar et Mbappé.

09

GRIEZMANN PUISSANCE QUATRE

Le 28 février 2018, lors de la 26e journée de la Liga, Antoine Griezmann inscrit les quatre buts de la victoire de l'Atlético Madrid contre Leganes (4-0). C'est la première fois qu'un joueur français réussit un quadruplé dans le championnat espagnol.

10

LE DRAME ASTORI

Le 4 mars 2018 l'international Italien Davide Astori (31 ans) décède d'une crise cardiaque. La France, elle, perd ses anciens internationaux Philippe Gondet (75 ans, 14 sélections), Paul Sinibaldi (96 ans, 1 sélection), André Lerond (87 ans, 31 sélections) et Roger Piantoni (86 ans, 37 sélections, 18 buts).

11

22, WENGER PART !

« Arsène Who ? », Arsène qui ?, avait titré en gros caractères un quotidien anglais lorsque Wenger, alors en provenance du Japon, avait pris en charge Arsenal où on ne lui prédisait pas un grand avenir. L'Alsacien (68 ans, trois fois champion d'Angleterre, sept fois vainqueur de la Cup) aura tenu 22 ans à son poste.

CRÉDITS PHOTOGRAPHIQUES

1re de couverture : Griezmann ; Pogba ; Mbappé / Panoramic
4e de couverture : Cavani ; Deschamps ;
équipe féminine de l'OL / Presse Sports ; Ronaldo / Panoramic

Toutes les photographies de l'intérieur proviennent de Panoramic sauf :
Presse Sports : p. 4 ; p. 6 ; p. 8 ; p. 10 ; p. 12 ; p. 14 ; p. 16 ; p. 18 ; p. 23 ; p. 24; p. 31 ; p. 32 ; p. 35 ; p.38 ; p. 40 ; p. 43 ; p. 44 ; p. 47 ; p.53 ; p. 54 ; p. 61 ; p. 63 ; p. 71 ; p. 73 ; p. 75 ; p. 76 ; p. 81 ; p. 83 ; p. 85 ; p. 95 (bas) ; p. 110 ; p. 111 (droite) ; p. 122 ; p. 124 ; p. 128 ; p. 130 ; p. 131 ; p. 134 ; p. 140 ; p.144 ; p. 145 ; p. 147 ; p.148 ; p.150 ; p.153 ; p.154 ; p.156 ; p.158 ; p.167 ; p.174 ; p.176.
Icon Sport : p. 55 ; p. 58 ; p. 66 ; p. 67 ; p. 69 ; p. 70 ; p. 111 (haut, gauche) ; p. 157 ; p.159.

LES RÉSULTATS

CHAMPIONNAT DE FRANCE DE LIGUE 1

CLASSEMENT FINAL	PTS	J	G	N	P	BP	BC	DIFF
1. Paris-SG	93	38	29	6	3	108	29	79
2. Monaco	80	38	24	8	6	85	45	40
3. Lyon	78	38	23	9	6	87	43	44
4. Marseille	77	38	22	11	5	80	47	33
5. Rennes	58	38	16	10	12	50	44	6
6. Bordeaux	55	38	16	7	15	53	48	5
7. Saint-Étienne	55	38	15	10	13	47	50	-3
8. Nice	54	38	15	9	14	53	52	1
9. Nantes	52	38	14	10	14	36	41	-5
10. Montpellier	51	38	11	18	9	36	33	3
11. Dijon	48	38	13	9	16	55	73	-18
12. Guingamp	47	38	12	11	15	48	59	-11
13. Amiens	54	38	12	9	17	37	42	-5
14. Angers	41	38	9	14	15	42	52	-10
15. Strasbourg	38	38	9	11	18	44	67	-23
16. Caen	38	38	10	8	20	27	52	-25
17. Lille	38	38	10	8	20	41	67	-26
18. Toulouse	37	38	9	10	19	38	54	-16
19. Troyes	33	38	9	6	23	32	59	-27
20. Metz	26	38	6	8	24	34	76	-42

CLASSEMENT DES BUTEURS

28 buts : Edinson Cavani Paris-SG
22 buts : Florian Thauvin Marseille
19 buts : Memphis Depay Lyon **Neymar** Paris-SG
18 buts : Mariano Diaz Lyon **Nabil Fekir** Lyon **Radamel Falcao** Monaco **Mario Balotelli** Nice
17 buts : Karl Toko Ekambi Angers
16 buts : Alassane Plea Nice
15 buts : Nolan Roux Metz **Rony Lopes** Monaco
13 buts : Moussa Konaté Amiens **Nicolas Pépé** Lille **Bertrand Traoré** Lyon **Kylian Mbappé** Paris-SG
12 buts : Malcom Bordeaux **Julio Tavares** Dijon **Emiliano Sala** Nantes
11 buts : Ivan Santini Caen **Chang-hoon Kwon** Dijon **Jimmy Briand** Guingamp **Angel Di Maria** Paris-SG
10 buts : Giovanni Sio Montpellier **Benjamin Bourigeaud** Rennes

CLASSEMENT DES PASSEURS

13 passes : **Dimitri Payet** Marseille **Neymar** Paris-SG
11 passes : Florian Thauvin Marseille **Matthieu Dossevi** Metz
10 passes : Memphis Depay Lyon
8 passes : **Jonathan Bamba** Saint-Étienne
7 passes : Malcom Bordeaux **Nabil Fekir** Lyon **Thomas Lemar** Monaco **Djibril Sidibé** Monaco **Allan Saint-Maximin** Nice **Kylian Mbappé** Paris-SG
6 passes : Gaël Kakuta Amiens **Thomas Mangani** Angers **Naim Sliti** Dijon **Nicolas Pépé** Lille **Tanguy Ndombele** Lyon **Joao Moutinho** Monaco **Pierre Lees-Melou** Nice **Daniel Alves** Paris-SG **Angel Di Maria** Paris-SG **Javier Pastore** Paris-SG **Benjamin Bourigeaud** Rennes **Rémy Cabella** Saint-Étienne

BARRAGES

23/05/2018AC Ajaccio – Toulouse : **0-3**
27/05/2018AC Ajaccio – Toulouse : **0-1**

CHAMPIONNAT DE FRANCE DE LIGUE 2

CLASSEMENT FINAL	PTS	J	G	N	P	BP	BC	DIFF
1. Reims	88	38	28	4	6	74	24	50
2. Nîmes	73	38	22	7	9	75	37	38
3. AC Ajaccio	68	38	20	8	10	62	43	19
4. Le Havre	66	38	19	9	10	53	34	19
5. Brest	65	38	18	11	9	58	43	15
6. Clermont	63	38	17	12	9	54	36	18
7. Lorient	62	38	18	8	12	61	46	15
8. Paris FC	61	38	16	13	9	46	36	10
9. Châteauroux	60	38	17	9	12	50	50	0
10. Sochaux	53	38	15	8	15	51	62	-11
11. Auxerre	47	38	13	8	17	21	55	-4
12. Orléans	46	38	12	10	16	52	61	-9
13. Valenciennes	45	38	12	9	17	50	64	-14
14. Lens	43	38	11	10	17	48	49	-1
15. Niort	42	38	11	9	18	47	60	-13
16. GFC Ajaccio	41	38	11	8	19	35	60	-25
17. Nancy	38	38	8	11	18	39	54	-15
18. Bourg-en-Bresse	36	38	10	6	22	50	87	-37
19. Quevilly-Rouen	33	38	9	6	23	45	66	-21
20. Tours	23	38	5	8	25	34	68	-34

CLASSEMENT DES BUTEURS

24 buts : Umut Bozok Nımes
17 buts : Jean-Philippe Mateta Le Havre **Rachid Alioui** Nîmes **Jordan Siebatcheu** Reims
15 buts : Ande Dona Ndoh Niort
14 buts : Ludovic Ajorque Clermont **Pablo Chavarria** Reims
13 buts : Ghislain Gimbert AC Ajaccio **Riad Nouri** AC Ajaccio
12 buts : Yoane Wissa Lorient **Arthur Yannick Gomis** Orléans **Malik Tchokounté** Paris FC **Florian Martin** Sochaux
11 buts : Romain Philippoteaux Auxerre **Rémy Dugimont** Clermont **Youssouf Hadji** Nancy **Aldo Kalulu** Sochaux
10 buts : Mohamed Yattara Auxerre **Yanis Merdji** Bourg-en-Bresse **Adama Sarr** Bourg-en-Bresse **Sidy Sarr** Châteauroux **Mathias Pereira Lage** Clermont **Cristian Lopez** Lens **Pierre-Yves Hamel** Lorient

Classement des passeurs

20 passes : Zinedine Ferhat Le Havre
13 passes : Julien Faussurier Brest **Diego Rigonato** Reims
12 passes : Nicolas Gavory Clermont
10 passes : Kévin Fortune Lens
9 passes : Pablo Chavarria Reims
8 passes : Jonathan Clauss Quevilly-Rouen **Téji Savanier** Nîmes
7 passes : Oumare Tounkara Châteauroux **Sébastien Roudet** Valenciennes **Rémi Oudin** Reims **Dylan Saint-Louis** Paris FC Romain del Castillo Nîmes
6 passes : Franck Honorat Clermont **Alexandre Bonnet** Le Havre **Jean-Pascal Fontaine** Le Havre **Jordan Siebatcheu** Reims **Vincent le Goff** Lorient **Renaud Ripart** Nîmes **Romain Grange** Niort

PRÉBARRAGES

15/05/2018 Le Havre – Brest : **2-0**
20/05/2018AC Ajaccio – Le Havre : **2-2** (5 tab 3)

Résultats

CHAMPIONNAT NATIONAL

CLASSEMENT FINAL	PTS	J	G	N	P	BP	BC	DIFF
1. Red Star	56	32	15	11	6	41	25	16
2. Béziers	52	32	13	13	6	41	29	12
3. Grenoble	51	32	13	12	7	33	23	10
4. Rodez	45	32	12	9	11	33	33	0
5. Avranches	43	32	11	10	11	39	42	-3
6. Lyon-Duchère	42	32	10	12	10	30	33	-3
7. Boulogne-sur-Mer	42	32	10	13	9	36	34	2
8. Laval	42	32	10	12	10	37	36	1
9. Dunkerque	41	32	11	11	10	39	39	0
10. Pau	40	32	9	13	10	43	37	6
11. Entente SSG	40	32	8	16	8	41	46	-5
12. Chambly	40	32	10	10	12	36	32	4
13. Concarneau	40	32	9	13	10	38	38	0
14. Cholet	39	32	10	9	13	49	53	-4
15. Les Herbiers	39	32	9	12	11	37	45	-8
16. Marseille Consolat	37	32	9	10	13	37	46	-9
17. Créteil	26	32	6	8	18	29	48	-19
18. Belfort	31	34	8	7	19	32	46	-14

COUPE DE LA LIGUE

1er tour : 08/08/2017
Laval – Lorient : 1-1 (3 tab 4)
Valenciennes – Sochaux : 3-1
Tours – Niort : 4-1
Le Havre – Nîmes : 4-4 (5 tab 4)
Bourg-en-Bresse – Reims : 0-2
Châteauroux – Clermont : 0-1
Paris FC – Brest : 0-0 (4 tab 3)
Quevilly-Rouen – Orléans : 0-1
GFC Ajaccio – Créteil : 0-0 (6 tab 5)
Red Star – Auxerre : 1-1 (6 tab 5)
Lens – AC Ajaccio : 2-1
Nacy – Bastia : annulé

2ème tour : 22/08/2017
Lorient – Lens : 3-2
Tours – Le Havre : 0-0 (6 tab 5)
Paris FC – Clermont : 0-2
Nancy – Orléans : 2-2 (4 tab 2)
GFC Ajaccio – Red Star : 0-0 (3 tab 4)
Valenciennes – Reims : 3-0

16es de finale : 24-25/10/2017
Lorient – Caen : 0-1
Guingamp – Montpellier : 0-2
Lille – Valenciennes : 2-2 (5 tab 4)
Troyes – Amiens : 1-2
Dijon – Rennes : 1-2
Strasbourg – Saint-Étienne : 1-1 (5 tab 4)
Angers – Nancy : 3-2
Tours – Nantes : 3-1
Toulouse – Clermont : 4-2
Metz – Red Star : 1-0

8es de finale : 12-13/12/2017
Toulouse – Bordeaux : 2-0
Angers – Metz : 1-0
Monaco – Caen : 2-0
Rennes – Marseille : 2-2 (4 tab 3)
Montpellier – Lyon : 4-1
Strasbourg – Paris-SG : 2-4
Lille – Nice : 1-1 (2 tab 3)
Amiens – Tours : 2-1

Quarts de finale : 09-10/01/2018
Nice – Monaco : 1-2
Rennes – Toulouse : 4-2
Angers – Montpellier : 0-1
Amiens – Paris-SG : 0-2

Demi-finales : 30-31/01/2018
Rennes – Paris-SG : 2-3
Monaco – Montpellier : 2-0
Finale : 31/03/2018
Paris-SG – Monaco 3-0
(Mi-temps : 2-0)
Terrain : Matmut Atlantique, Bordeaux
Arbitre : Clément Turpin
Spectateurs : 41 000
Monaco : Subasic – Sidibé, Glik, Jemerson, Raggi – Fabinho, Moutinho (Ghezzal, 80e), Tielemans (Jovetic, 46e) – Lemar, (c.) Falcao, Lopes (Diakhaby, 73e).
Paris-SG : Trapp – Alves, (c.) Silva, Kimpembe, Berchiche – Verratti (Lo Celso, 70e), Rabiot, Draxler (Diarra, 81e) – Mbappé, Cavani, Di Maria (Pastore, 52e).
Buts – Paris-SG : Cavani (8e, 85e), Di Maria (22e).
Avertissements – Monaco : Glik (31e), Falcao (65e), Raggi (75e).

COUPE DE FRANCE

32es de finale : 06-07-08/01/2018
Fabrègues – Bourg-en-Bresse : 1-2 (ap)
Avallon – Chambly : 0-2
Toulouse – Nice : 1-0
Le Mans – Lille : 2-4
Pontarlier – Montpellier : 1-1 (2 tab 4)
GFC Ajaccio – Grenoble : 1-2
Saint-Malo – Châteauroux : 1-2
Chartres – Tours : 1-2
Schiltigheim – Auxerre : 1-5
Houilles – Concarneau : 0-3
Saint-Lô – Aubervilliers : 2-2 (3 tab 2)
Guingamp – Niort : (1-0)
Yzeure – Monaco : 2-5
Hazebrouck – Caen : 0-2
Angoulême – Les Herbiers : 1-2 (ap)
Colomiers – Le Puy : 1-1 (4 tab 2)
Canet-en-Roussillon – Imphy-Decize : 3-1
Nancy – Lyon : 2-3
Strasbourg – Dijon : 3-2 (ap)
Angers – Lorient : 0-2
Saint-Étienne – Nîmes : 2-0
Marseille – Valenciennes : 1-0 (ap)
Granville – Bordeaux : 2-1 (ap)
Sochaux – Amiens : 6-0
Dunkerque – Metz : 2-4
Senlis – Nantes : 0-4
Still – Troyes : 0-1
Entente SSG – Epinal : 1-2
Fleury 91 – Biesheim : 0-1
Vannes – Saint-Brieuc : 1-1 (3 tab 5)
Rennes – Paris-SG : 1-6
Lens – Boulogne-sur-Mer : 3-2 (ap)

16es de finale : 23-24-25/01/2018
Bourg-en-Bresse – Toulouse : 2-0
Nantes – Auxerre : 3-4
Canet-en-Roussillon – Caen : 1-1 (3 tab 4)
Châteauroux – Chambly : 1-1 (3 tab 4)
Saint-Brieuc – Lens : 0-1
Colomiers – Sochaux : 1-2
Granville – Concarneau : 3-2 (ap)
Epinal – Marseille : 0-2
Paris-SG – Guingamp : 4-2
Troyes – Saint-Étienne : 1-1 (4 tab 3)
Montpellier – Lorient : 4-3
Tours – Metz : 0-0 (1 tab 2)
Biesheim – Grenoble : 2-2 (0 tab 3)
Saint-Lô – Les Herbiers : 1-2
Monaco – Lyon : 2-3
Strasbourg – Lille : 2-1

8es de finale : 06-07-08/02/2018
Bourg-en-Bresse – Marseille : 0-9
Auxerre – les Herbiers : 0-3
Sochaux – Paris-SG : 1-4
Metz – Caen : 2-2 (2 tab 3)
Lens – Troyes : 1-0
Chambly – Granville : 1-0
Montpellier – Lyon : 1-2
Grenoble – Strasbourg : 0-3

Quarts de finale : 27-28-01/02-03/2018
Les Herbiers – Lens : 0-0 (4 tab 2)
Chambly – Strasbourg : 1-0
Paris-SG – Marseille : 3-0
Caen – Lyon : 1-0

Demi-finales : 17-18/04/2018
Les Herbiers – Chambly : 2-0
Caen – Paris-SG : 1-3

Finale : 08/05/2018
Les Herbiers – Paris-SG 0-2
(Mi-temps : 0-1)
Terrain : Stade de France
Arbitre : Mikael Lesage
Spectateurs : 73 772
Les Herbiers : Pichot – Marie, Fofana, Dequaire, Pagerie – Germann (Gboho, 63e), Vanbaleghem (Dabasse, 62e), (c.) Flochon – Bongongui, Rocheteau, Eickemayer (Couturier, 87e).
Paris-SG : Trapp – Alves (Meunier, 86e), Maquinhos, (c.) Silva, Berchiche – Lo Celso, Motta (Draxler, 68e), Rabiot – Mbappé (Pastore, 85e), Cavani, Di Maria.
Buts – Paris-SG : Lo Celso (26e), Cavani (74e).
Avertissements – Les Herbiers : Pichot (73e) ; Paris-SG : Berchiche (15e).

LIGUE DES CHAMPIONS

PHASE DE GROUPES
GROUPE A
12/09/2017 Manchester United – FC Bâle : 3-0
Benfica – C SKA Moscou : 1-2
27/09/2017 FC Bâle – Benfica : 5-0
18/10/2017 Benfica – Manchester United : 0-1
C SKA Moscou – FC Bâle : 0-2
31/10/2017 Manchester United – Benfica : 2-0
FC Bâle – C SKA Moscou : 1-2
22/11/2017 C SKA Moscou – Benfica : 2-0
FC Bâle – Manchester United : 1-0
05/12/2017 Benfica – FC Bâle : 0-2
Manchester United – C SKA Moscou : 2-1

Classement	PTS	J	G	N	P	BP	BC	DIFF
1. Manchester United	15	6	5	0	1	12	3	9
2. FC Bâle	12	6	4	0	2	11	5	6
3. C SKA Moscou	9	6	3	0	3	8	10	-2
4. Benfica	0	6	0	0	6	1	14	-13

GROUPE B
12/09/2017 Celtic Glasgow – Paris-SG : 0-5
Bayern Munich – Anderlecht : 3-0
27/09/2017 Paris-SG – Bayern Munich : 3-0
Anderlecht – Celtic Glasgow : 0-3
18/10/2017 Anderlecht – Paris-SG : 0-4
Bayern Munich – Celtic Glasgow : 3-0
31/10/2017 Celtic Glasgow – Bayern Munich : 1-2
Paris-SG – Anderlecht : 5-0
22/11/2017 Anderlecht – Bayern Munich : 1-2
Paris-SG – Celtic Glasgow : 7-1
05/12/2017 Bayern Munich – Paris-SG : 3-1
Celtic Glasgow – Anderlecht : 0-1

Classement	PTS	J	G	N	P	BP	BC	DIFF
1. Paris-SG	15	6	5	0	1	25	4	21
2. Bayern Munich	15	6	5	0	1	13	6	7
3. Celtic Glasgow	3	6	1	0	5	5	18	-13
4. Anderlecht	3	6	1	0	5	2	17	-15

GROUPE C

12/09/2017 AS Rome – Atlético Madrid : 0-0
Chelsea – Karabagh Agdam : 6-0
27/09/2017 Karabagh Agdam – AS Rome :1-2
Atlético Madrid – Chelsea : 1-2
18/10/2017 Karabagh Agdam – Atlético Madrid : 0-0
Chelsea – AS Rome : 3-3
31/10/2017 AS Rome – Chelsea : 3-0
Atlético Madrid – Karabagh Agdam : 1-1
22/11/2017 Karabagh Agdam – Chelsea : 0-4
Atlético Madrid – AS Rome 2-0
05/12/2017 Chelsea – Atlético Madrid 1-1
AS Rome – Karabagh Agdam 1-0

Classement	PTS	J	G	N	P	BP	BC	DIFF
1. Chelsea	11	6	3	2	1	16	8	8
2. AS Rome	11	6	3	2	1	9	6	3
3. Atlético Madrid	7	6	1	4	1	5	4	1
4. Karabagh Agdam	2	6	0	2	4	2	14	-12

GROUPE D

12/09/2017 FC Barcelone – Juventus Turin : 3-0
Olympiakos – Sporting Portugal : 2-3
27/09/2017 Sporting Portugal – FC Barcelone : 0-1
Juventus Turin – Olympiakos : 2-0
18/10/2017 FC Barcelone – Olympiakos : 3-1
Juventus Turin – Sporting Portugal : 2-1
31/10/2017 Olympiakos – FC Barcelone : 0-0
Sporting Portugal – Juventus Turin : 1-1
22/11/2017 Juventus Turin – FC Barcelone : 0-0
Sporting Portugal – Olympiakos : 3-1
05/12/2017 FC Barcelone – Sporting Portugal : 2-0

Classement	PTS	J	G	N	P	BP	BC	DIFF
1. FC Barcelone	14	6	4	2	0	9	1	8
2. Juventus Turin	11	6	3	2	1	7	5	2
3. Sporting Portugal	7	6	2	1	3	8	9	-1
4. Olympiakos	1	6	0	1	5	4	13	-9

GROUPE E

13/09/2017 Maribor – Spartak Moscou : 1-1
Liverpool – Séville FC : 2-2
26/09/2017 Séville FC – Maribor : 3-0
Spartak Moscou – Liverpool : 1-1
17/10/2017 Spartak Moscou – Séville FC : 5-1
Maribor – Liverpool : 0-7
01/11/2017 Séville FC – Spartak Moscou : 2-1
Liverpool – Maribor : 3-0
21/11/2017 Spartak Moscou – Maribor : 1-1
Séville FC – Liverpool : 3-3
06/12/2017 Liverpool – Spartak Moscou : 7-0
Maribor – Séville FC : 1-1

Classement	PTS	J	G	N	P	BP	BC	DIFF
1. Liverpool	12	6	3	3	0	23	6	17
2. Séville FC	9	6	2	3	1	12	12	0
3. Spartak Moscou	6	6	1	3	2	9	13	-4
4. Maribor	3	6	0	3	3	3	16	-13

GROUPE F

13/09/2017 Chakhtior Donetsk – Naples : 2-1
Feyenoord Rotterdam – Manchester City : 0-4
26/09/2017 Naples - Feyenoord Rotterdam : 3-1
Manchester City – Chakhtior Donetsk : 2-0
17/10/2017 Feyenoord Rotterdam – Chakhtior Donetsk : 1-2
Manchester City – Naples : 2-1
01/11/2017 Chakhtior Donetsk - Feyenoord Rotterdam : 3-1
Naples – Manchester City : 2-4
21/11/2017 Manchester City – Feyenoord Rotterdam : 1-0
Naples – Chakhtior Donetsk : 3-0
06/12/2017 Feyenoord Rotterdam – Naples : 2-1
Chakhtior Donetsk – Manchester City : 2-1

Classement	PTS	J	G	N	P	BP	BC	DIFF
1. Manchester City	15	6	5	0	1	14	5	9
2. Chakhtior Donetsk	12	6	4	0	2	9	9	0
3. Naples	6	6	2	0	4	11	11	0
4. Feyenoord Rotterdam	3	6	1	0	5	5	14	-9

GROUPE G

13/09/2017 RB Leipzig – Monaco : 1-1
FC Porto – Besiktas : 1-3
26/09/2017 Monaco – FC Porto : 0-3
Besiktas – RB Leipzig : 2-0
17/10/2017 RB Leipzig – FC Porto : 3-2
Monaco – Besiktas : 1-2
01/11/2017 Besiktas – Monaco : 1-1
FC Porto – RB Leipzig : 3-1
21/11/2017 Besiktas – FC Porto : 1-1
Monaco – RB Leipzig : 1-4
06/12/2017 FC Porto – Monaco : 5-2
RB Leipzig – Besiktas : 1-2

Classement	PTS	J	G	N	P	BP	BC	DIFF
1. Besiktas	14	6	4	2	0	11	5	6
2. FC Porto	10	6	3	1	2	15	10	5
3. RB Leipzig	7	6	2	1	3	10	11	-1
4. Monaco	2	6	0	2	4	6	16	-10

GROUPE H

13/09/2017 Tottenham – Borussia Dortmund : 3-1
Real Madrid – APOEL Nicosie : 3-0
26/09/2017 APOEL Nicosie – Tottenham : 0-3
Borussia Dortmund – Real Madrid : 1-3
17/10/2017 APOEL Nicosie – Borussia Dortmund : 1-1
Real Madrid – Tottenham : 1-1
01/11/2017 Tottenham – Real Madrid : 3-1
Borussia Dortmund – APOEL Nicosie : 1-1
21/11/2017 Borussia Dortmund – Tottenham : 1-2
APOEL Nicosie – Real Madrid : 0-6
06/12/2017 Real Madrid – Borussia Dortmund : 3-2
Tottenham – APOEL Nicosie : 3-0

Classement	PTS	J	G	N	P	BP	BC	DIFF
1. Tottenham	16	6	5	1	0	15	4	11
2. Real Madrid	13	6	4	1	1	17	7	10
3. Borussia Dortmund	2	6	0	2	4	7	13	-6
4. APOEL Nicosie	2	6	0	2	4	2	17	-15

Les deux premiers de chaque groupe sont qualifiés pour les 8es de finale, le troisième est reversé en Ligue Europa.

8es de finale : 13/02/2018 ; 06/03/2018
Real Madrid – Paris-SG : 3-1 ; 2-1
FC Porto – **Liverpool** : 0-5 ; 0-0
Juventus Turin – Tottenham : 2-2 ; 2-1
FC Bâle – **Manchester City** : 0-4 ; 2-1
Séville FC – Manchester United : 0-0 ; 2-1
Chakhtior Donetsk – **AS Rome** : 2-1 ; 0-1
Bayern Munich – Besiktas : 5-0 ; 3-1
Chelsea – **FC Barcelone** : 1-1 ; 0-3

13 février 2018
Real Madrid – Paris-SG : 3-1
(Mi-temps : 1-1)
Terrain : Santiago Bernabeu
Arbitre : Gianluca Rocchi
Spectateurs : 78 158
Paris-SG : Areola – Alves, Marquinhos (c.), Kimpembe, Berchiche – Verratti, Lo Celso (Draxler, 85e), Rabiot – Mbappé, Cavani (Meunier, 66e), Neymar.
Real Madrid : Navas – Nacho, Varane, Ramos (c.), Marcelo – Modric, Casemiro (Vazquez, 79e), Kroos – Isco (Asensio, 79e) – Benzema (Bale, 68e), Ronaldo.
Buts – Paris-SG : Rabiot (33e) ; Real Madrid : Ronaldo (45e, 83e), Marcelo (86e).
Avertissements – Paris-SG : Neymar (15e), Lo Celso (25e), Rabiot (64e), Meunier (90e) ; Real Madrid : Isco (33e), Nacho (78e).

6 mars 2018
Paris-SG – Real Madrid : 1-2
(Mi-temps : 0-0)
Terrain : Parc des Princes
Arbitre : Felix Brych
Spectateurs : 46 585
Paris-SG : Areola – Alves, Marquinhos, Silva (c.), Berchiche – Verratti, Motta (Pastore, 59e), Rabiot – Di Maria (Draxler, 76e), Cavani, Mbappé (Diarra, 85e).
Real Madrid : Navas – Carvajal, Varane, Ramos (c.), Marcelo – Vazquez, Casemiro, Kovacic (Kroos, 71e), Asensio (Isco, 82e) – Benzema (Bale, 76e), Ronaldo.
Buts – Paris-SG : Cavani (71e) ; Real Madrid : Ronaldo (51e), Casemiro (80e).
Avertissements – Paris-SG : Verratti (20e), Cavani (84e) ; Real Madrid : Kovacic (32e), Ramos (78e).
Exclusion – Paris-SG : Verratti (66e)

Quarts de finale : 03/04/2018 ; 10/04/2018
Liverpool – Machester City : 3-0 ; 2-1
FC Barcelone – **AS Rome** : 4-1 ; 0-3
Séville FC – **Bayern Munich** : 1-2 ; 0-0
Juventus Turin – **Real Madrid** : 0-3 ; 3-1

Demi-finales : 24/04/2018 ; 01/05/2018
Liverpool – AS Rome : 5-2 ; 2-4
Bayern Munich – **Real Madrid** : 1-2 ; 2-2

Finale : 26/05/2018
Real Madrid – Liverpool : 3-1
(Mi-temps : 0-0)
Terrain : Kiev Olympic Stadium
Arbitre : Mazic Milorad
Spectateurs : 61 561
Real Madrid : Navas – Carvajal (Fernandez, 37e), Varane, (c.) Ramos, Marcelo – Modric, Casemiro, Kroos – Benzema (Asensio, 89e), Isco (Bale, 61e), Ronaldo.
Liverpool : Karius – Alexander-Arnold, Lovren, v. Djik, Robertson – Milner (Can, 83e), (c.) Henderson, Wijnaldulm – Salah (Lallana, 31e), Firmino, Mané.
Buts – Real Madrid : Benzema (51e), Bale (64e, 83e) ; Liverpool : Mané (55e).
Avertissement – Liverpool : Mané (82e).

LIGUE EUROPA

PHASE DE GROUPES
GROUPE A

14/09/2017 Slavia Prague – Maccabi Tel Aviv : 1-0
Villarreal – FC Astana : 3-1
28/09/2017 FC Astana – Slavia Prague : 1-1
Maccabi Tel Aviv – Villareal : 0-0
19/10/2017 FC Astana – Maccabi Tel Aviv : 4-0
Villareal – Slavia Prague : 2-2
02/11/2017 Slavia Prague – Villareal : 0-2
Maccabi Tel Aviv – FC Astana : 0-1
23/11/2017 FC Astana – Villareal : 2-3
Maccabi Tel Aviv – Slavia Prague : 0-2
07/12/2017 Slavia Prague – FC Astana : 0-1
Villareal – Maccabi Tel Aviv : 0-1

Classement	PTS	J	G	N	P	BP	BC	DIFF
1. Villareal	11	6	3	2	1	10	6	4
2. FC Astana	10	6	3	1	2	10	7	3
3. Slavia Prague	8	6	2	2	2	6	6	0
4. Maccabi Tel Aviv	4	6	1	1	4	1	8	-7

GROUPE B

14/09/2017 Young Boys Berne – Partizan Belgrade : 1-1
Dynamo Kiev – Skënderbeu Korçë : 3-1
28/09/2017 Skënderbeu Korçë – Young Boys Berne : 1-1
Partizan Belgrade – Dynamo Kiev : 2-3
19/10/2017 Skënderbeu Korçë – Partizan Belgrade : 0-0
Dynamo Kiev – Young Boys Berne : 2-2
02/11/2017 Young Boys Berne – Dynamo Kiev : 0-1
Partizan Belgrade - Skënderbeu Korçë : 2-0
23/11/2017 Partizan Belgrade – Young Boys Berne : 2-1
Skënderbeu Korçë – Dynamo Kiev : 3-2
07/12/2017 Young Boys Berne – Skënderbeu Korçë : 2-1
Dynamo Kiev – Partizan Belgrade : 4-1

Classement	PTS	J	G	N	P	BP	BC	DIFF
1. Dynamo Kiev	13	6	4	1	1	15	9	6
2. Partizan Berlgrade	8	6	2	2	2	8	9	-1
3. Young Boys Berne	6	6	1	3	2	7	8	-1
4. Skënderbeu Korçë	5	6	1	2	3	6	10	-4

Résultats

GROUPE C

14/09/2017 Hoffenheim – Sporting Braga : 1-2
Istanbul Basaksehir – Ludogorets Razgrad : 0-0
28/09/2017 Sporting Braga – Istanbul Basaksehir : 2-1
Ludogorets Razgrad – Hoffenheim : 2-1
19/10/2017 Hoffenheim – Istanbul Basaksehir : 3-1
Sporting Braga - Ludogorets Razgrad : 0-2
02/11/2017 Ludogorets Razgrad – Sporting Braga : 1-1
Istanbul Basaksehir – Hoffenheim : 1-1
23/11/2017 Ludogorets Razgrad – Istanbul Basaksehir : 1-2
Sporting Braga – Hoffenheim : 3-1
07/12/2017 Istanbul Basaksehir – Sporting Braga : 2-1
Hoffenheim – Ludogorets Razgrad : 1-1

Classement	PTS	J	G	N	P	BP	BC	DIFF
1. Sporting Braga	10	6	3	1	2	9	8	1
2. Ludogorets Razgra	9	6	2	3	1	7	5	2
3. Istanbul Basaksehir	8	6	2	2	2	7	8	-1
4. Hoffenheim	5	6	1	2	3	8	10	-2

GROUPE D

14/09/2017 Austria Vienne – AC Milan : 1-5
HNK Rijeka – AEK Athènes : 1-2
28/09/2017 AEK Athènes – Austria Vienne : 2-2
AC Milan – HNK Rijeka : 3-2
19/10/2017 Austria Vienne – HNK Rijeka : 1-3
AC Milan – AEK Athènes : 0-0
02/11/2017 AEK Athènes – AC Milan : 0-0
HNK Rijeka – Austria Vienne : 1-4
23/11/2017 AC Milan – Austria Vienne : 5-1
AEK Athènes – HNK Rijeka : 2-2
07/12/2017 HNK Rijeka – AC Milan : 2-0
Austria Vienne – AEK Athènes : 0-0

Classement	PTS	J	G	N	P	BP	BC	DIFF
1. AC Milan	11	6	3	2	1	13	6	7
2. AEK Athènes	8	6	1	5	0	6	5	1
3. HNK Rijeka	7	6	2	1	3	11	12	-1
4. Austria Vienne	5	6	1	2	3	9	16	-7

GROUPE E

14/09/2017 Apollon Limassol – Lyon : 1-1
Atalanta Bergame – Everton : 3-0
28/09/2017 Everton – Apollon Limassol : 2-2
Lyon – Atalanta Bergame : 1-1
19/10/2017 Everton – Lyon : 1-2
Atalanta Bergame – Apollon Limassol : 3-1
02/11/2017 Lyon – Everton : 3-0
Apollon Limassol – Atalanta Bergame : 1-1
23/11/2017 Lyon – Apollon Limassol : 4-0
Everton – Atalanta Bergame : 1-5
07/12/2017 Apollon Limassol – Everton : 0-3
Atalanta Bergame – Lyon : 1-0

Classement	PTS	J	G	N	P	BP	BC	DIFF
1. Atalanta Bergame	14	6	4	2	0	14	4	10
2. Lyon	11	6	3	2	1	11	4	7
3. Everton	4	6	1	1	4	7	15	-8
4. Apollon Limassol	3	6	0	3	3	5	14	-9

GROUPE F

14/09/2017 FC Copenhague – Lokomotiv Moscou : 0-0
Fastav Zlin – Sheriff Tiraspol : 0-0
28/09/2017 Sheriff Tiraspol – FC Copenhague : 0-0
Lokomotiv Moscou – Fastav Zlin : 3-0
19/10/2017 Fastav Zlin – FC Copenhague : 1-1
Sheriff Tiraspol – Lokomotiv Moscou : 1-1
02/11/2017 Lokomotiv Moscou – Sheriff Tiraspol : 1-2
FC Copenhague – Fastav Zlin : 3-0
23/11/2017 Lokomotiv Moscou – FC Copenhague : 2-1
Sheriff Tiraspol – Fastav Zlin : 1-0
07/12/2017 Fastav Zlin – Lokomotiv Moscou : 0-2
FC Copenhague – Sheriff Tiraspol : 2-0

Classement	PTS	J	G	N	P	BP	BC	DIFF
1. Lokomotiv Moscou	11	6	3	2	1	9	4	5
2. FC Copenhague	9	6	2	3	1	7	3	4
3. Sheriff Tiraspol	9	6	2	3	1	4	4	0
4. Fastav Zlin	2	6	0	2	4	1	10	-9

GROUPE G

14/09/2017 Hapoël Beer Sheva – FC Lugano : 2-1
Steaua Bucarest – Viktoria Plzen : 3-0
28/09/2017 FC Lugano – Steaua Bucarest : 1-2
Viktoria Plzen – Hapoël Beer Sheva : 3-1
19/10/2017 Hapoël Beer Sheva – Steaua Bucarest : 1-2
FC Lugano – Viktoria Plzen : 3-2
02/11/2017 Steaua Bucarest – Hapoël Beer Sheva : 1-1
Viktoria Plzen – FC Lugano : 4-1
23/11/2017 Viktoria Plzen – Steaua Bucarest : 2-0
FC Lugano - Hapoël Beer Sheva : 1-0
07/12/2017 Steaua Bucarest – FC Lugano : 1-2
Hapoël Beer Sheva – Viktoria Plzen : 0-2

Classement	PTS	J	G	N	P	BP	BC	DIFF
1. Viktoria Plzen	12	6	4	0	2	13	8	5
2. Steaua Bucarest	10	6	3	1	2	9	7	2
3. FC Lugano	9	6	3	0	3	9	11	-2
4. Hapoël Beer Sheva	4	6	1	1	4	5	10	-5

GROUPE H

14/09/2017 Etoile Rouge Belgrade – BATE Borisov : 1-1
Arsenal – FC Cologne : 3-1
28/09/2017 BATE Borisov – Arsenal : 2-4
FC Cologne – Etoile Rouge Belgrade : 0-1
19/10/2017 BATE Borisov – FC Cologne : 1-0
Etoile Rouge Belgrade – Arsenal : 0-1
02/11/2017 Arsenal – Etoile Rouge Belgrade : 0-0
FC Cologne – BATE Borisov : 5-2
23/11/2017 BATE Borisov – Etoile Rouge Belgrade : 0-0
FC Cologne – Arsenal : 1-0
07/12/2017 Etoile Rouge Belgrade – FC Cologne : 1-0
Arsenal – BATE Borisov : 6-0

Classement	PTS	J	G	N	P	BP	BC	DIFF
1. Arsenal	13	6	4	1	1	14	4	10
2. Etoile Rouge Belgrade	9	6	2	3	1	3	2	1
3. FC Cologne	6	6	2	0	4	7	8	-1
4. BATE Borisov	5	6	1	2	3	6	16	-10

GROUPE I

14/09/2017 Vitoria Guimaraes – RB Salzbourg : 1-1
Marseille – Konyaspor : 1-0
28/09/2017 RB Salzbourg – Marseille : 1-0
Konyaspor – Vitoria Guimaraes : 2-1
19/10/2017 Marseille – Vitoria Guimaraes : 2-1
Konyaspor – RB Salzbourg : 0-2
02/11/2017 Vitoria Guimaraes – Marseille : 1-0
RB Salzbourg – Konyaspor : 0-0
23/11/2017 Konyaspor – Marseille : 1-1
RB Salzbourg – Vitoria Guimaraes : 3-0
07/12/2017 Marseille – RB Salzbourg : 0-0
Vitoria Guimaraes – Konyaspor : 1-1

Classement	PTS	J	G	N	P	BP	BC	DIFF
1. RB Salzbourg	12	6	3	3	0	7	1	6
2. Marseille	8	6	2	2	2	4	4	0
3. Konyaspor	6	6	1	3	2	4	6	-2
4. Vitoria Guimaraes	5	6	1	2	3	5	9	-4

GROUPE J

14/09/2017 Hertha Berlin – Athletic Bilbao : 0-0
Zorya Lougansk – Östersunds FK : 0-2
28/09/2017 Östersunds FK – Hertha Berlin : 1-0
Athletic Bilbao – Zorya Lougansk : 0-1
19/10/2017 Zorya Lougansk – Hertha Berlin : 2-1
Östersunds FK – Athletic Bilbao : 2-2
02/11/2017 Hertha Berlin – Zorya Lougansk : 2-0
Athletic Bilbao – Östersunds FK : 1-0
23/11/2017 Östersunds FK – Zorya Lougansk : 2-0
Athletic Bilbao – Hertha Berlin : 3-2
07/12/2017 Hertha Berlin – Östersunds FK : 1-1
Zorya Lougansk – Athletic Bilbao : 0-2

Classement	PTS	J	G	N	P	BP	BC	DIFF
1. Athletic Bilbao	11	6	3	2	1	8	5	3
2. Östersunds FK	11	6	3	2	1	8	4	4
3. Zorya Lougansk	6	6	2	0	4	3	9	-6
4. Hertha Berlin	5	6	1	2	3	6	7	-1

GROUPE K

14/09/2017 Zulte Waregem – Nice : 1-5
Vitesse Arhhem – Lazio Rome : 2-3
28/09/2017 Nice – Vitesse Arnhem : 3-0
Lazio Rome – Zulte Waregem : 2-0
19/10/2017 Zulte Waregem – Vitesse Arnhem : 1-1
Nice – Lazio Rome : 1-3
02/11/2017 Lazio Rome – Nice : 1-0
Vitesse Arnhem – Zulte Waregem : 0-2
23/11/2017 Lazio Rome – Vitesse Arnhem : 1-1
Nice – Zulte Waregem : 3-1
07/12/2017 Vitesse Arnhem – Nice : 1-0
Zulte Waregem – Lazio Rome : 3-2

Classement	PTS	J	G	N	P	BP	BC	DIFF
1. Lazio Rome	13	6	4	1	1	12	7	5
2. Nice	9	6	3	0	3	12	7	5
3. Zulte Waregem	7	6	2	1	3	8	13	-5
4. Vitesse Arhhem	5	6	1	2	3	5	10	-5

GROUPE L

14/09/2017 Real Sociedad – Rosenborg : 4-0
Vardar Skopje – Zénith Saint-Pétersbourg : 0-5
28/09/2017 Zénith Saint-Pétersbourg – Real Sociedad : 3-1
Rosenborg – Vardar Skopje : 3-1
19/10/2017 Vardar Skopje – Real Sociedad : 0-6
Zénith Saint-Pétersbourg – Rosenborg : 3-1
02/11/2017 Real Sociedad – Vardar Skopje : 3-0
Rosenborg – Zénith Saint-Pétersbourg : 1-1
23/11/2017 Rosenborg – Real Sociedad :0-1
Zénith Saint-Pétersbourg – Vardar Skopje : 2-1
07/12/2017 Vardar Skopje – Rosenborg : 1-1
Real Sociedad – Zénith Saint-Pétersbourg : 1-3

Classement	PTS	J	G	N	P	BP	BC	DIFF
1. Zénith Saint-Pétersbourg	16	6	5	1	0	17	5	12
2. Real Sociedad	12	6	4	0	2	16	6	10
3. Rosenborg	5	6	1	2	3	6	11	-5
4. Vardar Skopje	1	6	0	1	5	3	20	-17

16es de finale : 15/02/2018 ; 22/02/2018
Etoile Rouge Belgrade – **C SKA Moscou** : 0-0 ; 0-1
Nice – **Lokomotiv Moscou** : 2-3 ; 0-1
Lyon – Villareal : 3-1 ; 1-0
FC Copenhague – **Atlético Madrid** : 1-4 ; 0-1
Steaua Bucarest – **Lazio Rome** : 1-0 ; 1-5
AEK Athènes – **Dynamo Kiev** : 1-1 ; 0-0
FC Astana – **Sporting Portugal** : 1-3 ;3-3
Celtic Glasgow – **Zénith Saint-Pétersbourg** : 1-0 ; 0-3
Partizan Belgrade – **Viktoria Plzen** : 1-1 ; 0-2
Naples – **RB Leipzig** : 1-3 ; 2-0
Östersunds FK – **Arsenal** : 0-3 ; 2-1
Ludogorets Razgrad – **AC Milan** : 0-3 ; 0-1
Marseille – Braga : 3-0 ; 0-1
Borussia Dortmund – Atalanta Bergame : 3-2 ; 1-1
Real Sociedad – **RB Salzbourg** : 2-2 ; 1-2
Spartak Moscou – **Athletic Bilbao** : 1-3 ; 2-1

8es de finale : 08/03/2018 ; 15/03/2018
Atlético Madrid – Lokomotiv Moscou : 3-0 ; 5-1
Lazio Rome – Dynamo Kiev : 2-2 ; 2-0
RB Leipzig – Zénith Saint-Pétersbourg : 2-1 ; 1-1
Sporting Portugal – Viktoria Plzen : 2-0 ; 1-2
Marseille – Athletic Bilbao : 3-1 ; 2-1
C SKA Moscou – Lyon : 0-1 ; 3-2
AC Milan – **Arsenal** : 0-2 ; 1-3
Borussia Dortmund – **RB Salzbourg** : 1-2 ; 0-0

Quarts de finale : 05/04/2018 ; 12/04/2018
RB Leipzig – **Marseille** : 1-0 ; 2-5
Atlético Madrid – Sporting Portugal : 2-0 ; 0-1
Arsenal – C SKA Moscou : 4-1 ; 2-2
Lazio Rome – **RB Salzbourg** : 4-2 ; 1-4

Demi-finales : 26/04/2018 ; 03/05/2018
Arsenal – **Atlético Madrid** : 1-1 ; 0-1
Marseille – RB Salzbourg : 2-0 ; 1-2

Finale : 16/05/2018
Marseille – Atlético Madrid : 0-3
(Mi-temps : 0-1)
Terrain : Groupama Stadium
Arbitre : Björn Kuipers
Spectateurs : 55 768
Atlético Madrid : Oblak – Vrsaljko (Juanfran, 46e), Gimenez, Godin, Hernandez – Correa (Partey, 88e), Niguez, (c.) Gabi, Koke – Costa, Griezmann (Torres, 90e).
Marseille : Mandanda – Sarr, Rami, Gustavo, Amani – Thauvin, Zambo Anguissa, Payet (Lopez, 32e), Sanson, Ocampos (Njie, 55e) – Germain (Mitroglou, 55e).
Buts – Atlético Madrid : Griezmann (21e, 49e), Gabi (89e).
Avertissement – Atlético Madrid : Vrsaljko (23e), Hernandez (78e) ; Marseille : Amavi (38e), Gustavo (75e), Njie (78e).

LA SAISON DE L'ÉQUIPE DE FRANCE

31 août 2017 (qualif. Coupe du monde 2018)
France – Pays Bas : 4-0
(Mi-temps : 1-0)
Terrain : Stade de France
Arbitre : Gianluca Rocchi
Spectateurs : 75 000
France : (c.) Lloris – Sidibé, Koscielny, Umtiti, Kurzawa – Coman (Lacazette, 81e), Pogba, Kanté, Lemar – Giroud (Mbappé, 75e), Griezmann (Fekir, 89e).
Pays-Bas : Cillessen – Fosu-Mensah, De Vrij, Hoedt, Blind – Wijnaldum, Sneijder (Vilhena, 46e), Strootman – (c.) Robben, Janssen (Van Persie, 64e), Promes.
Buts – France : Griezmann (14e), Lemar (73e, 88e), Mbappé (90e+1).
Avertissements – France : Griezmann (17e), Kurzawa (85e), Lacazette (85e) ; Pays-Bas : Strootman (56e).
Exclusion – Pays-Bas : Strootman (62e).

3 septembre 2017 (qualif. Coupe du monde 2018)
France – Luxembourg : 0-0
Terrain : Toulouse Stadium
Arbitre : Alexander Stavrev
Spectateurs : 31 177
France : (c.) Lloris – Sidibé, Koscielny, Umtiti, Kurzawa – Mbappé (Coman, 59e), Pogba, Kanté, Lemar – Griezmann (Fekir, 81e), Giroud (Lacazette, 59e).
Luxembourg : (c.) Joubert – Jans, Malget, Philipps, Jänisch, Martins Pereira, Skenderovic, V. Thill (Rodrigues, 59e) – O. Thill, Turpel (Holter, 87e), Da Mota Alves (Sinani, 59e).
Avertissements – France : Pogba (80e), Kurzawa (85e), Lacazette (85e) ; Luxembourg : Jänisch (51e), Sinani (65e), Jans (69e).

7 octobre 2017 (qualif. Coupe du monde 2018)
France – Bulgarie : 1-0
(Mi-temps : 1-0)
Terrain : Vasil Levski National Stadium
Arbitre : Antonio Miquel Mateu Lahoz
Spectateurs : 16 000
France : (c.) Lloris – Sidibé, Varane, Umtiti, Digne – Tolisso, Kanté (Rabiot, 34e), Matuidi – Mbappé (Giroud, 85e), Lacazette (Payet, 76e), Griezmann.
Bulgarie : Iliev – Popov, Bodurov, Bozhilov, (c.) Zanev – Manolev, Slavchev, Kostadinov, Nedelev – Galabinov (Kraev, 48e), Delev.
Buts – France : Matuidi (3e).
Avertissements – France : Giroud (90e) ; Bulgarie : Slavchev (9e), Zanev (51e), Kraev (62e), Kostadinov (68e).

10 octobre 2017 (qualif. Coupe du monde 2018)
France – Biélorussie : 2-1
(Mi-temps : 2-1)
Terrain : Stade de France
Arbitre : Halis Ozkahya
Spectateurs : 78 000
France : (c.) Lloris – Sidibé, Varane, Umtiti, Digne – Coman (Mbappé, 61e), Tolisso, Matuidi, Lemar (Payet, 83e) – Griezmann (Sissoko, 78e), Giroud.
Biélorussie : Chernik – Matveychik, Yanushkevich (Sachivko, 46e), Politevich, Volodko – Dragun, Karnitskiy, Korzun (Bykov, 79e) – Kovalev (Skavysh, 66e), Saroka, (c.) Stasevich.
Buts – France : Griezmann (27e), Giroud (33e) ; Biélorussie : Saroka (44e)
Avertissements – France : Sidibé (83e) ; Biélorussie : Korzun (26e), Matveychik (53e), Volodko (87e).

MATCHS AMICAUX
10/11/2017 France – Galles : 2-0
14/11/2017 Allemagne France : 2-2
23/03/2018France – Colombie : 2-3
27/03/2017 Russie – France : 1-3
28/05/2018 France – Irlande : 2-0
01/06/2018 France – Italie : 3-1
09/06/2018France – États-Unis : 1-1

COUPE DU MONDE 2018

PHASE DE GROUPES
GROUPE A
14/06/2018 Russie – Arabie Saoudite : 5-0
15/06/2018 Egypte – Uruguay : 0-1
19/06/2018 Russie – Egypte : 3-1
20/06/2018 Uruguay – Arabie Saoudite : 1-0
25/06/2018 Uruguay – Russie : 3-0
Arabie Saoudite – Egypte : 2-1

Classement	PTS	J	G	N	P	BP	BC	DIFF
1. Uruguay	9	3	3	0	0	5	0	5
2. Russie	6	3	2	0	1	8	4	4
3. Arabie Saoudite	3	3	1	0	2	2	7	-5
4. Egypte	0	3	0	0	3	2	6	-4

GROUPE B
15/06/2018 Maroc – Iran : 0-1
Portugal – Espagne : 3-3
20/06/2018 Portugal – Maroc : 1-0
Iran – Espagne : 0-1
25/06/2018 Iran – Portugal : 1-1
Espagne – Maroc : 2-2

Classement	PTS	J	G	N	P	BP	BC	DIFF
1. Espagne	5	3	1	2	0	6	5	1
2. Portugal	5	3	1	2	0	5	4	1
3. Iran	4	3	1	1	1	2	2	0
4. Maroc	1	3	0	1	2	2	4	-2

GROUPE C
16/06/2018 France – Australie : 2-1
Pérou – Danemark : 0-1
21/06/2018 Danemark – Australie : 1-1
France – Pérou : 1-0
26/06/2018 Danemark – France : 0-0
Australie – Pérou : 0-2

Classement	PTS	J	G	N	P	BP	BC	DIFF
1. France	7	3	2	1	0	3	1	2
2. Danemark	5	3	1	2	0	2	1	1
3. Pérou	3	3	1	0	2	2	2	0
4. Australie	1	3	0	1	2	2	5	-3

16 juin 2018
France – Australie : 2-1
(Mi-temps : 0-0)
Terrain : Kazan Arena
Arbitre : Andrés Cunha (Uruguay)
Spectateurs : 41 279
France : (c.) Lloris – Pavard, Varane, Umtiti, Hernandez – Tolisso (Matuidi, 78e), Kanté, Pogba – Mbappé, Griezmann (Giroud, 70e), Dembélé (Fekir, 70e).
Australie : Ryan – Risdon, Sainsbury, Milligan, Behich – Mooy, (c.) Jedinak – Leckie, Rogic (Irvine, 72e), Kruse (Arzani, 84e) – Nabbout (Juric, 64e).
Buts – France : Griezmann (58e), Behich (81e, csc) ; Australie : Jedinak (62e).
Avertissements – France : Tolisso (76e) ; Australie : Leckie (13e), Risdon (57e), Behich (87e).

21 juin 2018
France – Pérou : 1-0
(Mi-temps : 1-0)
Terrain : Iekaterinbourg Arena
Arbitre : Abdulla Mohammed (Émirats arabes unis)
Spectateurs : 32 789
France : (c.) Lloris – Pavard, Varane, Umtiti, Hernandez – Kanté, Pogba (Nzonzi, 89e) – Mbappé (Dembélé, 75e), Griezmann (Fekir, 80e), Matuidi – Giroud.
Pérou : Gallese – Advincula – Ramos – Rodriguez (Santamaria, 46e), Trauco – Carrillo, Aquino, Cueva (Ruidiaz, 82e), Yotun (Farfan, 46e), Flores – (c.) Guerrero.
But – France : Mbappé (34e).
Avertissements – France : Matuidi (16e), Pogba (86e) ; Pérou : Guerrero (23e), Aquino (80e).

26 juin 2018
Danemark – France : 0-0
Terrain : Loujniki Stadium, Moscou
Arbitre : Sandro Ricci (Brésil)
Spectateurs : 78 011
France : Mandanda – Sidibé, (c.) Varane, Kimpembe, Hernandez (Mendy, 50e) – Kanté, Nzonzi – Dembélé (Mbappé, 78e), Griezmann (Fekir, 69e), Lemar – Giroud.
Danemark : Schmeichel – Dalsgaard, (c.) Kjaer, Jörgensen, Larsen – Eriksen, Christensen, Delaney (Lerager, 90e) –Braithwaite, Cornelius (Dolberg, 75e), Sisto (Fischer, 60e).
Avertissement – Danemark : Jörgensen (45e).

GROUPE D
16/06/2018 Argentine – Islande : 1-1
Croatie – Nigeria : 2-0
21/06/2018 Argentine – Croatie : 0-3
22/06/2018 Nigeria – Islande : 2-0
26/06/2018 Islande – Croatie : 1-2
Nigeria – Argentine : 1-2

Classement	PTS	J	G	N	P	BP	BC	DIFF
1. Croatie	9	3	3	0	0	7	1	6
2. Argentine	4	3	1	1	1	3	5	-2
3. Nigeria	3	3	1	0	2	3	4	-1
4. Islande	1	3	0	1	2	2	5	-3

GROUPE E
17/06/2018 Costa Rica – Serbie : 0-1
Brésil – Suisse : 1-1
22/06/2018 Brésil – Costa Rica : 2-0
Serbie – Suisse : 1-2
27/06/2018 Serbie – Brésil : 0-2
Suisse – Costa Rica : 2-2

Classement	PTS	J	G	N	P	BP	BC	DIFF
1. Brésil	7	3	2	1	0	5	4	1
2. Suisse	5	3	1	2	0	5	4	1
3. Serbie	3	3	1	0	2	2	4	-2
4. Costa Rica	1	3	0	1	2	2	5	-3

GROUPE F
17/06/2018 Allemagne – Mexique : 0-1
18/06/2018 Suède – Corée du Sud : 1-0
23/06/2018 Corée du Sud – Mexique : 1-2
Allemagne – Suède : 2-1
27/06/2018 Corée du Sud – Allemagne : 2-0
Mexique – Suède : 0-3

Classement	PTS	J	G	N	P	BP	BC	DIFF
1. Suède	6	3	2	0	1	5	2	3
2. Mexique	6	3	2	0	1	3	4	-1
3. Corée du Sud	3	3	1	0	2	3	3	0
4. Allemagne	3	3	1	0	2	2	4	-2

GROUPE G
18/06/2018 Belgique – Panama : 3-0
Tunisie – Angleterre : 1-2
23/06/2018 Belgique – Tunisie : 5-2
24/06/2018 Angleterre – Panama : 6-1
28/06/2018 Panama – Tunisie : 1-2
Angleterre – Belgique : 0-1

Classement	PTS	J	G	N	P	BP	BC	DIFF
1. Belgique	9	3	3	0	0	9	2	7
2. Angleterre	6	3	2	0	1	8	3	5
3. Tunisie	3	3	2	0	2	5	8	-3
4. Panama	0	3	0	0	3	2	11	-9

GROUPE H
19/06/2018 Colombie – Japon : 1-2
Pologne – Sénégal : 1-2
24/06/2018 Japon – Sénégal : 2-2
Pologne – Colombie : 0-3
28/06/2018 Japon – Pologne : 0-1
Sénégal – Colombie : 0-1

Classement	PTS	J	G	N	P	BP	BC	DIFF
1. Colombie	6	3	2	0	1	5	2	3
2. Japon	4	3	1	1	1	4	4	0
3. Sénégal	4	3	1	1	1	4	4	0
4. Pologne	3	3	1	0	2	2	5	-3

8es de finale
30/06/2018 **France** – Argentine : 4-3
Uruguay – Portugal : 2-1
01/07/2018 Espagne – **Russie** : 1-1 (tab 3-4)
Croatie – Danemark : 1-1 (tab 3-2)
02/07/2018 **Brésil** – Mexique : 2-0
Belgique – Japon : 3-2
03/07/2018 **Suède** – Suisse : 1-0
Colombie – **Angleterre** : 1-1 (tab 3-4)

30 juin 2018
France – Argentine : 4-3
(Mi-temps : 1-1)
Terrain : Kazan Arena
Arbitre : Alireza Faghani (Iran)
Spectateurs : 42 873
France : (c.) Lloris – Pavard, Varane, Umtiti, Hernandez – Kanté, Pogba (Nzonzi, 89e) – Mbappé (Thauvin, 89e), Griezmann (Fekir, 83e), Matuidi (Tolisso, 75e) – Giroud.
Argentine : Armani – Mercado, Otamendi, Rojo (Fazio, 46e), Tagliafico – Perez (Agüero, 66e), Mascherano, Banega – Pavon (Meza, 75e), (c.) Messi, Di Maria.
Buts – France : Griezmann (13e), Pavard (57e), Mbappé (64e,68e) ; Argentine : Di Maria (41e), Mercado (48e), Agüero (90+3^e).
Avertissements – France : Matuidi (72e), Pavard (73e), Giroud (90e) ; Argentine : Rojo (11e), Tagliafico (19e), Mascherano (43e), Banega (50e), Otamendi (90e).

Quarts de finale
06/07/2018 Uruguay – **France** : 0-2
Brésil – **Belgique** : 1-2
07/07/2018 Russie – **Croatie** : 2-2 (3 tab 4)
Suède – **Angleterre** : 0-2

6 juillet 2018
Uruguay – France : 0-2
(Mi-temps : 0-1)
Terrain : Nijni Novgorod Stadium
Arbitre : Nestor Pitana (Argentine)
Spectateurs : 43 319
France : (c.) Lloris – Pavard, Varane, Umtiti, Hernandez – Kanté, Pogba– Mbappé (Dembélé, 88e), Griezmann (Fekir, 90e), Tolisso (Nzonzi, 79e) – Giroud.
Uruguay : Muslera – Caceres, Gimenez, (c.) Godin, Laxalt – Nandez (Urretaviscaya, 73e), Torreira, Vecino – Suarez, Betancur (Rodriguez, 59e), Stuani (Gomez, 59e).
Buts – France : Varane (40e), Griezmann (61e).
Avertissements – France : Hernandez (33e), Mbappé (69e) ; Uruguay : Betancur (38e), Rodriguez (69e).

Demi-finales : 10/07/2018
10/07/2018 **France** – Belgique : 1-0
11/07/2017 **Croatie** – Angleterre : 2-1

10 juillet 2018
France – Belgique : 1-0
(Mi-temps : 0-0)
Terrain : Saint-Pétersbourg Stadium
Arbitre : Andrés Cunha (Uruguay)
Spectateurs : 64 286
France : (c.) Lloris – Pavard, Varane, Umtiti, Hernandez – Pogba, Kanté, Matuidi (Tolisso, 86e) – Mbappé, Giroud (Nzonzi, 85e), Griezmann.
Belgique : Courtois – Chadli (Batshuyai, 90e), Alderweireld, Kompany, Vertonghen – Witsel, Dembélé (Mertens, 60e), Fellaini (Carrasco, 80e) – De Bruyne, Lukaku, (c.) Hazard.
But – France : Umtiti (51e).
Avertissements – France : Kanté (87e), Mbappé (90e) ; Belgique : Hazard (63e), Alderweireld (71e), Vertonghen (90e).

Match 3e place : 14/07/2018
Belgique – Angleterre : 2-0

Finale : 15/07/2018
France – Croatie : 4-2
(Mi-temps : 2-1)
Terrain : Loujniki Stadium, Moscou
Arbitre : Nestor Pitana (Argentine)
Spectateurs : 78 011
France : (c.) Lloris – Pavard, Varane, Umtiti, Hernandez – Pogba, Kanté (Nzonzi, 55e) – Mbappé, Griezmann, Matuidi (Tolisso, 73e) – Giroud (Fekir, 81e).
Croatie : Subasic – Vrsaljko, Lovren, Vida, Strinic (Pjaca, 82e) – (c.) Modric, Brozovis, Rakitic – Rebic (Kramaric, 71e), Mandzukic, Perisic.
Buts – France : Mandzukic (18e, csc), Griezmann (38e, sp), Pogba (59e), Mbappé (65e) ;
Croatie : Perisic (28e), Mandzukic (69e).

Avertissements – France : Kanté (28e), Hernandez (41e) ;
Croatie : Vrsaljko (90e).